토론의 전사 10

화백회의와 직접 민주주의

토론의 전사 10

화백회의와 직접 민주주의

지은이 | 유동걸
인쇄 | 2021년 03월 01일
펴낸곳 | 한결하늘
출판등록 | 제2015-000012호
주소 | 경기도 안산시 단원구 선삼로4길 11(101호)
전화 | 031-8044-2869
팩스 | 031-8084-2860
메일 | ydyull@hanmail.net
ISBN 979-11-88342-14-3

토론의 전사"

화백회의와 직접 민주주의

들어가는 말

토론 공부에 접어든 지 21년.

〈토론의 전사〉 1, 2권을 발행한 지 9년의 시간이 흘렀습니다. '토론의 바이블'이라는 분에 넘치는 사랑을 받는 동안 가슴 아픈 세월호 사건과 역사적인 촛불 혁명을 거쳤고 코로나 시대에 접어들었습니다. 소통은 갈수록 어려워지고 요설(妖說)은 더욱 난무하며 대한민국은, 그리고 지구 공동체는 생존의 사투 속에서 요동 중입니다.

21세기 들어 한국 사회 토론 문화는 크게 나아지지 못했습니다. 실패로 끝난 미완의 혁명, 노무현 전 대통령이 꿈이던 '토론 공화국'은 '검사스럽다'라는 신조어를 탄생시킨 그 유명한 사건, 〈대통령과 평검사들과의 대화〉를 통해 허무하게 무너졌습니다.

두 번의 보수 정권을 거치면서 80년대의 민주화 투쟁의 산실이었던 시민 광장을 되찾은 건 커다란 성과입니다. 촛불의 정신은 조금씩 희미해지고 있지만 시민들 가슴 속에 자리 잡은 촛불의 온기는 여전히 성성합니다.

민의를 거스르는 권력과 집단은 언제든지, 언젠가는 심판 받는 정의가 대한민국을 떠받치고 있습니다.

언론의 자유라는 미명 아래 언어의 타락과 혼란, 가짜 뉴스와 비정상 유튜버들의 등장은 건강하고 합리적인 토론을 막아왔습니다. 하긴 그들이 아니더라도 정쟁에 골몰하는 흑백 논리의 사도들인 여야 정치인이나 논객들, 분단 체제 아래서 멍들어가는 이분법적 논리의 노예들은 나와 적을 가르며 오늘도 진영의 선두에서 진리의 사도 행세를 하고 있으니 이런 상황에서 어느 토론인들 건강하겠습니까!

다시 토론의 전사 초심으로 돌아가 토론의 정신, 전사의 자세를 돌아봅니다.

진정한 전사는 단순한 싸움꾼이 아니라 지혜와 진리와 사랑을 위해 온몸을 내던지는 수행자라고 했지요. 논리의 싸움꾼을 양산할 우려가 있는 서구식 디베이트 교육에 소통과 화합의 철학이 뒷받침 되어야 할 필요성을 언급하기도 했습니다.

'전사'의 출간 이후 그런 마음으로 토론을 공부하고 보급하며 9년의 세월을 보냈지만 달라지지 않는 토론의 풍경을 보며 좌절을 거듭하다 만난 화백회의는 가뭄의 단비이자 구원의 빛이었습니다. 전사의 성숙을 추구하다 만난 화백회의가 작은 대안이었습니다. 하여 토론의 전사 완결편인 이 책은 토론의 미래이자 화백회의의 탄생을 알리고자 썼습니다. 토론의 전사에서 다 이루지 못한 꿈, 오래된 미래의 소통하는 문명과 대화의 싹을 화백회의를 통해 틔우는 마음으로요. 그런 만큼 책의 대부분은 화백회의에 할애하고 있으며 앞으로 화백회의가 우리나라 토론 문화의 새로운 이정표가 되기를 간절히 바라는 마음으로 썼습니다.

　한국인이면서 '화백회의'라는 말을 모르는 사람은 별로 없습니다. 하지만 드라마 〈선덕 여왕〉에서나 보았지, 실제의 화백회의를 본 사람은 없습니다. 신라시대 고문헌에나 존재 하는 화백회의가 21세기 타임머신을 타고 갑자기 날아왔을 리는 없지요. 경주 어딘가에서 화백회의의 과정을 보여주는 문헌이라도 나타나면 오죽 좋으랴만은 안타깝게도 화백의 실체를 보여주는 증거는 어디에도 없습니다. 21세기 시점에서 제가 소개하는 화백회의는 순전히 창작이며 창조적 상상력에 의한 재구성입니다. 그럼에도 기존 토론의 첨단과 한계에 선 연구자들에 의해 걸러지고 논의되며 그 틀을 벼려 왔고 아직도 현재 진행형입니다. 영원히 완성되지 않는, 이소룡의 무술 절권도처럼 화백회의도 시대 정신과 호흡하며 그 내용과 형식을 다듬어 갈 것입니다. 그럼에도 시대의 요청에 따라 지금, 우리 시대의 우리 화백회의를 선보이고자 합니다. 토론에 관심이 있거나 토론 공부의 경험이 있는 분들이라면 기존의 토론과 어떻게 다른지 비교하고 감상하고 연구하면서 화백회의라는 새로운 화두에 도전해보시기를 권합니다.

　고대와 근대의 토론을 넘어서 미래의 '화백회의'라는 새로운 화두를 꺼내든 이 책의 구성은 다음과 같습니다.

1부는 '토론'이 보여주는 한계를 먼저 논하고, '화백회의'와 민주주의의 상관성을 보여주기 위해 드라마 〈선덕여왕〉 속의 화백회의를 자세히 분석합니다.

우리에게 언어로만 익숙한 화백회의가 어떻게 다양한 형태로 변주되면서 직접 민주주의와 연관성이 있는지를, 대중들에게 사랑받았던 가상의 드라마 상황을 통해서 쉽게 전달하고자 합니다.

2부는 실제적인 화백회의의 현장들을 소개합니다.

토론 공부 21년 만에 만난 새로운 패러다임의 놀라운 회의, 토론 방식을 안내하고 구체적으로 이렇게 뛰어나고 의미 있는 화백회의가 어떤 과정을 통해서 전개되는지 생생한 사례들을 통해서 보여줍니다. 화백회의의 철학과 세계관에서부터 절차와 방법에 이르기까지의 자세한 방법들을 만나볼 수 있겠지요.

3부는 화백회의의 현장 응용편입니다.

문화의 변혁은 교육에서 비롯됩니다. 토론이 토론 교육을 통해서 무한한 확장 일로에 있는 것처럼 화백회의 역시 교육 현장과의 만남은 매우 소중합니다. 화백회의의 수업이 초등학교와 중등학교 현장에서 어떻게 펼쳐지며, 기존의 토론 수업, 토론 대회와는 어떻게 공조, 융합하는지 살펴봅니다.

또 요즘 새롭게 언급되는 독일의 보이텔스바흐와의 비교를 통해 한국적 논쟁 교육 철학의 새 이정표도 시험할 수 있습니다. 아울러 원탁 토론이나 노란테이블과 같은 다른 토론, 회의 방식과의 연결을 통한 발전 가능성도 같이 제시하였습니다.

모쪼록 화백회의라는 새로운 패러다임의 대화, 토론, 회의 문화가 하루 속히 한국 사회에 퍼져나가기를 기원합니다.

2002년과 2021년, 15년의 간극을 두고 이루어진 토론공화국의 단상이 한국 사회의 민주주의와 토론과 대화 문화 발달에 작은 씨앗이 되기를 바라며 평생을 움직여온 신념을 되뇌어봅니다.

밥이 하늘이다.

사람(백성)이 하늘이다.

좋은 언어는 백성의 밥이고 법이다.

2021 새해를 열며 유동걸 합장

토론 민주주의를 기원하며

고민정 (국회의원)

〈토론의 전사 10-화백회의와 직접 민주주의〉원고를 받아들고 놀라지 않을 수 없었습니다. 〈태백산맥〉이나 〈토지〉같은 대하 소설도 아니고 토론 인문학 책을 10권이나 내다니! 혼자서 10권을 다 쓰신 건 아니지만 토론을 화두삼아 한길을 걸어온 선생님의 노력과 열정 그리고 민주주의에 대한 갈망을 충분히 읽을 수 있었습니다.

전사 시리즈들이 다 각각의 의미를 지니지만, 특별히 〈토론의 전사 10 권〉은 개화기 이래, 서양의 역사와 문명에 의해 빼앗겨온 우리 고유의 넋과 얼과 대화 방식을 우리의 전통 문화 가운데 하나인 '화백회의'를 통해 되찾으려는 노력의 결실이라 그 의미가 더 크게 다가옵니다.

'화백회의는 대립보다 화합을, 말보다 실천을, 논리보다는 정신을, 비판보다 대안을 더 중시한다' 책에서 가장 기억에 남는 내용입니다. 결국 민주주의를 더 강하고, 견고하게 만드는 것은 '토론'입니다. '존중'과 '소통'을 중시하는 화백회의 정신을 되새기며. 더 좋은 민주주의를 함께 만들어 가면 좋겠습니다. 토론을 통해 대한민국과 우리 민주주의를 더 건강하게 만들고 싶은 분들께 일독을 권합니다.

이십년 토론 공부의 나무 끝에 달린 '화백회의'라는 열매

곽노현

전 서울시교육감
사단법인징검다리교육공동체 이사장

〈나무를 심은 사람〉이라는 감동적인 책과 애니메이션이 있습니다.

원작은 프랑스의 작가 장 지오노가 1953년에 발표한 동화입니다. 프로방스의 알프스 끝자락에 있던 어느 황량한 계곡에서 양치기 노인이 반백년 동안 꾸준히 나무를 심어 결국에는 풍요로운 숲으로 변모했다는 이야기를 담고 있습니다.

유동걸 선생님의 화백회의에 대한 글을 읽으면서 '나무를 심은 사람'의 영상이 계속 겹쳐왔습니다. 유선생님은 도대체 어떤 이유로 이십년 동안 토론의 세계에 머물면서 끝없이 토론의 세계 혹은 토론 너머의 세상을 꿈꾸는 것일까? 〈토론의 전사 10권-화백회의와 직접 민주주의〉라는 이 책을 접하면서 유동걸 선생님의 고민, 실천, 꿈 등을 비로소 알 수 있었습니다.

강산이 변한다는 십년의 세월이 두 번이 지나는 동안, 유동걸 선생님의 한결같은 화두는 오로지 '토론'이었습니다. 노무현 대통령의 토론 공화국에 대한 고민부터 오늘날의 화백회의에 대한 탐구까지 토론을 통해서 유선생님이 이루고자 하는 바의 핵심을 한 단어로 말하라면 바로 '직접 민주주의'일 것입니다. 그 민주주의를 실현하는 공생과 조화의 공론장 실현, 그것이 바로 유선생님의 꿈이고 목표입니다.

1960년의 4.19와 1987년의 민주항쟁으로도 이루지 못한 국민 주권의 참된 민주주의. 2016년 촛불 항쟁을 통해 다시 싹을 틔우기는 했지만 정부, 국회, 언론, 자본 등의 권력 투쟁은 평범한 소시민들의 일상 욕망과 부대끼면서 아직도 진정한 의미의 민주주의 실현과는 거리가 멉니다. 난무하는 언어의 혼탁 속에서 인류와 우리 국민은 혼돈의 시간을 보내고 있습니다.

지난한 문제를 해결하기 위한 많은 열쇠들이 있겠지만 언어의 세계, 특히 깊은 대화와 진정한 소통이 중요한 토론의 세계에서 그 한계는 너무도 명확했습니다. 토론의 가치와 한계에 봉착한 유동걸 선생님이 오랜 고민과 연구 끝에 찾아 헤매고, 만나고, 실천해온 '화백회의'는 그래서 매우 소중합니다.

대립과 상극의 세계를 너머 상생과 조화를 꿈꾸는 회의와 토론, 상상만 해도 즐겁지 않습니까? 그 황홀한 공론장의 세계를 만들 가능성이 우리 인간에게 가능하다면 말입니다. 아직 미완이지만 무한히 확장 변주가 가능한 화백회의의 현장을 책으로 읽으면서 저 역시 새로운 믿음을 가지고 오랜 세월 고민해온 시민 참여의 직접 민주주의의 실현 가능성을 꿈꾸어봅니다.

'디베이트'와 '보이텔스바흐'라는 서양의 논쟁 전통과 다르게 우리 고유의 정신과 사상을 바탕으로 하면서 포용의 회의 문화를 창안하고 실천해온 유선생님께 경의를 표하면서 모쪼록 이 책에 담긴 화백회의의 정신과 방식이 우리 사회에 널리 퍼져나가기를 기원합니다.

이십년 동안 토론의 나무를 심은 결실로 맺어진 화백회의라는 열매의 맛과 향이 가득 어울린 직접 민주주의의 마당을 독자 여러분들과 함께 거닐고 싶습니다.

추천의 글

신라시대의 화백회의를
학생들과 교실에서 한다고?

김혜숙

서울교육대학교 어린이 철학교육센터 학술이사
한국 철학적 탐구공동체 연구회 회장
〈토론수업레시피〉, 〈철학수업레시피〉 저자

생소한 이름의 낯선 토론이 아니라 우리가 익히 그 이름을 들어 잘 알고 있는 화백회의를 아이들과 한다고 한다. 깜짝 놀랐다. 더구나 난 이미 2018년 흥사단에서 있었던 화백회의 시연에 초대되어 몇 분 선생님들과 함께 참여한 적이 있었다. 분위기와 용어, 절차 등이 낯설었지만 화백회의가 갖는 사상적 기반과 그를 풀어내는 구체적 방식의 일관성 같은 것이 내게는 매우 인상적이었다. 무엇보다 그 과정이 새롭고 흥미로웠다. 단순히 의견이 오가는 게 아니라 의견이 오가는 그 동선 그대로 사람들이 움직였고 일종의 동의카드 같은 것도 움직였다. 집단적 사고의 흐름이 눈앞에서 분명하게 보인다. 서울시 초등토론교육연구회를 시작부터 함께 했고, 〈토론수업레시피〉라는 책을 쓰면서 각종 토론을 경험한 나도 이런 종류의 토론을 본 적이 없었다. 화백회의를 마치고 나오면서 우리들은 하나같이 멋지다! 신선하다! 재미있다!를 외쳤던 것 같다. 하지만 용어나 절차의 낯섬 그리고 복잡함 같은 것에서 우리는 딱 막혔다. 사실 진행하시는 분들도 서로 혼란스러워 하셨고 분위기가 어수선하기까지 했다. 그래서 당시에 우리는 화백회의가 멋지기는 한데 교실에서 하기는 힘들겠다는 나름의 결론을 맺었던 것으로 기억된다.

그런데 3년도 채 안되어 유동걸 선생님이 화백회의에 대해서 책을 썼다고 원고를 보내왔다. 도대체 본인도 혼란스러워 하던 것을 어떻게 다듬고 정리했을까 너무나 궁금했다. 원고를 반쯤 읽고서 난 당장 내가 소속해 있는 한국 철학적 탐구공동체 연구회 샘들에게 이 책이 출판되면 얼른 사서 읽고 공부하자고 제의했다. 이제 화백회의를 교실에서 우리 아이들과 함께 구현할 수 있을 거 같다고 다소 흥분하면서 말이다. 항상 미안했다, 우리 아이들에게. 토론이라고 하는 것이 죄다 낯선 외국 이름의 것들이고, 싸우지 않고 조금은 양보도 하면서 서로 화합할 수 있는 문제에도 우리는 자꾸만 아이들에게 합리든 논리든 어쨌든 무장하고서 상대를 누르고 이기라고 권하는 것 같기 때문이다. 나는 안다, 그게 아이들에게 얼마나 인지적 정서적 압박감을 주는지. 그런데 화백회의라니....... 말로써 밝히어 화합을 하는 거란다. 저자는 이러한 화백회의의 기본 사상과 구체적 절차를 다양한 텍스트와 사례를 들어 매우 친절하고 꼼꼼하게 안내하고 있다.

하지만 내가 이 책에서 가장 오래 머문 지점은 저자가 우리 사회에, 우리 교육에 그리고 토론교육에 대해서 가진 절절한 문제의식이다. 각종 토론연수를 진행하고 토론의 전사 시리즈를 9권까지 이끌면서 15년이 훌쩍 넘게 토론 하나에 천착해 온 저자가 가진 진한 질문과 회의와 고민이 오롯이 느껴진다. 그러한 자기 질문과 오랜 실행과 두터운 성찰들을 무겁게 통과하면서 그가 최종적으로 다다른 대안이 화백회의라고 한다. 그래서 화백회의는 더 생생하고 더 가치롭다.

저자의 말대로 화백회의는 아직 질문이고 가능성이다. 어떤 확고한 틀을 가지고서 쉽게 우리에게 다가오지는 못했다. 하지만 난 그게 희망이라고 생각한다. 저자가 이 책에서 제안하는 화백회의의 모습을 기본값으로 해서 많은 교사 혹은 많은 토론진행자들이 각자 실행해보고 질문하고 수정하고 보완하면서 좀 더 나은 모습으로 혹은 좀 더 다양한 버전으로 재구성되어질 것이기 때문이다. 화백회의의 정신과 그 구현이 그렇듯이 화백회의가 좀 더 쉽게 학교현장에, 삶의 현장에 구현되는 그 과정에서 누구도 소외되지 않고 '하늘'이 되고 '임금'이 되는 것이다.

난 많은 선생님들이 이 책을 보았으면 좋겠다. 그래서 우리 아이들이 화백회의 라는 멋진 공동체 사고의 맛을 체험할 수 있기를 바란다. 아니 난 많은 사람들이 이 책을 보았으면 좋겠다. 우리에게 이렇게 오래고도 멋진 방식의 의견조율이 있었다는 걸 알기를 바란다. 서로 찌르고 서로 낮추고 그래서 누군가를 거꾸러뜨리지 않아도 충분히 말이다. 저자는 그것을 꿈처럼 얘기한다. 하지만 함께 꿈꾸면 현실이 되지 않을까?

목차

3부_화백회의와 토론 수업, 토론 대회

맺음말

부록

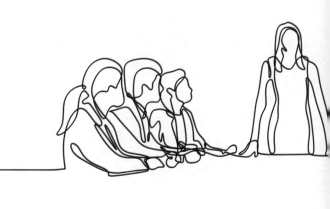

1

토론에서 화백으로,
민주주의에서 직접 민주주의로

서구식 토론에서
한국 민주주의의 '화백' 회의로

2014년의 세월호 사건, 2016년의 촛불 혁명. 2018년의 한반도 평화를 알리는 판문점 선언. 2020년의 코로나19.

다이나믹 코리아라는 이름에 걸맞게 지난 십년 한국 사회의 변화는 바람의 시간이었습니다. 한국을 넘어 지구촌 전체가 흔들려가는 시대이기도 합니다. 현재의 기후 위기를 감안하면 인류의 마지막이 2050년이 될지도 모른다는 예언도 심심찮게 들려옵니다.

이제 인류에게는 일시적이고 부분적인 개혁이나 권력의 주체를 다른 집단으로 바꾸는 혁명의 단계를 넘어 지구적 차원의 개벽(開闢), 인류의 새로운 개안(開眼)이 필요한지도 모릅니다.

말과 글이 심하게 오염되고 타락한 시대에 언어적 동물인 인간이 소통, 대화, 토론, 회의에서 단순한 개혁이나 획기적인 혁명적 변화를 넘어 개벽수준의 거대한 변화를 이끌어내려면 무엇이 필요할까요?

그 싹을 토론이 아닌, 화백회의에서 찾아보고자 합니다. 그러려면 화백회의에 앞서 토론 자체에 대한 성찰이 먼저 필요하겠지요. 잠시 제 개인의 토론사를 먼저 들려드리겠습니다.

2000년 여름. 토론문화와 맺어진 인연의 시작은 '역사문화아카데미'라는 단체에서 주최한 '제8회 전국고등학생원탁토론광장'의 만남입니다.

1988년에 시작한 교직 생활. 그해 가을 이오덕, 윤구병 선생님의 '삶을 가꾸는 글쓰기'를 만나면서 시작된 교사로서의 삶은 그해 겨울 전국국어교사모임 창립, 89년 전국교직원노동조합 창립의 사회적 파장 속에서 국어와 교육과 역사와 글쓰기의 다양한 조합 속에 이어져갔습니다.

자나 깨나 학생들과 글쓰기를 하던 삶이 벽에 부딪치면서 만난 독서교육. 1996년 전국국어교사모임에서 내로라 하는 독서 고수들의 책읽기 수업을 만나면서 글쓰기의 삶은 책읽기로 이행했습니다. 아침독서와 윤독, 학급문고와 도서실 자료 전산화, 독서공책 등 다양한 책읽기 교육은 그 의미가 적지 않았으나 '근대 학교'라는 패러다임 전체의 시스템을 넘어서지는 못했지요. (최근에 시작된 '한 학기 책 한 권 읽기'는 지난한 독서 교육의 작은 성과입니다!) 아침 자습 시간에 책을 읽으면, '공부는 안 하고 책이나 읽냐'며 핀잔을 듣던 시대였으니 더 말해 무엇하겠습니까.

무언가 새로운, 아니 좀 더 근본적인 교육 패러다임의 변화를 열망하던 시기에 만난 (원탁)'토론'은 가뭄에 단비였습니다. 앞서 말한 '제8회 전국고등학생원탁토론광장'의 주제는 '신자유주의, 세계화, 미국 : 미국은 우리에게 무엇인가?'였는데, 토론이라는 낯선 문화와 교육방법이 끌려서이기도 했지만, 이 거대담론의 거창한 주제들도 토론광장 참여를 부추기는 촉매제였습니다. 비록 자발적 의사라기보다는 학급 아이의 지도교사 동반 요청으로 내딛은 발걸음이지만 제게는 돌이킬 수 없는, 불가역적인 인생 항로의 수정이었고 오늘 토론을 넘어서 화백을 고민하는 태초의 씨앗을 만나는 자리이기도 했습니다. 그만큼 제게는 강렬한 인상과 뜨거운 체험의 순간이었지요.

봉건적 잔재에서 근대화로, 근대성에서 탈근대로 이어지는 역동의 대한민국, 다이나믹 코리아만큼이나 학교와 교사 개인은 거대 현실을 닮았습니다.

제왕적 사립재단과 공립학교 교장들 밑에서 대한민국 학교는 수직적인 명령과 복종의 봉건체제를 그대로 유지해왔고, 교장이 교사에게 명령하면 교사는 그 명령을 학생에게 강요합니다. 가르침과 배움이 이루어지는 곳에서 백년이 넘도록 교사는 학생에게 '가만히 있으라' 명령하고 학생은 그대로 따르는 현실을 어떻게 이해해야 할까요?

경쟁의 그늘 아래 효율과 시장의 가치를 재생산해온 학교가 그나마 변화의 몸부림을 치기 시작한 건 '행복은 성적순이 아니다'라며 외쳐온 아이들의 목소리에 움직인 전교조의 창립과 그 뒤로 이어져온 학생들의 자살행렬, 김예슬의 대학 거부 등 간간히 이어져온 유형무형의 체제거부와 온 국민을 슬픔에 몰아넣은 세월호 사건을 겪은 뒤입니다.

그 유형무형의 교육 내적인 변화 가운데 토론이 있습니다. 독서와 논술에서 혁신학교를 거치면서 형성된 배움의 공동체와 거꾸로 수업, 교육과정 개편과 평가 시스템의 고민에 이르기까지 학교 교육의 내적 몸부림도

적지 않았으나 토론이 공식적인 교육체제에 도전장을 내민 적은 아직 없습니다. 그저 독서토론이나 논술의 한 아류 혹은 일상에서 너무도 필요하고 당연한 문화의 하나로, 응당 있어야 할 무엇, 그러나 딱히 관심 갖지 않아도 누구나 아는 미지의 무엇으로 치부되어 왔을 따름이지요. 그럼에도 아직, 우리나라 사람들은 토론을 너무 모르고 토론을 잘 못합니다. 오랜 세월 토론을 공부해온 저 자신도 다르지 않습니다. 쉽지 않습니다.

토론의 어려움, 그건 토론의 부정적인 요소만은 아닙니다. 오히려 매력입니다. 만약 독서가 쉽고, 고전(古典)이 하룻밤에 후딱 읽어치울 텍스트라면 지금까지 긴 생명력을 갖고 살아남았을까요? 어렵고 힘들기에 때론 논쟁의 대상이 되고 혹은 불화와 탄압의 고초를 겪으면서 시간을 견디고 살아남지 않았을까요! 그런 점에서 토론이 자체적으로 지닌 난해함, 배우고 익히기의 힘겨움과 아직 삶에 온전히 녹아들지 못하는 토론만의 무정형적 특성도 토론의 생명력을 유지해온 하나의 힘입니다.

토론이 과학적인 체계에 입각한 하나의 학문도 아니고, 그렇다고 관료화가 일상화된 조직 내에서 실천하기도 어렵습니다. 그런 환경임에도 불구하고 지난 십년간 토론 문화는 응달의 찬바람을 이겨내고 자생적으로 꽃을 피워왔으니 대견한 일이지요.

어쩌면 그 시작은 노무현 대통령이 제시한 '토론 공화국'입니다. 일반인들에게 낯선 이 말은 노무현 대통령 취임 초기 자주 언급 되었지만 금세 사람들 뇌리에서 사라졌습니다.

2002년 월드컵의 기운과 인터넷을 통한 쌍방향 문화의 발달에 국민들의 현실정치 참여 욕구가 시너지를 일으키면서 탄생한 노무현 대통령의 참여정부는 이승만에서 박정희, 전두환, 김영삼, 김대중 등을 거쳐 온 지난 한국사회의 정체성(政體性)과는 다른 패러다임을 제시했습니다. 그 정체성을 한 단어로 압축한 표현이 바로 '토론 공화국'입니다.

비록, '대통령과 평검사들과의 대화'라는 사상 초유의 정치적 사건을 계기로 비극적 막을 내리기는 했지만, 토론 공화국의 정신과 가능성만은 깨어있는 민주시민으로서의 최후의 보루를 주장한 노무현 대통령의 정신과 일치하며 그 목소리는 지금도 성성히 살아있지요.

노무현 대통령의 개인적인 한계이든 혹은 부패한 언론권력과 기득권의 저항에 따른 좌절이든 아니면 아직 민주주의에 대한 주체적 각성이 부족한 시민사회의 미숙이든 토론 공화국이 좌절하고 다시 퇴행에 퇴행을 거듭한 토론문화와 민주주의의 현실은 십년의 긴 고통 속에서 서민들의 자발적 각성을 불러왔고, 2016년 겨울에 칼바람을 뚫고 지속된 시민 촛불혁명은 토론 공화국의 정신을 문화예술적으로 꽃피운 새로운 사건이 되었습니다. 이처럼 토론은, 어느 한 순간에 확 불타오르기보다는 아주 서서히 불씨를 키워오다가 결정적 시기에 만개하는 꽃을 닮았습니다.

토론에는 소통과 민주주의 실현이라는 의의가 있음에도 불구하고 토론은 우리 사회에서 여전히 취급하기 어려운 무엇, 차라리 '괴물'이라고나 할까 싶을 만큼 낯설고 어려운 대상입니다. 분명히 소통만큼이나 중요한 가치이고 개념인데 손에 잘 잡히지 않는 기이한 손님입니다. 토론의 어떤 속성이 토론에 대한 그런 느낌을 가져오는 것일까요?

토론과 철학함에 대해서 쓴 어느 글을 인상 깊게 읽은 적이 있습니다. 〈호모 아르텍스〉의 저자, 작가 채운의 글인데 그 글 서두에 쓴 토론에 대한 대목은 두고두고 음미할 가치가 있습니다. 다소 긴 글을 함께 읽어 볼까요.

어떤 인디언은 이렇게 말한다. "백인은 공간을 소리로 채우지 않고는 못 배기는" 자들이라고. 논리의 이름으로, 법의 이름으로, 혹은 '표현의 자유'라는 명분으로, 그들은 끊임없이 말하고, 말하게 한다고. 그가 보기엔, 침묵의 상태를 견디지 못하는 '문명인'의 언어능력이란 유아적인 무능력일 따름이다. 그런가 하면 들뢰즈는, 토론을 통해 진리나 최선의 결론에 도달할 수 있다는 민주주의의 철석같은 믿음을 이렇게 비웃는다.

"현재 사람들을 맥빠지게 만드는 것은 장애물이 아니라 아무 흥미 없는 제안들이다. 그런데 이른바 제안의 의미라는 것은 그것이 보여주는 이해관계다. 다른 정의는 있을 수 없다. 제안의 새로움이란 것도 다 마찬가지다. 사람들은 다른 사람들의 얘기에 여러 시간 귀를 기울이지만 아무런 흥미를 느끼지 못하는 수가 많다. 그래서 토론이란 그처럼 어려운 것이다. 또 그래서 토론의 여지란 없는 것이다. 사람들은 결코 누구에게 대고 '네가 말하는 것은 아무 흥미가 없어'라고는 말하지 않는다. '그건 틀렸어'라고는 말한다. 하지만 누군가가 말하는 것이 틀리는 법은 없다. 틀리는 것이 아니라, 바보 같거나 전혀 중요하지 않을 뿐이다. 수천 번도 더 반복된 얘기이기 때문이다."

방송사마다 각종 토론 프로그램들이 있다. 더러는 싸움닭 같은 논객이 등장해 볼거리들을 제공해주기도 하지만, 대체로 토론 프로그램들은 '재미가 없다'. 이슈가 별 볼 일 없어서가 아니라 토론이 진행되는 방식 자체가 따분하고 식상하기 때문이다. 토론에 참가한 패널 들 중 그 누구도 남의 말을 경청하지 않으며, 그 누구도 깨지지 않는다. 흥분을 자제하고, '객관적인' 태도로, 주어진 시간 내에 준비해 온 말을 최대한 많이 하는 것. 그게 관건이다. 이 목적을 달성하기 위해 그들은 그저 자기 말만 열심히 한다. 그리고 끝난다. 달라진 건 아무것도 없고, 변화된 사람은 어디에도 없다. 그들은 끊임없이 말하지만, 말을 하면 할수록 말길은 끊기고(言語道斷), 여기저기 구멍이 숭숭 뚫리고, 아예 길을 잃는 경우도 다반사다. 그들의 언어는 그저 열심히 자기 것을 지키기 위한 언어고, 그런 점에서 그들이 나누는 대화는 사실 독백이나 방백에 가깝다. 자신의 사유를 변화시키고, 타인의 사유를 배우는 데에는 아무런 관심이 없는 대화. 그런 식의 토론은 하면 할수록 허무해지는 수다를 닮았다.

토론이 재미없는 또 다른 이유는, 토론의 밑바탕엔 언제나 '상식(常識)'이나 '양식(良識)'에 대한 기본전제가 깔려 있기 때문이다. 상대방을 설득하기 위해 가져오는 근거는 고작 자신의 말이 더 '상식적'이라는 것이다. '상식'이라는 말로 자신의 입장을 보편화함으로써 상대방의 언어를 주변화해 버리고, '양식'이라는 말로 자신의 논리를 더 우월한 것으로 만듦으로써 상대방의 논리를 비하하는 방식. 그래서 들뢰즈의 말처럼 토론자들은 언제나 '넌 틀렸어'라고 말한다.

옳은 것 아니면 틀린 것. 많은 경우, 토론에 참가한다는 것은 기꺼이 그 '양자택일'의 기로에 서는 것이다. 그러니, 진리에 도달하기는커녕 합의도 도출하지 못한 채 자신의 생각을 더 굳건히 다지게 될 뿐이다. 때문에 상대를 알고 싶거나 상대를 변화시키려고 하는 사람에게 토론은 그리 좋은 방법이 못 된다.

(채운, 들뢰즈와 벽암록)

우리가 방송토론이나 국회 상임위 등의 현장에서 익숙히 보아온 바이지만, 가히 토론 무용론에 가까운 들뢰즈의 생각과 채운의 논리는 충격적인 망치 그 자체입니다.

토론의 가치와 의의에 대해 깊은 신뢰를 가진 제게 이 말은 절망적입니다. 토론을 공부하고 보급하고 발전시킬 가치가 토론 안에는 정말 없을까요? 토론은 정말 이 사회를 바꾸고 소통을 강화하는 의미 있는 민주시민교육의 알짬이 되기 어려운가요? 토론이라는 그릇 속에 불가능이라는 한계가 이미 그어진 것은 아닐까요? 이런 고민 속에서 토론의 본질을 밝히고 외연을 넓히려 무장무장 애를 써왔는데 토론이 그토록 무가치하다니!

현장에서의 목소리 또한 들뢰즈가 제시한 문제제기와 다르지 않습니다. 세상 어디에 '토론이 참 좋더라, 토론을 통해 상대를 존중하고 의견을 절합(切合)하고, 각자가 가진 생각들이 공명의 장을 이루며, 공동체가 나아갈 방향이 잘 찾아지더라' 하는 목소리를 시원스레 들은 적이 있었던 가요!

그보다는 기껏 토론을 가르쳤더니 어른들에게 대들기만 하고 잘난 척만 하더라라는 '말빨론'에서부터 결국 유식자들, 강자들, 어른들, 꼰대들의 말잔치나 훈계를 위한 터열기라는 '마당론'이나 대중 앞에서 허세를 보여주기 위한 쇼에 불과하다는 '위장론' 그리고 '한국 사회에서는 나서지 않는 게 최고야 가만히 있으면 중간은 가잖아'라는 '방관론'과 결국 '말이란 게 허무하지. 웅변은 은이고 침묵은 금이라잖아'라는 '회의론' 내지는 '침묵론'에 이르기까지 토론에 대한 보이지 않는 말들은 소문처럼 현실을 장악하고 있습니다. 그런데도 토론이 가치가 있다고 용감하게 주장할 수 있나요?

토론은 분명히 실제적인 인간의 활동입니다. 입론, 반론, 재반론, 교차조사나 교차질의, 최종발언 등의 육체가 말하는 형식을 지녔고 다양한 형태의 현장 발제와 토론문을 작성한 사람들의 지정토론, 패널과 청중들의 자유토론이라는 실천성, 즉흥성, 현장성을 갖추었습니다.

토론의 질료는 언어입니다. 언어는 사람의 입에서 나오는 발화이며 메아리 없이 떠도는 고백과 독백의 웅얼거림이 아니라 공론의 장에서 펼쳐지는 누군가를 향한 목소리입니다.

그럼에도 토론은 괴이하게 무의미합니다. 그 열정과 논리와 투쟁의 치열한 과정을 거침에도 불구하고 결말은 허무합니다.

토론의 숱한 정의에도 불구하고 토론이 내포하는 바, 실체 없는 유령에 가깝다는 말입니다. 유령이라니요? 분명히 앞서 토론이 현장의 실천과 형식을 지닌 '발화와 육체 언어의 실체'라고 하지 않았나요? 그런데 왜 실체를 부정하는지요?

실체가 있습니다, 분명히. 그런데 토론의 결과를 보면 실체가 만들어지지 않습니다. 토론이라는 형식의, 논리의, 현장의, 주체의, 활동의 결과가 있음에도 불구하고 토론은 아직 우리 사회에서 허공을 맴도는 담론이거나 토론자들의 자위(自衛)이거나 상대를 향한, '소리 없는 아우성'입니다.

차라리 퍼실리테이터의 자리에서 집단의 지혜를 이끌어내는 일종의 프로그램에서는 약간의 결실이 있는 반면에 상대와 논박하는 토론의 자리에서는 기이하게도 토론의 자리에 들어서는 순간 토론이 없어집니다. 유령이 됩니다. 상대를 향한, 자아의 외침은 누군가에게 가 닿지 못하고 바스라집니다.

이게 바로 토론의 괴물같은 특징입니다. 이상하지 않나요? 토론이 토론이라는 형식을 갖고 완성되는 순간 토론이 아니게 되는 역설!

담론의 차원에서 허황되기 짝이 없는 이런 논리에도 불구하고, 토론에 대한 끝없는 열정으로 토론의 토대를 다지고 뼈를 세우고 열매를 맺으려는 치열한 교육현장의 노력들이 지난 십여 년간 있어 왔습니다.

미완성적인 인간 존재의 불완전성을 거부할 수 없습니다. 아니 그 불완전성 속에서 인간의 존재 가치는 더욱 빛나는지도 모릅니다. 토론을 향한 열망의 시간들이 그러했으니까요.

원탁에서 참여형을 거쳐 다양한 디베이트와 토론 자체의 외연을 넓히려는 개인의 노력을 포함해서 수많은 토론교육연구회와 민주시민교육 단체들이 토론의 필요성과 중요성을 깨우쳐왔습니다. 괴물의 심연 속에 들어가 스스로 괴물이 되면서 괴물의 껍질을 벗겨보려는 지난한 노력의 시간이었습니다.

한국토론교육연구회, 디베이트협회, 강원토론교육협동조합을 비롯한 토론 연구·교육 단체 및 수많은 토론관련 단체와 토론 교육에 헌신하는 많은 교사들이 있습니다.

전국의 교사연수원에는 어지간한 토론 프로그램들이 다양한 교육 방법과 결합하여 배치되어 있고, 유수한 독서모임에도 토론은 어느 정도 형식적인 자리를 잡아가는 중입니다.

토론 책도 헤아리기 힘들만큼 많이 등장했습니다. 졸저 〈토론의 전사〉 시리즈를 비롯해 토론의 철학, 원리, 방법, 기능 등을 다루는 토론 관련 책들은 질문 분야로 확산되었고, 소재로는 고전에서부터 최근 출간된 〈말랑말랑한 그림책 토론〉, 〈토론의 전사 7 그림책, 청소년을 만나다〉처럼 그림책을 다루는 책까지 전방위적으로 확산 중입니다.

교육적 가치의 양론이 존재하지만 토론 대회도 어지간히 여러 곳에서 진행 중이고 십여 년의 역사를 지닌 토론 대회도 전국적으로 꽤 됩니다.

2016년에는 불교계에도 토론 바람이 불기 시작했는데 조계종은 전국의 승가대학생들을 주체로 하는 조계종 토론대회를 열었고 해인사에서는 해마다 자체 토론 대회를 개최할 정도입니다.

최근 서울시 교육청은 독일식 논쟁 모형인 보이텔스바흐 협약을 뼈대로 하는 논쟁 수업 모델 발굴과 보급에 매우 열심입니다. 민주시민 교육의 한 축으로 교사가 학생에게 주입하지 않고, 스스로 자기 이익에 충실한 논쟁 모형이 매우 유익하리라는 판단에서지요. 아직 보급도가 낮고 그 효과가 검증되지는 않았지만 그 의미와 폭은 점점 넓어질 전망입니다.

토론의 본질적인 한계에도 불구하고 토론 현장은 많습니다. 토론의 이상적 기능을 완벽하게 구현하는지는 아직 의문이지만 토론을 통해서 합리적인 의사소통과 바람직한 문제해결 능력을 찾아내기 위한 노력은 확산 일로에 있습니다. 그러나 아직, 진정한 토론의 시대는 오지 않았습니다. 미래 교육 운운하면서도 다양한 교육 시스템의 변화를 추구하는 목소리에서도 토론은 아직 미풍에 불과합니다. 하지만 언젠가는 태풍이 되어 토론을 통해서 진짜 자기 목소리를 발견하고 타인의 의견을 경청하는 존중과 배려의 문화가 꽃피기를 기원하며 그 날을 향한 걸음을 멈추지 않을 것입니다.

그럼에도 불구하고 이 글은 왜 토론을 부정 혹은 비판할까요.

화백회의의 실상은 토론의 부정이 아니라 확대이고 변형입니다. 아니 변혁입니다. 기존의 토론 문화 패러다임이 가진 한계를 냉철하게 직시하고 지난 20세기와 다른 백년을 준비하는 통 큰 길을 열기 위한 하나의 진통이며 진동입니다. 그 길의 초입에 화백회의가 있습니다.

이 글은 제가 그 길을 걸어왔듯이 토론을 공부하는 분들을 부정하거나, 혹은 더 새롭고 깊은 토론의 길을 걸어가는 분들을 외면하는 것은 아닙니다. 아니 오히려 지금까지 걸어온 토론의 길이 정말 토론 예찬론자들이 주창해온 목소리대로 민주시민 양성, 창의성, 합리성, 비판적 사고, 리더십 함양 등의 모든 역할들을 제대로 해오고 현실변화에 기여했는지를 냉정하게 성찰하고자 합니다. 그럴 때 비로소 토론은 그 폭과 깊이를 더해가며 한국 사회의 문명 개벽에 그 의미를 더할 수 있습니다. 사람에게는 자기 길이 있으니까요.

삶과 죽음의 길이 기다리는 상황에서 우리는 선택을 해야 합니다. 지난 근대 세계는 죽음이 일상화되고 타인에 대한 공격과 비판으로 대립과 갈등이 극심한 세월이었습니다. 말은 신보다 더 큰 힘을 발휘하여 지적인 능력을 바탕으로 광기의 칼을 휘둘러왔습니다. 이성의 간지(奸智-헤겔)로 출발한 막강한 힘이 결국 '이성적 광기'(푸코) 수준까지 이르러 법과 언론 지식이 권력·자본과 결탁하여 국정을 농단했던 현실을 보아왔습니다.

토론이 인간의 이성 능력을 극대화하고 지성사의 발달에 기여한 바를 존중하면서도 스스로 광기의 칼날을 휘두르는 권력화의 도구로 전락하지 않았는지를 끝없이 성찰해야 합니다.

방법, 도구, 철학, 공론장 등 토론의 모든 영역에 대한 뼈아픈 각성과 성찰이 없다면 토론 자체도 결국 인간의 숭고와 거룩함의 단계에 이르지 못하고 말과 감정의 노예가 된 인간들의 난투극 현장을 넘어서기 힘드니까요.

토론의 한계에 대한 최초의 고민은 단순히 서구식 대립토론, 즉 디베이트에 대한 경계에서 시작했습니다. 그리스 민주주의에서 출발한 서구의 토론 문화는 영국의 의회식 토론과 미국의 링컨-더글러스 토론을 지나고, 우리 나라에 널리 알려진 세다 토론과 퍼블릭 포럼 디베이트와 칼 포퍼 토론 등을 거치면서 어느 정도 대중성을 확보했습니다. 현실에서도, 교육에서도 '토론(討論)=디베이트(DEBATE)'라는 등식이 정확하게 성립하는 건 아니지만 대립토론에 대한 열정과 헌신성을 갖춘 여러 선각 덕분에 다양한 대립토론의 교육은 정착기에 접어들었습니다.

'디베이트에 대한 경계'라는 앞선 표현은 디베이트가 가진 논리성, 합리성, 비판성, 팀웍 등의 장점에도 불구하고 대결성, 경쟁성, 일방성, 공격성 등의 특징으로 포용과 화합 정신이 부족하다는 특징 때문입니다.

대립 토론의 장점을 최대한 살려나가면서 대립토론을 인성과 리더십 교육의 중요한 지렛대로 활용하시는 분들은 동의하기 어려울지 모르지만, 아직 우리 사회가 대립토론을 보편화하기에는 넘어야 할 산이 많습니다.

소크라테스에서 버락 오바마에 이르기까지 서양 철학과 역사와 정치의 전통에서 냉정하게 보았을 때, 토론의 가치는 민주주의와 자기 주체성 함양이라는 측면에서 부정할 수 없이 매우 크지만 한국의 국회나 각종 단체에서 벌이는 토론회, 공청회, 온라인 상의 논쟁 등을 보면 극소수의 합리적인 논객들을 제외하고는 아름다운 토론의 풍경을 보기 쉽지 않습니다. 그걸 '토론' 자체의 한계라고 하기에는 많은 연구가 필요하지만 분명 토론이라는 마당 자체가 사람들에게 주는 유형무형의 허상같은 집단무의식이 존재하는 것도 사실입니다.

토론? '그냥 적당히 말 주고받고, 내 할 말은 하고, 누군가 말 길게 안했으면 좋겠고, 대충 하고 일어나서 빨리 밥이나 먹으러 가지' 하는 이런 생각들. 생각하는 힘의 창조보다는 창조를 거부하는 나르시시즘의 반복.

이런 토론 문화를 넘어서기 위한 몇 가지 화두로 생각한 개념들이 있습니다.

분리(de)와 말의 전쟁(battle)을 개념화한 '디베이트'(de-bate)를 대체한 '코베이트'(CO-BATE), 불교의 화쟁(和爭), 논리의 싸움이 아니라 논리의 포용을 의미하는 포론(包論), 그리고 이 글에서 본격적으로 문제제기하고 싶은 화백(和白)이 그것입니다.

이글의 처음 제목은 '토론에서 화백으로'였는데 그 의미는 '토론의 시대에서 화백의 시대로의 이행을 촉구한다'는 뜻입니다. 토론은 분열과 상극으로 점철되어온 선천(先天)시대의 대화 문화, 달리 말하면 분단과 냉전과 개체적 자아와 나는 옳고 너는 그르다는 아시타비(我是他非), 아타 분열의 이분법 시대의 산물입니다. 무지몽매의 계몽을 추구한 근대성의 차원에서 그 의미가 작지 않으나, 창조와 융합과 다원화와 공동체적 조화를 추구하는 4차원의 시대와는 격이 맞지 않습니다.

여전히 단순한 차원에서 사리분별을 논하는 토론의 굴레는 인간에게 합리적 이성의 선택을 강요할 뿐, 대승적 진리의 체화와는 거리가 멉니다. 그러나 화엄과 대자대비의 후천개벽에 이르기 위해서는 이성의 체계를 밟아가는 토론이라는 무기와 논리적 사유 없이는 도달하기 어렵다는 데 진리의 역설이 있습니다. 달을 가리키는 손가락이 없어도 달은 존재하지만 손가락이 있어 달은 누군가의 눈길을 끄는 길잡이가 되고, 그 의미를 깨달으면 잊히는 손가락의 운명, 이 시대의 토론이 가야 할 운명이고 이제 문명적인 변화 속에서 토론은 그 스스로의 한계를 인정하고 새로운 패러다임의 화의(和議) 문화에 바통을 넘겨주어야 할 때입니다.

 2000년 처음 토론을 만난 이래 21년 동안 토론 공부를 하고 〈토론의 전사1~3〉과 〈강자들은 토론하지 않는다〉를 비롯한 토론 책을 내고 토론에 대한 무수한 글을 써왔습니다. 토론의 철학과 방법, 필요성, 민주주의에 기여와 한계 등을 논해온 지금 시점에서 이제 토론 그 자체는 탈각(脫殼)의 고통과 더불어 겸허히 한계를 인정하고 화백의 정신과 방법에 그 자리를 물려주어야 할 때입니다. 이제 4차 산업혁명과 후천개벽이라는 새로운 문명의 초입에서 '화백'이라는 새로운 문명의 기운이 토론 문화의 영광과 한계를 딛고 새싹을 틔우고자 합니다.
 앞으로 전개될 화백회의에 대한 논의는 토론의 시대를 정리하고 화백의 시대를 열어가는 작은 목소리의 탄생이자 그림입니다. 그 길의 역사를 함께 걸어가고 싶습니다.

드라마 〈선덕여왕〉속의
화백회의와 직접민주주의

인생의 중반을 지나던 어느 날, 토론을 알고 나서 토론이 사랑스러워졌습니다. 앎이란 봄이고, 봄이란 사랑의 다른 표현이기 때문입니다. 보이는 모든 것들 속에서 토론을 읽어내고자 했는데, 영화 〈괴물〉이나 드라마 〈대장금〉, 〈미생〉, 〈성균관 스캔들〉, 〈바람의 화원〉, 〈어셈블리〉 등등 삶을 스쳐가는 무수한 텍스트 속에서 토론과 관계된 한 영역, 질문과 논리와 소통과 논쟁과 발상의 전환 등을 읽어내고 연결하고 찾아내고 그것을 글로 옮기고자 노력해왔습니다.

토론에 대한 관심의 정점에서 화백(和白)회의를 만났습니다. 이제 생각과 관심의 모든 촉수는 화백회의로 기울어집니다. 삶의 모든 것을 화백회의로 모아가다 보면 '성선설'을 주장한 맹자의 본성론이나 레비스트로스의 〈슬픈 열대〉에 나오는 족장의 이야기 혹은 〈간디 자서전〉(번역 김종철)에서 언급되는 함석헌 선생의 '씨올' 이야기조차 화백과 연결되는 어떤 고리가 있다는 영감(靈感)이 떠오릅니다. 그러하니 화백의 기원이 되는 신라와 경주에 눈길이 안 갈 수 없고, 화백회의가 다수 등장하는 드라마 〈선덕여왕〉을 그냥 지나칠 수 있을까요!

〈선덕여왕〉은 2009년 엠비시(MBC) 창사 48주년 특집극으로 방영되어 50회 예정 분량이 62회까지 연장되면서 국민들의 사랑을 받았습니다. 신라 진평왕의 둘째 딸로 태어난 덕만 공주의 일대기를 그렸습니다. 출생의 비밀을 비롯해 권력을 둘러싼 암투와 배신과 음모. 여느 드라마와 다를 바 없는 진부한 플롯이지만, 고현정, 김남길, 이요원을 비롯한 배우들의 카리스마 넘치는 연기, 〈화랑세기〉에서 아이디어의 기본 뼈대를 가져왔지만 상상력 넘치는 허구성을 잘 구현한 색다른 이야기와 현실 정치를 둘러싼 갈등이 말 그대로 '드라마틱' 하게 이어지면서 장수 드라마로서의 역할을 성공리에 마쳤습니다.

제가 주의 깊게 본 것은 당연히 화백회의 부분입니다. 삼국유사와 당서 신라전 등에 아주 짧게 언급되는 화백회의가 이 드라마에서는 어떻게 재현되었고, 〈선덕여왕〉 작가나 피디는 화백회의에 대해 어떤 고민을 하고 어떻게 형상화시키려 노력했는가, 거기에 초점을 맞춰 〈선덕여왕〉과 화백회의를 탐색하였습니다.

드라마 속 화백회의는 당대 왕족과 귀족과 평민들이 살아가는 사람 문제, 정치와 사상과 문화와 떼기 힘든 밀접한 연관이 있습니다. 고문헌에 나와 있는 대사(大事)를 논하는 역할을 하던 회의라 그러하겠지만, 화백회의는 아무 때나 가벼운 주제로 개최하지는 않습니다. 국가의 운명을 좌우할 중대사나 만백성의 삶을 뒤바꿀 중요한 일이 생겼을 때 화백회의를 열어 신중히 의사결정을 해나갑니다.

드라마의 기본 요소인 갈등이 존재하고, 그런 드라마 속 갈등은 대개 속삭임을 통한 비밀의 전달과 거친 욕설과 몸싸움이 오가는 논쟁 및 주인공의 지략과 선의 혹은 정의감으로 마무리됩니다. 〈선덕여왕〉 또한 이 공식에서 벗어나는 바는 아니지만, 드라마 중간에 등장하는 화백회의의 존재감은 드라마의 갈등을 증폭하는 역할과 문제 해결의 한계를 보여주고 나아가 화백회의 자체에 대한 회의까지 이어지면서 오늘 날 대의민주주의의 대표체라 할 대한민국의 국회를 연상시킵니다.

〈선덕여왕〉을 보면서 새삼 느낀 건 인간의 정치성입니다. '인간은 정치적 동물'이라는 오래되고 당연한 이 명제가 장면마다, 사건마다 새겨집니다. 유사 이래 권력과 돈이 넘치는 곳에 정치가 있습니다. 혹은 진짜 정치가 없습니다. 권력과 돈은 필연적으로 정치를 필요로 하지만, 진정한 정치는 돈과 권력과는 거리가 멀기 때문입니다. 그래서 사람을 강조합니다. 드라마 속 미실조차 사람을 얻기 위해 정략 결혼과 출산과 술수를 가리지 않는 것을 보면 정치의 본령은 돈과 권력이 아니라 정치적 동물인 '사람' 그 자체인지 모릅니다.

또 다른 하나는 인간의 언어성입니다. 호모 로퀜스, 인간은 언어적인 동물이라는 보편적 명제가 다가옵니다. '인간은 정치적 동물이다'와 '언어적 동물'이라는 말은 동어 반복입니다. '언어는 곧 권력'이기 때문입니다. 말과 글을 지배하는 사람은 생각을 지배하고, 남의 생각을 자유롭게 휘두른다는 것은 인간의 존재 자체를 좌지우지할 막강한 권력을 가졌다는 뜻입니다. 치열한 논쟁이 오가는 화백회의가 막강한 권력의 숨 막히는 승부가 벌어지는 각축장인 것은 어찌 보면 당연합니다. 우승열패, 승자독식의 제로섬 게임에 익숙한 사회에서라면 말입니다.

돈과 권력이 아닌 참된 정치, 사람의 정치처럼 논쟁과 대립이 아니라 화합과 존중과 포용의 언어를 화백회의에서 찾고 싶었으나, 안타깝게도 〈선덕여왕〉 속 화백회의는 그런 모습은 아니었습니다. 더 치열한 갈등, 더 탐욕스런 자본, 더 막강한 세력을 키우기 위한 권력 투쟁과 인정 투쟁의 마당으로 활용되었기 때문입니다.

그런 의미에서 〈선덕여왕〉 속 화백회의를 바라볼 때, 화백회의의 이상향을 꿈꾸기보다는 아직, 그 세계에 도달하지 못한 토론과 논쟁으로서의 화백회의를 봐야 합니다. 그렇게 볼 수밖에 없습니다. 선덕여왕으로 등극하는 덕만 공주와 삼한을 통일하는 대업을 이루는 김유신의 뜻이 아무리 높고 귀하다 하더라도 권력의 정점을 둘러싼 중대사를 둘러싼 이해충돌의 화백회의가 자기를 비운 선승들의 고담준론일 수는 없으므로. 그럼에도 〈선덕여왕〉 속 화백회의를 자세히 들여다보는 작업은 의미가 있습니다. 끝없는 자기부정과 화평한 상호소통의 대동 세계를 향한 공부 과정의 하나로 더없이 좋은 자료이기 때문입니다.

하세가 돋보이는 화백회의-월천의 첨성대 건립

드라마 속 선덕은 출생부터가 드라마틱합니다.

'여출쌍생 성골남진(女出雙生 聖骨男盡 여자 쌍둥이가 태어나면 남자 성골의 대는 거기서 끊긴다)'의 예언 때문에 왕실에서는 여아 쌍둥이의 출생을 두려워합니다. 남자 성골의 씨가 마를까 걱정스러워서지요.

천명 공주에 이어 여아 쌍둥이의 둘째로 태어나자마자 곧바로 하녀 소화의 손에 들려져 성밖으로 내쳐진 선덕, 즉 덕만 공주는 사막 건너 중국과 서역을 전전하면서 자랍니다. 오이디푸스처럼 자기 운명의 비밀을 풀기 위해 계림으로 돌아온 덕만은 언니 천명의 죽음을 마주하고서야 비로소 자기가 설 자리를 깨닫습니다. 그곳은 바로 공주의 위치이며 나아가 왕, 아니 여왕의 자리입니다. 그러나 어떻게 그 자리를 찾을 수 있을까요? 친부인 왕조차 딸의 출생과 존재의 비밀을 숨겨왔으며 그 비밀 유지를 위해 친딸인 덕만을 죽이려는 고민을 하지 않았나요! 그런데 어떻게 덕만이 다시 궁으로 돌아와 공주의 자리에 앉는단 말인가요?

드라마 속 덕만은 끝없이 질문을 던지고 답을 찾고자 노력합니다. 자기 온몸 아니 목숨을 바쳐서라도 현재를 뛰어넘을 방책을 마련코자 헌신합니다. 생각하고 또 생각하고 다시 생각합니다.

당시 덕만에게 하늘이 준 기회는 격물(格物)(오늘날의 천문 기상을 포함한 과학 지식)에 뛰어난 월천대사를 설득하는 일이었습니다. 선대왕을 모셔왔으며 지금도 왕권을 호시탐탐 넘보는 당대 최고의 실세인 미실이 행사해온 권력의 원천을 역이용하려는 것입니다. 하늘에 제를 올리는 상천관을 수하 삼아 미실은 책력 계산에 뛰어난 월천대사와 은밀하게 연락을 취해왔습니다. 중국 사신들로부터 당대의 우수한 책력(달력)을 입수하고 그걸 월천에게 전달해 일식이나 월식의 천상 기후를 알아내게 한 뒤 정보를 받고, 적절한 시기에 활용함으로써 신비와 초월의 이미지를 구축해왔습니다. 결국 월천대사를 누가 장악하고 설득하여 편으로 삼느냐가 당대 백성들로부터 신녀로서의 칭호와 지위를 부여받느냐 하는 갈림길입니다. 덕만은 필사적으로 월천을 설득합니다.

자기의 존재 이유와 미실과 덕만의 힘겨루기 사이에서 월천은 중용과 정도를 고집합니다. 권력에 눈먼 사람이 아닌 월천을 덕만이 설득할 수 있는 이유입니다. 월천을 통해 일식을 계산해낸 덕만은 미실에게 선택을 강요하고 일식의 부재를 선택한 미실은 실제 일식의 발생과 함께 신녀의 자리에서 추락합니다. 미실로 하여금 일식을 선택케 한 퍼즐은 '여출쌍생, 성골남진'이 적힌 비문의 뒷부분의 창작에서 시작합니다.

개양귀천(開陽歸天)

일유식지(日有蝕之)

개양자립(開陽者立)

계림천명(鷄林天明)

신천도래(新天到來)

양(앞서 죽은 천명공주)이 하늘로 돌아가면(죽으면)

일식이 있다.

양(새로 나타난 덕만 공주)이 다시 서면

계림 즉 신라는 하늘의 뜻을 따라 밝아지고

새 세상이 열린다.

덕만은 신비의 우물, 나정에서 마술을 부리는 비담을 통해 '여출쌍생 성 골남진의 뒤에 다음의 글귀가 있습니다'라는 소문을 퍼뜨립니다. 그리고 미실에게 개양자 등장의 일식이 있는지 없는지 판단해야 하는 궁지로 몰 아넣습니다.

치밀한 수 싸움 끝에 미실은 일식이 없음을 단언합니다. 하지만 유신과 알천은 물론 비담까지도 속인 덕만은 미실의 판단을 흐리게 하는데 성공 하여 마침내 일식이 일어나던 날 스스로 만든 예언의 주인공으로 나타나 서 공주의 자리를 되찾습니다.

마치 참요(參謠)와도 같은 비문의 홍보와 실현으로 새로운 개양주로 등 극한 덕만은 첫 업무로 화백회의를 통해서 첨성대의 건립을 제안합니다. 미실이나 덕만같은 왕실 최고의 권력자들만이 소유하던 격물의 지식을 첨성대(瞻星臺)라는 가시적 건축물을 통해 대중화하는 것입니다. 물론 백 성을 욕망의 주체이자 지배의 대상으로만 보는 미실과 치열한 논쟁을 벌 인 끝입니다. 덕만은 '백성들이 무지를 깨닫고 올바른 지식을 알아가는 것 이 역사발전이고 민주주의의 실현이라는 신념'을 지녔지만 미실은 '천박 한 대중들은 무지의 그늘 속에서 지배자를 두려워하고 순순히 다스림을 받는 복종적 존재'로 남기를 바랍니다. 당연히 대중 지배의 기득권을 지닌 미실과 미실파 귀족들이 첨성대 건립을 지지할 리 만무하지만요.

〈선덕여왕〉 28회 초반에는 화백회의에 월천을 초대한 공주의 부름을 받고 월천대사가 등장해서 첨성대 건립의 의의와 가치를 역설합니다. 사 실이라면, 역사에 길이 남을 멋진 하세(下世-입론, 주장) 장면입니다.

"이렇게 모두 모이시라 한 것은 공주로서의 첫 소임을 밝히고자 함입니다. 신국의 천신황녀로서의 덕만은 오늘부로 상천관을 폐하고 천문 기상에 관한 모든 것을 백성들에게 공개할 것입니다. (하나 같이 놀라는 귀족들, 아랑곳 않고 단호한 목소리로) 대사를 들라 하라."

이에, 일식을 맞추어 덕만이 공주 자리로 돌아오는데 주요 역할을 했던 월천대사가 등장하여 자신이 기획한 첨성대 건립안을 발표합니다.

"서라벌 땅에 천문 관측의 기준점이자 모든 백성이 볼 수 있는 책력, 그 책력을 건축물로 지을 것입니다. 이름은…, 첨성대라 할 것입니다.
첨성대 건립의 수장은 여기 계신 월천대사께서 맡으실 것입니다."

월천이 그려온 설계도를 덕만이 게시해 보여주자 월천이 설명을 시작합니다. 화백회의의 하세로 대중에 대한 설득 장면입니다.

"기간석 12개의 석재는 한 해의 달수인 열두 달을 의미합니다. 몸통부의 석재는 삼백예순 다섯 개, 맨 위 사각 정자석은 4분지 1의 날을 의미하는 것으로 이는 총 1년의 날 수를 의미하며, 기단에서 중앙 창까지 12단, 다시 중앙창에서 정자석까지 열두 단, 총 스물네 단을 쌓은 것은 스물네 절기를 의미합니다. 정자석과 몸층부의 층수는 총 스물여덟 단으로 이는 별자리인 스물 여덟 수를 의미합니다."

"이로써 신라인이면 누구나 천기운행을 알 수 있을 것이며. 이로써 앞으로는 천문을 독점해온 신당과 그 누구라도 더 이상 백성들의 무지를 이용해 불안을 조장하고 사익을 채우지 못할 것입니다."

덕만의 제안에 대해 월천은 본인이 준비한 계획안을 발표합니다. 설계도를 활용한 시각적 자료의 활용도 좋았고, 격물(과학)적 원리를 자연과 천문에 적용하여 대중들을 설득하는 감각도 매우 뛰어납니다. 남은 일은 귀족들의 정치적 판단입니다. 백성들을 일깨워 세상의 주인으로 세우려는 덕만을 미실은 과연 어떻게 생각했을까요?

일찍이 서양의 사상가 몽테스키외는 〈법의 정신〉에서 18세기 이전까지 세 가지 유형의 정치형태가 존재해 왔다고 설명했습니다. 군주정(또는 귀족정, monarchies), 전제정(despotisms), 그리고 공화정(democratic republics)이 그것입니다.

그에 따르면, 신라 황실의 지배체제에 해당하는 군주정은 명예나 보다 높은 지위와 특권을 얻으려는 열망이 그 기초를 이룬다고 할 수 있습니다. 지증왕이나 진흥왕 등 덕망이 높은 임금들의 국정 운영 상태가 그러했을 것입니다. 미실이 백성 지배의 수단으로 이용했던 전제정은 두려움을 통치 기반으로 삼는다고 설명합니다. 대중에게 끊임없이 통치자에 대한 두려움을 심으면서, 때로 대중적 향락을 제공해 가며 대리인의 횡행을 눈감아 주고, 그들을 활용해서 군주의 정치권력을 유지하는 체제라고 분석합니다. 어쩌면 덕만이 추구하는 공공선에 가까운 공화정은 선(善)에 대한 사랑(the love of virtue)과 공익을 사익에 앞세우는 의지를 존립 기반으로 하는 정치체제라고 말 할 수 있습니다.

드라마 속 신라 황실이나 미실, 선덕의 정치 체제를 정확하게 일대일로 대응하며 연결 짓기는 어렵지만 적어도 드라마 속의 상황은 몽테스키외의 정치 체제 분석과 어느 정도 일맥 상통함을 보여줍니다.

첨성대 건립 제안 후 이를 수용하기 힘든 미실과 변화를 관철하려는 덕만 사이의 치열한 논쟁이 이를 반영합니다. 두 사람의 대화를 자세히 살펴보죠. 과연 언어는, 회의는, 정치는 권력을 어떻게 이해하고 분배하고 창조하는가 말입니다.

미실 : 그래서 신권을 포기하시겠다는 말씀이십니까?

덕만 : (담담하게) 그렇게 하려고 합니다

미실 : (어이없다는 듯, 반올상을 지으면서) 공주님, 세상은 종(縱-세로)으로도 나뉘지만 횡(橫-가로)으로도 나뉩니다.

덕만 : 무슨 말씀이신지….

미실 : 세상을 종으로 나누면 이렇습니다. 백제인, 고구려인, 신라인. 또 신라 안에서는 공주님을 따르는 자, 이 미실을 따르는 자들. 하지만 세상을 횡으로 나누면 딱 두 가지 밖에 없습니다. (두 손을 가로 지어 양쪽으로 벌리면서) 지배하는 자와 지배당하는 자. 세상을 횡으로 나누면 공주와 저는 같은 편입니다. 우린 지배하는 자입니다. 미실에게서 신권을 뺏으셨으면 공주님께서 가지세요.

덕만 : 허면, 언젠가 다시 빼앗아갈 수도 있겠죠.

미실 : 그게 두려워 버리시려는 겁니까?

덕만 : 버리는 게 아니라 백성에게 돌려주는 것입니다.

미실 : 그게 버리는 겁니다. 그걸 버리고 어찌 통치하시려 하십니까?

덕만 : (미실의 말을 듣고 속으로 고민합니다. '그러한가. 버리는 것인가' 통치를 할 수 없는 것인가)

미실 : (덕만의 속 마음을 읽은 듯) 예, 공주님. 우리는 정쟁을 하고 있습니다. 정쟁에도 규칙이 있는 것입니다. 이건, 규칙 위반입니다. 무엇으로 왕권을 세우고 조정의 권위를 세우겠습니까.

덕만 : (무엇으로 내 권위를 세우느냐)

미실 : (몰아붙이듯 그러나 차분히) 무엇으로 백성을 다스리려 하는 겁니까?

덕만 : (무엇으로 다스리느냐)

미실 : 말씀을 좀 해보세요. (소리지르듯) 무엇이냐 말입니까?

덕만 : 진실이요.

미실 : (어이없는 웃음을 지으며) 진실. 무슨 진실을 말하는 것입니까? 백성들이 새로운 천신황녀라 공주님을 외치고 있습니다. 그들에게 무슨 진실을, (덕만 자신이) '사실 난 아무것도 모릅니다. 나에게 신비로운 능력이 없습니다.' 이런 진실이요?

덕만 : 격물(格物)이란 사물의 이치를 밝히는 것입니다. 진실을 밝히는 것입니다.

미실 : 그래서요?

덕만 : 세주께선 진실을 밝히려는 격물을 가지고 마치 세주께서 천기를 운행하는 듯한 환상을 만들고 있습니다.

미실 : 백성은 환상을 원합니다. 가뭄에 비를 내리고 흉사를 막아주는 초월적 존재를 원합니다. 그 환상을 만들어내야지만 통치를 할 수 있는 것입니다.

덕만 : 아니요. 백성은 희망을 원하는 겁니다.

미실 : (아니라는 듯) 백성의 희망. 공주님, 백성이라는 것이, 군중이라는 것이, 얼마나 무서운 것인지 아십니까?

덕만 : (속마음이 흔들린다. 의외라는 듯. '무, 무서워? 미실이 무서워 하는 게 있어?')

미실 : 군중의 희망, 혹은 욕망. 이런 것들이 얼마나 무서운 것인지 모르시지요.

덕만 : 예, 전 무섭지 않습니다. 적어도, 백성이란 조금 더 잘 먹고 잘 살 수 있겠다 하는 희망을 원하는 것이지 환상을 원하는 것이 아니니까요.

미실 : 백성은, 왜 비가 오는지 알고 싶어하지 않습니다. 백성은 일식이 왜 일어나는지 알고 싶어하지 않습니다. 누군가 비를 내려주고, 누군가 일식이란 흉사를 막아주면 그만인 무지하고 어리석은 존재들입니다.

덕만 : 그건 모르기 때문입니다.

미실 : 예, 모릅니다. 알고 싶지 않습니다! 자신들이 뭘 원하는지도 모릅니다.

덕만 : 백성이 책력을 알면, 스스로 절기를 알게 되고, 스스로 파종을 할 때를 알게 됩니다. 그리 되면 비가 왜 오는지를 몰라도 비를 자신들의 농사에 어찌 이용할 수 있는지를 알게 됩니다. 그렇게 한 발짝씩이라도 더 나가고 싶은 게 백성입니다.

미실 : (질 수 없다는 듯) 안다는 건, 지혜를 갖는다는 건 고통스런 일입니다. 그들에게 안다는 건 피곤하고 괴로운 일입니다.

덕만 : 희망은 그런 피곤과 고통을 감수하게 합니다. 희망과 꿈을 가진 백성은 신국(신라국)을 부강하게 할 것입니다. 저와 같은 꿈을 꾸는 사람들과 함께 그런 신라를 만들 것입니다.

미실 : (속으로, '설마 이 아이가 원하는 것이…')

덕만 (확신하기 어려운 태도로, '이게 내가 하고 있는 말이 맞는 거야?')

미실 : 미실은 백성들의 환상을 이야기하고 공주께선 백성들의 희망을 이야기하고 있습니다. 허나 그 희망이란 것이, 그 꿈이란 것이, 사실은 가장 잔인한 환상입니다. 공주께선, 이 미실보다 간교합니다.

덕만 : (그래 그럴지도 모르지, 하지만)

 백성이란 어떤 존재인가요? 정치인은 무지한 백성들을 계몽하여 그들에게 희망을 심어주고 사회를 발전시켜 나가도록 해야한다는 덕만. 백성은 무지하고 지식을 귀찮아하기 때문에 그들에게 환상을 심어주면서 다스려야 한다는 미실. 이 둘은 철저하게 다른 사상을 바탕으로 국가를 운영하고 사회를 이끌어가는 두 입장을 반영합니다.
 위의 내용에서 보듯 두 사람의 논리에는 한 치의 빈틈도 없으면서 상대를 압도하는 자기 논리가 매우 탄탄합니다. 아마 지금 이 시대를 앞서가는 정치인이 있다면 어느 한쪽에 손을 들어주기 어려울 정도로 양쪽 다 일리가 있습니다. 과연 이 둘의 화쟁은 어떻게 가능할까요? 과연 가능하기는 할까요?

기존의 황권, 신권을 장악하고 백성을 다스려오던 미실. 백성에게 앎의 권력을 돌려줌으로써 권력이 균등하게 나누어지는 새로운 세상을 꿈꾸는 덕만. 드라마에서 미실은 형식논리에 얽매인 권력의 화신이고 덕만은 신라의 발전과 변화를 추구하는 변증법적 논리의 수호자입니다. 여기서 눈여겨 볼 것은 덕만의 태도지요.

앞선 토론의 모습에서 덕만은 끝없이 자신을 돌아보는 태도를 보여줍니다.

"과연 나의 말은 맞는 것일까?" 미실의 반박을 들어보면 확신은 서지 않습니다. 과연 나는 옳은가 하는 문제의식을 끝없이 가지면서도 진리에 대한 확신을 버리지 않습니다. 나를 부정할 용기와 진리에 대한 확신이 같이 공존하는데서 즉 두 개의 문이 하나로 만나는데서 길이 열립니다.

니체도 말하지 않았나요. 내가 심연을 바라보면 심연도 나를 바라본다고. 예수는 원수를 사랑하라고 했습니다. 사랑의 개념과 정의와 실체는 인류 역사를 통틀어 가장 혼란스러운 것 중의 하나이긴 하지만 예수에게 이 말은 원수를 사랑할 수밖에 없다는 말이기도 합니다. 덕만의 위대함은 미실을 꺾어 자기 논리를 관철시켰다는 데 있지 않고 미실의 입장을 수용하고 배우면서 (상대방만이 아니라) 자기를 변화시켜 나갔다는 데 있습니다.

이러한 태도는 덕만과 미실의 2차 토론에서 잘 나타나는데, 토론을 하는 내내 덕만은 자신의 논리를 의심합니다. 미실의 논리가 강하고 목소리가 높아서 확신이 안 드는 까닭이기도 하지만 세상을 결정론적으로 환원하지 않는 덕만의 열린 태도, 자기의 부족함을 인정하는 낮은 자세 덕분이기도 합니다. 자기 논리에 대한 합리적 의심의 태도를 스스로 갖는 장면이기도 합니다. 시인 심보선이 늘 고백하듯이 '오늘은 잘 모르겠어'의 태도로 말입니다.

미실 : 공주님 뭐라 하셨습니까? 진실과 희망과 소통으로 백성을 다스린다고요?

덕만 : (말이 없이 듣는다)

미실 : 백성은 진실을 부담스러워합니다. 희망은 버거워하고요, 소통은 귀찮아 하고요, 자유를 주면 망설입니다. 백성은 즉물적이에요. 떼를 쓰는 아기와도 같지요. 그래서 무섭고 그래서 힘든 것입니다. 헌데 밥을 달라 떼쓰는 아기에게 쌀과 땔감을 주면서 '앞으로는 스스로 지어먹을 수 있다.' (크게 파안대소 하면서) 하하하하하하하하. 더구나 폭동을 일으켰는데도 처벌하지 않는 전례까지 남기셨어요.

덕만 : (아무 말 없이 미실의 말을 듣기만 한다)

미실 ; 처벌은 폭풍처럼 가혹하고 단호하게, 포상은 조금씩 천천히, 그것이 지배의 기본입니다. 지금 이 나라를 망치시려 하는 겁니까!!

덕만 : (개념 재정립으로 반론에 나선다) 우선 당장 먹을 것이 없어 항의한 것은 폭동이라 부르지 않습니다. 생존이라 부릅니다.

미실 : (어이없다는 듯 웃음을 치며) 생존! 그래서 도망을 갔군요. 생존케

해준 자를 배신하고

덕만 : 제 말을 믿지 못했겠지요. 세주께서 통치하시는 동안 한 번도 없었던 일이니까요. 그렇게 늘, 공포로만 다스려오셨으니까요. 이제야 알겠습니다. 그것이 진흥대제 이후로 '신라가 발전이 없는 이유'였습니다.

미실 : (분노를 겨우 억누르면서, 둔탁하게 머리를 맞은 듯) 어찌… 그렇습니까?

덕만 : 세주님이, 세주님이, (가슴에 비수를 꽂듯이) 나라의 주인이 아니기 때문이죠. 세주께서 나라의 주인이셨다면 백성을 자기 아기처럼 여겼을 테고, 그럼, 늘 얘기하려 하고, 늘 이해시키려 하고, 늘, 더 잘 되기를 바랐겠죠. 허나, 주인이 아니시니 남의 아이를 돌보는 것 같지 않았겠습니까. 늘 야단치고, 늘 통제하고, 늘 재우고만 싶었겠죠. 주인이 아닌 사람이 어찌 나라를 위한 꿈을, 백성을 위한 꿈을 꿉니까. 헌데 어쩌죠. 꿈이 없는 자는 절대 영웅이 되지 못합니다. 꿈이 없는 자의 시대는 한 발짝도 전진하지 못합니다.
(천천히 일어나서 가다가 생각난 듯 돌아서서)
아 그 말씀은 감명 깊었습니다. 폭풍같은 처벌과 조금씩 던지는 보상. 또 전례를 남기지 않아야 한다는 것에도 동의합니다. 해서, 절대로 전례가 되지 않도록 할 작정입니다. (선덕여왕 29회)

이 단계에서 덕만은 상대를 포용하여 배우는 자세를 보이고 있습니다. 이 단계에 이르면 미실은 덕만의 적이 아니라 어쩌면 보이지 않는 스승, 멘토의 역할을 하고 있습니다. 반면교사로서의 모습이 아니라 진정한 스승!

왕양명이 추선부에서 이야기한대로, 평온한 미꾸라지에게는 자기를 끝없이 괴롭히는 가물치 같은 적이 미꾸라지를 생생하게 살아있게 하는 원인이 되듯, 덕만은 미실이라는 적을 자기 멘토나 스승의 위치로 끌어올리는 성인의 경지를 보여줍니다. 마치 부처가 마굴을 통해 성장하고 예수가 사탄의 유혹을 통해서 신성을 획득하듯 말입니다.

이러한 덕만의 태도는 일찍이 덕만과 비담의 대화를 통해서 나타난 바 있습니다.

덕만 : 미실은 정말 압도적으로 강해. 그런데 미실에게 없고 나한테는 있는 게 있어

비담 : 뭔데요?

덕만 : 미실이라는 적

비담 : 예?

덕만 : 난 미실이라는 훌륭한 적이 있고 미실은 진흥대제 이후로는 이십년 넘게 맞수를 만나지 못했을 거야. 미실을 통해서 난 더 강해질 거야. 또 하나 미실과 이야기하면서 알게 된 건데 미실은 하늘을 두려워하지 않지만 오히려 백성을 두려워해. 그래서 백성의 말을 듣는 것도 두려워하는 거야. 하지만 난 누군가의 말을 듣는 것을 두려워하지 않아. 나에게 쏟아지는 수많은 말들이, 질문들이 날 결정할 거야.

비담 : 그럼 월천 대사를 얻은 것도

덕만 : 그래 사실 난 그때 정말 어찌할 바를 몰랐어. 근데 월천대사를 얻기 위해서, 이해하기 위해서 대사께 수많은 질문을 드리며 답을 찾아냈어. 앞으로도 백성은, 세상은 나에게 수많은 질문을 할 거야. 난 언제나 두려워하지 않고 그 질문들을 들을 거고 최선을 다해서 답을 찾을 거야. 그게 미실을 이기는 길일 거라고 믿어.

(선덕여왕 30회)

미실이라는 희대의 맞수를 만나 더 강해진다는 덕만. 그리고 끝없는 질문을 통해서 자기도 모르는 길, 새 시대의 꿈을 열어간다는 덕만. 덕만이야말로 끝없는 자기의 부정을 통해서, 자기가 부정하는 상대를 통해서 변증법적으로 발전하는 토론자의 전형을 보여줍니다. 물론 덕만이 미실과 화해하고 권력욕에 사로잡힌 신라 귀족들과 화쟁하여 태평성대를 이끌어낸 성군의 경지에 이르렀는지는 말 못하겠습니다. 역사는 인간이 예측할 수 없는 수많은 다른 길들을 열어놓는 까닭입니다.

오히려 화백이나 화쟁과 관련하여 눈길을 끄는 사람은 월천대사입니다. 드라마 속 월천대사는 민중에게 천기운행의 지식을 돌려주기 위해 첨성대를 짓자는 제안을 한 주인공입니다. 아마 화쟁을 제시한 역사 속의 원효 스님 또한 그러지 않았을까요? 상대를 적으로만 여기고 끝없는 갈등의 윤회 속을 벗어나지 못하는 중생들에게 상대와 내가 둘이 아니라는 진리를 가르쳐주셨으니 말입니다.

덕만이 공주 자리를 찾은 뒤 열린 첫 번째 화백은 순탄하게 마무리됩니다. 놀랍게도 미실과 귀족들은 공주의 제안, 첨성대 건립을 받아들입니다. 덕만 공주의 뜻대로 백성들이 천문 일식에 대한 격물을 깨우쳤을 때, 그들을 다스려야만 하는 공주는 과연 자기 모순 없이 문제를 잘 헤쳐나갈지 지켜보자는 심사에서입니다.

반면 김유신을 풍월주로 임명하기 위한 두 번째 화백회의는 미실측의 지난한 방해와 공격으로 한계에 봉착하고 어려움을 겪습니다.

청문이 날카로운 화백-
김유신을 화랑도의 풍월주로 임명하는 회의

월천대사의 하세가 돋보이는 화백회의와 달리 의제에 대해서 문제를 제기하며 청문이 돋보이는 화백회의도 존재합니다. 김유신의 풍월주 등극 건입니다.

화랑 김유신은 마이너 리그 출신입니다. 가야 출신으로 아버지 김서현은 지방의 수령이었는데 왕의 부름을 받아 궁궐의 귀족이 되었으나 지금은 거의 유민에 가까운 가야출신이라는 이유로 미실을 비롯한 중심 권력에서는 멀리 밀려난 신세지요.

가야 세력을 복원하려는 복야회가 호시탐탐 유신의 아버지와 유신의 목숨을 노려왔는데 김유신은 복야회 수장과 담판을 지어 상생의 방안을 모색합니다. 그 방안으로 자기 집안 땅에 가야 유민들을 모아놓고 무상으로 농사를 짓도록 하고 관의 눈을 피해 군사훈련을 시킵니다.

신라 왕실의 입장에서 보면 가야 복원을 꿈꾸는 복야회는 반란 세력인데 김유신은 자기 가문이나 자신의 생명보존을 위해 복야회와 유대 관계를 유지하던 중이었습니다. 김유신으로서는 가야 세력과 척을 질 수도 없고, 한몸이 되기도 어려운 진퇴양난의 상황인데 나름의 복안으로 문제를 봉합하고 살아가던 중입니다.

덕만이 공주로 돌아온 뒤, 어린 시절의 덕만을 살리는데 지대한 역할을 한 국선 문노도 돌아오고, 화랑은 바야흐로 새로운 전성기를 맞이하면서 화랑을 대표하는 풍월주를 새로 뽑아야하는 상황입니다.

미실의 아들 보종이 다음 풍월주를 차지할 1순위였으나 유신의 등장으로 경쟁은 더욱 치열해집니다. 당대 궁궐에 대한 상황 판단이나 무술 실력으로 보아 보종의 등극이 유력했으나 3차례에 걸친 풍월주 비재(겨루기)는 팽팽하게 흘러갑니다.

주변의 상황을 예리하게 파악하는 관찰력 시험에서는 보종이 승리하고 2차 신라 선대왕의 불가능한 꿈, 즉 삼한을 통일하는 통일의 의미가 '신라'(新羅)라는 의미 속에 담겨있음을 밝혀낸 유신이 2차 비재에서 승리합니다. 마지막 3차 비재는 있는 그대로의 실력을 발휘하는 무술 겨루기. 유신을 도우려는 비담의 등장으로 보종은 떨어지고 유신은 비담과 최종 결승에서 맞붙었으나 비담의 봐주기로 결승은 무효화됩니다. 유신은 자기보다 한 수 위인 칠곡의 공격을 10회 이상 견뎌내야 하는 혹독한 재시험을 치르는데 천신만고 끝에 무술 관문을 통과해서 풍월주 자격을 획득합니다.

문제는 화백회의에서 화랑의 수장격인 풍월주 인준 과정을 거쳐야 하는데 유신을 포섭하려 했으나 실패한 미실 측에서 유신의 풍월주 등극을 호락호락 수용할 리가 없습니다. 유신의 뒷조사를 한 미실 측에서는 유신의 복야회 관련 의혹을 바탕으로 유신의 낙마를 위해 전력을 기울입니다. 요즘 우리 사회의 인사 청문회에서 상대 당의 추천 인사를 필사적으로 공격하는 풍경과 유사하지요.

(숙연한 분위기의 열선각 화백회의장. 덕만과 미실, 귀족들이 자리한 가운데 유신이 들어와 인사를 합니다.)

기존 풍월주 : 그럼 제15대 풍월주 최종 재가회의를 시작하겠습니다.

국선 문노가 '이번 풍월주 선출은 1원칙인 비재결에 의해 이루어졌음'을 밝히고 원상화 칠곡은 '김유신이 2승을 거두었음'을 발표합니다. 용춘공이 '따라서 유신랑은 풍월주에 오를 자격이 충분하다'고 거드는데 이때, 설원공이 나서서 문제를 제기합니다.

"유신랑이 무술 비재에서 보여준 그 투지와 의기, 가히 화랑의 기상을 드높였다 할만 합니다. 하나 그 전에 한 가지만 확인을 해야겠습니다.
서라벌 남쪽 가야촌에 가야 유민들이 삼량주로 강제 이주당한 일이 있었습니다. (긴장감이 돌기 시작합니다. 유신과 덕만은 무슨 꿍꿍이일까 고민이 시작되는데) 삼량주로 내쳐졌던 가야 유민들의 상당수가 지금 어디에 있습니까, 유신랑?"

공주는 무슨 뜬금없는 발언이냐 묻지만 '풍월주에 오르는 자는 모든 의혹을 명명백백히 밝힐 의무가 있다'는 설원공.

"가야 유민의 대다수가 김유신의 땅인 남양주에 있음이 병부의 추적 결과 밝혀졌습니다.

유신랑! 삼량주에 있던 가야 유민들이 추방당한 것은 단지 하늘의 계시뿐만이 아니라 복야회와 관련이 있었던 것도 사실입니다. 어찌하여 그들이 유신랑의 땅에 거주하고 있는 겁니까? 또한 그 시점부터 복야회가 다시 활동을 시작했다는 정황도 있습니다. 유신랑은 유서 깊은 가야의 출신입니다. 이 모든 걸 설명하실 수 있겠습니까?"

'그들은 그저 자기의 땅에서 농사짓는 유민일 뿐'이라고 항변하는 김유신. '척박한 땅에 있는 농민들에게 도움을 주는 것이 죄가 되냐'고 되묻지만, 이 사건은 일파만파로 번져가면서 유신을 궁지로 몰아넣습니다.

결국 〈선덕여왕〉 속 김유신은 양자택일의 위기에 몰려 결국 미실 앞에 무릎을 꿇으며, 미실의 수하가 될 것을 약속하고 미실 가문의 여식과 정략 결혼을 승낙하기에 이릅니다.

유신을 낙마시키고 자신의 품에 거두기 위한 미실의 책략은 성공합니다. 하지만 미실이 김유신의 마음까지 얻었을까요? 치밀한 공작과 병부령의 광범위한 정보력을 동원하여 유신과 그의 가문의 약점을 캐고 복야회와의 연관을 추궁하여 김유신을 풍월주로 올리되 자기 수하로 만들었지만 덕만을 향한, 그리고 신라의 부흥과 삼국의 통일을 꿈꾸는 유신의 마음을 포용하지는 못했습니다. 김유신으로부터 존경받는 세주가 되지 못했음은 불문가지고요.

토론과 회의에서 '질문'은 그 어떤 주장보다도 중요합니다.

무책임한 거수기 역할을 하지 않기 위해, 사안에 깊은 관심과 사랑을 갖고 최선의 방안을 찾기 위해, 행여나 부족함이 없는지 자그마한 문제나 모순이라도 찾기 위해 끝없이 질문을 던지고 고민하는 자세는 많은 준비를 해서 하세하는 주체만큼이나 중요하고 또 중요합니다. 〈선덕여왕〉 속 설원공이 유신에게 한 청문은 배워둘 만합니다. 단, 청문의 목적은 상대방의 흠집내기나 정략적 공격이 아니라 공익과 선정을 위한 대의의 실현임이 청문 그 자체보다 소중함을 우리에게 일깨웁니다.

다음은 화백의 꽃이자 독인 만장일치에 대한 고민을 해볼 차례입니다. 〈선덕여왕〉의 작가들은 어떤 문제의식을 가졌는지 다음 화백으로 넘어가볼까요.

만장일치와 치열한 자기 부정, 화백의 미래를 화백에 걸다

중이 제 머리를 못 깎는다는 옛말이 있습니다. 왜 중은 제 머리를 깎지 못할까요? 이는 이상한 문제제기입니다. 당연한 말 아닌가요? 보이지 않는, 자기의 머리를 깎을 중이 어디 있을까요! (하지만 우리는 영화나 드라마 속에서 종종 자기 머리를 깎는 주인공들을 봅니다!)

'화백회의'와 '만장일치'를 논하면서 왜 이런 말이 먼저 떠올랐을까요? 만장일치의 원리는 누가 왜 정했는지 궁금하지 않을 수 없고, 만장일치

의결방식을 둘러싼 갈등들은 어떻게 해결했는지 역시 그렇습니다. 안타깝게도 알 수 없지만. 그저 오래 전 문헌에는 단 한 줄 아니 한 구절이 남아있을 뿐입니다.

일인이즉파(一人異則罷). 한 사람이라도 의견이 다르면 멈춘다, 깨뜨린다, 무효다라는 뜻입니다. 어떻게 번역 혹은 해석할지도 난감합니다. 그럼에도 우리는 뒤집어 해석합니다. 즉 일인도 반대하지 않는다, 누구도 다른 의견을 내거나 갖지 않는다. 즉 만장일치로 말이지요. 한 사람이라도 의견이 다르면 유보한다는 말이 반드시 만장일치를 의미할까요? 다르면 멈춘다는 인과인가요 과정인가요? 멈춘 뒤에는 그럼 어찌했단 말인가요? 무이(無異)의 절대 진리를 추구했단 말일까요? 대화와 설득으로? 상대방을 죽여서? 아니면 지난한 토론을 거쳐서? 오늘날에는 만장일치를 거부하는 소수자의 입장을 어떻게 바라봐야 할까요?

우선 〈왼손잡이〉를 보겠습니다. 가수 이적의 노래입니다.

나를 봐 내 작은 모습을/너는 언제든지 웃을 수 있니
너라도 날 보고 한번쯤/그냥 모른 척 해줄 순 없겠니

하지만 때론 세상이 뒤집어 진다고/
나 같은 아이 한둘이 어지럽힌다고
모두가 똑같은 손을 들어야 한다고/그런 눈으로 욕 하지 마

난 아무것도 망치지 않아/난 왼손잡이야
나나 나나나나 나나나나나 나나나
나나 나나나나 나나나나나 나나나

난 왼손잡이야(이적, 왼손잡이)

앨범 〈패닉〉에 실린 노래 왼손잡이입니다.

'하지만 때론 세상이 뒤집어 진다고, 나 같은 아이 한둘이 어지럽힌다고, 모두가 똑같은 손을 들어야 한다고, 그런 눈으로 욕 하지 마, 난 아무것도 망치지 않아, 난 왼손잡이야'라는 가사가 구슬프네요.

여기서 왼손잡이는 두말 할 것 없는 소수자입니다. 소수자는 곧 약자입니다. 남자가 아닌 여자, 이성애자가 아닌 성정체성을 가진 다양한 성의 소유자, 대한민국 국적을 갖지 못하고 대한민국에서 살아가는 사람, 신체와 정신에서 어려움을 겪는 사람, 국회 내의 소수 정당 국회의원 등등. 물론 물리적으로 왼손을 쓰는 진짜 왼손잡이까지.

그들의 의견은 종종 묻히기 일쑤이며 목소리를 내기조차 힘들 때가 많습니다. 인권 의식 향상과 소수자들의 주체적인 노력으로 많은 커밍아웃이 이루어지지만 사회적 편견의 시선과 차별은 여전합니다. 차별금지법을 통해 차별을 없애기 위한 치열한 노력이 진행중이지만 법적 권능을 지닌 국회의원들이나 정치권력을 지닌 정부는 여론의 눈치를 보느라 고양이 목에 방울 달기를 꺼립니다. 세상의 모든 의사 결정을 만장일치로 하는 사회에서는 이들의 목소리도 존중을 받을까요?

다수결이 지배하는 사회에서 소수자들이 받는 고통의 해결을 만장일치로 해결할 수는 없습니다. 다양성 존중 사회에서 만장일치라니! 만장일치는 오히려 독재에 가깝다는 인식이 팽배한 까닭입니다. 그래서일까 유대교의 원로 회의 체계인 산헤드린에서는 '만장일치는 무효다'라는 원칙을 견지합니다.

사회주의자이며 자유주의자를, (소수자의 진실과 정의를 추구하는) 분파주의자를 자처하는 문화비평가 변정수는 획일화된 한국 문화를 비평한 책의 서문에서 이렇게 만장일치를 꼬집습니다.

탈무드가 전하는 바에 따르면, 고대 유대 사회에서 의회 구실을 하던 '산헤드린'에서는 투표 결과가 만장일치가 나오면 그것을 무효로 하고 다시 투표를 했다고 합니다. 식당에 가서 밥 한 끼를 먹을 때조차도 가급적 한 가지 메뉴로 의견 통일을 보고 싶어하는 우리 눈에는 기이하기 짝이 없는 풍속이겠지만, 아마도 '무너진 바벨탑'의 전설을 창세 신화로 가지고 있는 종족이라면 (신이 아닌) 사람이 하는 일에 1백퍼센트는 있을 수 없으며 그런 완벽한 의견 일치는 신의 노여움을 사기에 충분한 불경으로까지 여겨졌음직 합니다. 유대인들의 종교적 전통에 기인한 '신 앞에서의 겸손'이 무신론을 포함하여 다른 종교적 신념을 가진 이들에게 그 자체로 의미 있는 것은 아닐 터입니다. (중략)

더구나 모든 역사적 시기에서, 지배적인 생각이란 지배 계급의 생각일 뿐이라는 데 동의할 수 있다면, 만장일치라는 현상에서 우리가 확인할 수 있는 것은 실은 평화가 아니라 일종의 음모일 수밖에 없습니다. 근본적으로 불평등한 사회에서 자본가와 노동자는, 남성과 여성은, 이성애자와 동성애자는, 장애인과 비장애인은, 서로 평화롭게 공존하기 위하여 어느 정도의 이해 조정에 양해한 '컨센서스'에 도달할 수 있을지는 몰라도 결코 같은 의견을 가질 수는 없습니다. 아니 의견의 일치가 바람직한 가치로 여겨지는 한, 최소한의 '컨센서스'에 도달하지 못할 것입니다. 자신의 고유한 이해관계와 그로부터 비롯되는 의견을 궁극적으로 포기하는데 양해할 사람은 없을 테니까.

만장일치는 가능하지도 않을뿐더러 설령 가능하다 해도 그것이야말로 (심지어 '무효화'하지 않으면 안 될 만큼이나) 가장 위험한 것이라면 남는 문제는 '누구나 동의할 수 있는 불변의 진리'가 아니라 궁극적으로 일치할 수 없는 수많은 의견 가운데 나는 누구의 편에 설 것인가 뿐입니다.

(변정수, 〈만장일치는 무효다〉 서문 중에서)

이쯤이면 '일인불불이즉파'(一人不不異則罷)라고 해야 할까요? 한 사람 한 사람의 개성과 고유성이 중시되는 사회에서 모두의 의견을 하나로 만들어가는 행위나 상황 자체가 바람직하지 않으리라는 주장입니다. 취지는 충분히 공감이 가나 반드시 그럴까요? 만장일치는 항상 나쁜 것이며 민주주의의 적일까요? 체제나 이념, 공동체의 구성원에 따라 다른 영역이 존재하며 그건 어떻게 가능한지, 약간 삐딱한 문제제기를 하면서 다른 부분으로 넘어가보겠습니다.

사회주의 혹은 공산주의와 만장일치

화백회의와 만장일치를 접하면서 늘 궁금한 점이 하나 있습니다. 바로 중국이나 북한의 전당대회입니다. 거의 전원 만장일치를 손쉽게 이루는 그들의 회의를 보며 어떤 때는 부러움이, 어떤 때는 독재 국가의 숨 막힘이, 혹은 둘이 동시에 다가옴이 느껴집니다. 과연 그들은 동물농장의 독재체제인가요, 서로의 의견을 하나로 아름답게 모아가는 유토피아인가요, 혹은 그 둘 사이의 중간 어디쯤인가요?

북한의 선거와 의결체계에 대해서 정통성 있는 연구를 한 북한 전공학자의 글은 아니지만, 인터넷에서 쉽게 찾아볼 수 있는 나름 구체적인 글입니다.

북한의 투표는 아주 간단합니다. 일단, 유권자가 투표소에서 신분증(북한에서는 '공민증'이라고 부릅니다)을 지참하고 들어갑니다. 그리고 선거인명부와 대조하여 신원을 확인하고 투표 용지를 받습니다. 여기까지는 여느 나라의 투표방식이랑 똑같습니다. (이 사진이 보이는 포스터를 보면 '모두 다 찬성 투표하자!'라는 무서운 말이 쓰여 있습니다.)
하지만 투표 방식에서 북한은 단일후보에 대한 찬성과 반대 두 가지 뿐입니다. 투표 용지 앞면은 후보의 이름이 적혀 있고 뒷면에는 '찬성표'가 적혀 있습니다. 찬성하는 경우 투표 용지를 반으로 접어 투표함에 넣고 반대하는 경우 후보자 이름 옆에 엑스(×)표를 한 뒤에 넣습니다.

하지만 투표장 안의 감시와 통제는 엄격합니다. 선거관리위원회가 없어서 조선노동당이 후보등록에서 투표, 개표 관리까지 모든 과정을 통제하고 감시합니다. 이런 상황에서 반대를 표하기란 어려울 수밖에 없습니다. 북한의 만장일치 선거 결과가 가능한 이유입니다. 간혹 드물게 반대에 투표하는 사람도 있다고 합니다. 하지만 정치범 수용소로 끌려간다는 것이 문제입니다.

또한 북한에서는 특별한 선거 유세 활동이 없습니다. 북한의 대의원 단일 후보는 적극적으로 자신을 뽑아달라는 홍보나 선전 활동을 전혀 하지 않습니다. 선거 연령대도 우리 나라와 다릅니다. 만 19세 이상의 국민이 참여하는 우리와 비교해 북한은 만 17세부터 투표할 수 있으며 아무리 몸이 아파서 하루 종일 누워있다든가 기타 다른 사정이 있어도 무조건 참여해야 합니다.

한마디로 북한 선거에서 당선자는 정해져 있고 유권자는 그걸 그냥 투표함에 넣기만 하는 것입니다. 그러니까 북한의 선거는 말이 선거지, 사실상 당에서 지정한 후보를 인민에게 한 번 보여주면서 주민들의 당에 대한 충성심을 시험해보는 행위에 불과합니다. 선거 시기가 되면 몰래 탈북했던 탈북자도 울며 겨자 먹기 식으로 북한으로 다시 들어오게 됩니다. 투표에 참여하는 것이 일종의 출석 체크이기 때문에, 만약에 오지 않는다면 연좌제로 가족들이 정치범 수용소로 끌려갑니다.

2014년 3월, 김정은 집권 이후 첫 최고인민회의 대의원 선거가 실시되었는데 우리나라로 치면 국회의원 선거였습니다. 그렇게 최고인민회의에서 선출된 대의원은 모두 687명이었으며 대의원들은 국가 최고 지도자로 당연히 김정은을 추대하는데 100프로 찬성했습니다.

이 글에 따르면 북한은 소수자의 의견을 존중하지 않는 독재 국가입니다. 김정은 체제 아래에서 이견을 가진 사람은 살아남기 어렵고 정치적인 탄압을 받는다는 주장입니다.

반북 단체나 탈북자들에게서 흔히 들을 수 있는 주장입니다. 표면적으로 진행되는 선거관리나 대의체제는 어느 정도 맞으나 그 과정을 그리 쉽게 예단해도 좋은지 의문입니다.

반면 개성공단의 전도사이면서 대한민국에 북맹 탈출의 깃발을 올린 개성공단이사장 김진향 교수님의 견해는 다릅니다. 청소년을 위한 북맹 탈출 책 〈남과 북, 우리는 함께 살 수 있을까〉에 따르면 북의 지도자 선출과정과 의미는 다음과 같습니다. 좀 길지만 그 부분을 자세히 살펴보겠습니다.

질문 : 북한 하면 핵 다음으로 떠오르는 게 '3대 세습'이에요. 저희 아빠도 텔레비전 북한 뉴스를 보면 '김씨 왕조'라며 혀를 쯧쯧 차고요. 저는 2018년 4월 판문점에서 열린 남북정상회담에서 김정은 국무위원장을 처음 보았는데요, 가장 젊더라고요. 3대째 권력을 세습하고 있는 독재국가의 지도자치고 생각보다 농담을 잘 하긴 했지만, 아닌 건 아닌 거죠. 아버지 잘 만나면 최고지도자가 될 수 있는 국가를 우리가 믿어도 되는 건가요?

대답 : 흔히 우리가 북측에 대해서 생각하는 이미지죠. 김씨왕조라든가 3 대 세습에 대한 문제 말입니다. 북측의 3대 세습은 잘 들여다 볼 필요가 있어요. 우리가 상상하는 3대 세습은 어떤 모습일까요? 그 옛날 왕위 세습처럼 아버지가 지목하고 아들이 승계하는 그런 모습일까요? 아닙니다. 북측에서도 내부적으로 조선노동당원들과 인민들이 토론과 선거 절차를 거쳐서 최고지도자를 선출합니다. 일단 제도와 절차, 시스템으로는 그렇습니다.

질문 : 토론을 하고 선거를 한다고요? 정말로요?

대답 : 그럼요, 거기도 엄연히 정치 질서를 규정하는 법 제도가 있지요. 어떤 국가도 주먹구구식으로는 운영되지 않아요. 정치 체제와 경제 제도는 물론 입법·행정·사법 시스템이 있어요. 최고인민회의 대의원을 비롯한 선출직 정치인들도 뽑고 삼권분립도 되어있어요. 다만 그런 체제와 제도, 시스템이 작동하는 방식, 정치의 목적이나 가치 등이 우리와 좀 다를 뿐 절차적으로 분명한 시스템을 갖추고 있습니다. 우리가 법률에 의한 절차에 따라 대통령과 국회의원을 선출하듯이요. 북측의 국무위원장도 마찬가집니다. 공직자이기 때문에 선출하기 전에 엄격히 검증하고, 조선노동당 내에서 치열하게 토론도 합니다.
선거는 기본적으로 우리의 뜻을 대표해줄 사람을 뽑는 과정이죠? 북측의 김정은 국무위원장도 공식적인 절차를 거쳐 인민들의 대표

자격을 위임받았습니다. 물론 선거방식에는 차이가 있어요. 남측은 1인1표를 가진 직접선거지만 북측은 간접선거 시스템이지요. 인민들이 1차 대표자, 즉 최고인민회의 대의원을 뽑습니다. 우리로 치면 국회의원 같은 사람이에요.

인민의 대표인 최고인민회의 대의원은 어떻게 뽑을까요? 우리가 국회의원을 뽑는 것과 똑같이 인민이 선출합니다. 그러나 남측의 직선제와는 방법이 다릅니다. 예를 들어 개성시 대의원을 뽑는다고 가정해봅시다. 그러면 개성시에 있는 농업근로자동맹, 직업동맹, 여성동맹 등 인민들이 속해 있는 사회 조직에서 후보들을 조선노동당에 추천합니다. 당원들은 대의원 후보 한 명을 정하기 위해 치열한 토론을 벌입니다. 만장일치로 뽑아야 하므로 대의원의 자질, 역할, 기준을 하나하나 검토합니다. 그 회의에서 대의원 후보가 선정되면 조선노동당 당원들이 선거구 지역을 돌면서 집집마다 왜 이 후보가 대의원이 되어야 하는지 설명하고 설득합니다.

조선민주주의인민공화국 헌법을 보면, 17세 이상의 모든 인민은 성별·민족·직업·거주기간·재산·지식 수준·종교와 관계 없이 투표할 권리가 있습니다. 군복무 기간에도 동일한 권리를 가지고요. 비밀투표를 보장 받습니다. 우리의 선거 제도처럼 북도 보통 선거, 비밀 선거, 평등선거의 원칙을 지키고 있는 겁니다. 다른 점이라면, 북에서는 특별한 이유 없이 투표하지 않으면 안 됩니다. 인민은 반드시 투표할 권리와 의무를 동시에 가집니다. 이렇게 투표를 진행하면 99퍼센트, 100퍼센트 찬성률로 대의원이 뽑힙니다. 사전 설명과 설득 과정을 거치기 때문이죠.

우리와는 매우 달라서 낯설 텐데요, 학급 회장 선거를 상상해보면 어떨까요? 반 친구 중 후보를 뽑아 그 후보들이 각자 연설을 하고 투표로 뽑는 게 우리의 방식이라면, 북측은 후보들을 놓고 한 명 한 명 학급 운영에 필요한 자질을 갖추었는지 토론하고 검증해서 최종 한 사람을 뽑는 겁니다.

질문 : 하지만 사전에 설득하는 건 민주주의의 비밀보장 원칙에 어긋나는 거 아닌가요?

대답 : 민주주의의 원칙에 대해서 남과 북은 다른 기준을 둡니다. 우리는 다수결의 원리를 민주주의의 기본 원칙이라고 생각하지만, 북측은 전체 성원들의 합의된 의지가 모인 것이 민주주의라고 생각합니다. 정당한 이유 없이 투표하지 않으면 자신이 속한 사회에 대한 기본 책무를 다하지 않는 거라 여겨요. 그래서 투표율이 99퍼센트에 육박하죠. 한편 만장일치를 위한 설득 과정을 거치다보니 공직을 맡은 사람이 무거운 책임감을 느끼게 됩니다. 선출되기까지도 굉장히 오래 걸리고요.

언젠가 북측 관료가 이렇게 물어온 적이 있습니다. "남측에서는 투표율 50퍼센트를 간신히 넘겨서 그중 50퍼센트의 지지로 서울시장이 된다고 하면, 전체 시민 중에서는 약 25퍼센트의 지지로만 선출된 건데, 그런 걸 진짜 민주주의 제도라고 할 수 있는 겁니까?" 남측은 국민 열 명 중 두세 명의 지지만으로도 지도자를 선출할 수 있는 구조니까 일면 타당한 이야기였습니다. 또 우리는 투표함을 열어봐야 최종 선거결과를 알 수 있죠. 한 마디로 '가봐야' 아는 거죠. 그런데 북측에서는 내일 당장 누가 지도자가 될지 모르는 상황을 매우 불안정하다고 인식합니다.

(김진향/남과 북 우리, 함께 살 수 있을까)

우리가 통속적으로 알고 있는 독재국가의 이미지와는 거리가 멉니다. 만장일치의 합의를 이끌어내기 위해 지난하고 치열한 토론의 과정을 거친다는 점을 강조합니다. 해마다 그 해의 정치신념과 쟁책 기조를 담은 신년사도 김정은 위원장 한 사람이나 소수 권력집단의 독단이 아니라 각종 인민들 모임에서 회의하고 토론한 결과물이라는 것입니다.

대구에 사는 평양시민을 자처하는 김련희씨도 북의 회의와 토론은 여느 조직마다 활성화되어 있어 중요한 의사결정은 가시적이고 공식적으로 추인되는 과정일 뿐 실제로는 중간 단계에서 만장일치에 가까운 합의를 만들어간다고 말합니다.

이는 결과보다 과정을 중시하고 개인주의보다 공동체성을 지향하는 우리 겨레의 전통과 맥을 같이 합니다. 획일주의의 탈피라는 관점에서 보면 민주주의 역시 다양한 얼굴을 지녔습니다. 자본주의의 외피를 입은 민주주의, 자유주의 체제를 강조하는 민주주의, 혹은 사회주의나 공산주의, 혹은 인민중심 민주주의 등 민주주의의 모습 또한 무지개처럼 다양하겠지요.

모르면 차라리 입을 닫는 것이 바람직할지 모릅니다. 북맹인 우리들이 함부로 북의 체제나 이념, 회의 방식 등을 재단하기보다는 혹여 그 속에서 배울 점은 없는지, 기존의 우리 회의나 토론 문화에서 배울 것은 없는지 찾아보는 자세가 더 중요하지 않을까요!

그럼 드라마 〈선덕여왕〉 속에서는 만장일치를 둘러싼 갈등이 어떻게 벌어지나, 드라마 속으로 가보겠습니다.

만장일치와 화백의 자기 개혁

여왕을 꿈꾸는 덕만공주와 여전히 권력의 자리에서 내려놓기를 거부하는 미실 사이의 치열한 권력 다툼이 한창입니다. 대귀족의 비호를 등에 업은 미실 세력을 견제하고 서민들의 삶의 질을 향상시키기 위해 덕만공주는 과감한 세제 개혁을 단행합니다.

느닷없는 조세 개혁 제안으로 중신회의가 술렁이는 가운데 덕만의 발언 취지가 이어집니다.

"진흥제께서 새로이 복속하여 백성들에게 나누어주셨던 대부분의 땅이 귀족들의 소유가 되었습니다. 이는 망라사방(網羅四方)을 기치로 내거신 선제들의 뜻 그 어느 것에도 맞지 않으며 이로 인해 백성들의 삶은 더 피폐해지고 있습니다."

그럼에도 같은 비율의 조세를 걷는다는 것은 어불성설, 5천 속의 토지를 기준으로 그 이상의 토지를 소유한 이들에겐 중과세를 부여할 작정입니다.

다시 장내는 술렁이고 특히 대토지를 소유한 대귀족들의 불안이 더해가는 가운데 공주가 세칙 개정안을 발표합니다. 부동산 문제가 심각한 요즘 우리나라의 종부세 부과와 유사한 상황입니다.

"5천속에서 7천속의 토지를 소유한 자들에게는 6할,
7천속에서 9천속의 토지를 소유한 자들에게는 7할,
9천속에서 만이천 속의 토지를 소유한 자들에게는 8할,
만이천 속 이상의 토지를 소유한 자들에게는 9할의 조세를 부과할 것입니다. 그 대신 5천속 이하의 영토를 소유한 자들의 세는 5할에서 3할로 낮출 것이며 5백속과 5천속 이하의 토지를 소유한 농민들에게는 2할 5백속 이하의 토지를 소유한 이들에게는 1할의 세만 부과할 것입니다."

장내는 더욱 소란해지는 가운데 미실의 자식중 하나인 하종이 반문합니다.

"중소 귀족들과 농민들에게서 감세한 세를 대귀족들에게 부과한다는 것입니까?"

덕만의 대답은 단호합니다. "예".

그러자 기다렸다는 듯이 덕만의 아버지 26대 진평왕이 화백회의를 제안합니다.

"하여 조세개혁안에 대한 율령을 반포하려하니 화백회의에서 통과시켜주기를 강력히 요청하는 바입니다."

일단 대귀족을 견제하기 위한 공주의 제안은 성공으로 보이나, 대귀족들이 화백회의에서 만장일치로 이 안건을 찬성으로 결의할지가 문제입니다. 만장일치로 결의가 된다면 금상첨화, 더할 나위 없이 좋겠지만 공주의 의도는 백성들과 중소귀족이 대귀족의 횡포를 절절하게 느끼면서 그들의 개혁을 원하게만 해도 성공입니다.

안건에 대한 찬성과 반대의 입장이 선명하게 드러나도록 함으로써 개혁 세력과 기득권 세력을 뚜렷이 갈라보려는 공주의 전략입니다. 비록 표결에서 만장일치에 실패할지라도 말입니다.

이런 전략은 더 나아가 귀족이 장악한 화백회의의 실체에 대해서도 강력한 문제제기가 됩니다. 백성들은 귀족들이 장악한 화백회의가 과연 누구를 위해서, 왜 존재하는지 확연히 깨달을 테니 말입니다.

하지만 미실이 누구인가요! 천하의 미실이 공주의 반간계에 쉽게 넘어갈 리 만무합니다. 흥분한 대귀족들에게 조세개혁안에 대한 찬성표를 던지게 하고는 은밀히 작전을 짜서 단 한 사람에게만 반대표를 던지게 합니다. 화백이 지닌 만장일치의 원리 즉 '일인이즉파'(一人異則罷)를 이용하여 덕만의 계획을 이중으로 무산시키려 합니다. 속내는 뻔하지만 겉으로 드러나지 않는 치열한 수싸움은 과연 누구의 승리로 끝날까요?

드디어 조세개혁안을 의결하는 화백회의가 열립니다. 특기할 사항은 일반 대중이 바라보는 공개토론으로 진행된다는 점입니다. 그동안 열선각 등 폐쇄적인 공간에서 소수만의 회의로 진행하다가 이번 화백회의는 열린 공간에서 대소신료와 화랑들 그리고 뭇 백성들이 지켜보는 가운데 열립니다. 모두가 좌정하고 회의의 좌장인 상대등이 발언합니다.

"공주님께서 제안하신 조세개혁안에 대해 대등들께서는 모두 알고 계실 겁니다. 오늘 화백회의에서 그 가부를 결정코자 합니다. 이미 오랜 시간 심사숙고 하였을 터, 논의 없이 바로 그 가부를 결정토록 하겠습니다."

만약 조세개혁안에 대한 의문이나 개선점, 문제점 등에 대한 청문이 있었다면 별도의 과정이 필요했겠으나 서로의 전략이 명확히 세워진 상황이라 별도 토론 없이 의결에 들어갑니다.

모든 사람들이 긴장하며 지켜보는 가운데, 대등들은 자기 앞에 놓인 죽표 가운데 찬성이나 반대표를 들어 의사표시를 합니다. 미실의 배우자인 상대등을 비롯해 대부분 대등들이 계획대로 찬성표를 던지고 왕과 공주를 따르는 서현공과 용춘공 또한 찬성표를 던지는데 이때, 유일하게 한 사람만이 반대표를 던집니다.

결과는 찬성 아홉에 반대 하나. 신국의 전통인 만장일치제를 따라 조세

개혁안은 부결되었음을 공표하는 상대등.

결국 법안도 부결시키고 백성들의 원성도 사지 않은 미실의 승리입니다. 장내는 술렁이고 미실의 입가로 야릇한 미소가 스치는데, 갑자기 덕만 공주가 벌떡 일어나 새로운 안건을 발의합니다.

"다시 발의합니다."

상대등은 일사부재리(一事不再理)의 원칙에 따라 부결 안건을 다시 화백회의에 올릴 수 없는 것이 법도라고 하자 공주는 그 안건이 아닌 새로운 안건을 제안합니다. 바로 화백회의의 '만장일치 제도를 다수결로 바꾸자'는 제안입니다. 다수의 권력을 지닌 미실과 대귀족들이 만장일치제의 특성을 이용해서 자기들의 입맛에 맞는 표결 결과를 만들어내는 것에 대한 덕만의 항변이자 저항입니다. 물론 귀족들이 덕만의 요구를 순순히 들어줄 리 만무합니다. 중이 어찌 자기 머리를 깎겠습니까!

만장일치제는 화백회의의 법도라며 의결방법 수정에 이의를 제기하는 상대등. 덕만은 지지 않고 그 취지를 말합니다.

"지금껏 신국의 제도 중에 만장일치제를 허용한 것은 화백회의밖에 없습니다. 신국의 근간인 화랑도 중망결(衆望結:다수결)의 원칙을 중시하고 각부의 령 또한 중망결에 의해 선발됩니다. 오직 화백회의만이 만장일치제를 허용하여 대등들의 이해에 맞지 않는 사안이라면 언제나 늘 부결이 되어왔습니다. 이는 신국의 발전을 저해하는 것은 물론이요 대귀족들의 이익만 충족시키는 것으로써 화백회의를 다수결의 원칙으로 바꿀 것을 발의합니다.”

군소귀족들과 백성들은 옳소 하며 덕만을 지지합니다. 과연 화백회의는 자기를 부정하는 뼈를 깎는 혁신의 길을 갈까요?

공주의 의도를 알아챈 춘추는 만장일치 화백회의에 대한 도전과 화백회의 만장일치제를 다수결로 바꾸자는 의견은 조세안 통과를 반대하는 상심들이 화백회의를 향하게 하는 것이라며 지지합니다.

비담 : 화백회의 참 쓸모 없어, 그치?
춘추 : 그래, 그런 생각들, ‘이런 회의 참 쓸모 없다.’ 이런 생각을 다들 해야 돼.

이래서 고대의 화백회의가 자료 없이 역사 속으로 사라졌을까요?

만장일치제를 다수결로 바꾸자는 화백회의 결과는 만인의 예측대로 찬성 둘에 반대 여덟로 부결됩니다.

권력을 지닌 자들이 법을 바꿀 권력까지 지녔을 때, 이들을 견제할 방법은 과연 없는 것일까요! 대한민국 국회의원들이 국회법까지 제정 개정이 가능한 현실과 무관하지 않아 보입니다.

다수의 횡포는 견제받아야 하지만 만장일치제로 해결할 수 없으며 반대로 소수의 의견은 존중받아야 하지만 소수파들이 억지와 몸싸움으로 다수의 의지를 막는 횡포를 보일 때 국회는 동물국회로 타락합니다. 문을 걸어잠그는 점거와 난동은 물론 폭력이 행사되며 법안 통과는 멀어지기 때문입니다. 문제는 다수결이냐 만장일치제냐가 아님에도 불구하고 정쟁이 치열한 상황에서는 의결 방식이 기득권과 다수 세력에게는 강력한 무기가 된다는 점입니다.

다시 덕만과 미실이 화백의 만장일치제 결과를 놓고 격돌합니다.

미실 : 만장일치는 7백년 전통입니다.

덕만 : 지금의 화백은 대귀족의 기득권을 보호하기 위한 것으로 변질되었습니다. 대귀족들이 모두 찬성하는 개혁은 있을 수 없으니까요.

미실 : 맞는 말씀입니다. 허나, 허나 말입니다. 공주께서도 만장일치의 덕을 보고 계신다는 사실을 알고 계십니까? 만약 귀족들이 단결하여 공주께서 조정의 정무에서 손을 떼라는 발의를 하면 어떻겠습니까. 다수결제라면 현재 화백회의에서 대등 열 명 중 여섯 명만 찬성하면 공주께서 물러나셔야 합니다. 허나 만장일치제이기에 서현공이든 용춘공이든 한 명만 반대하면 부결시킬 수 있지 않습니까.

수긍하는 덕만 공주. 미실의 말이 이어집니다.

미실 : 제도라는 것은 또 율령이라는 것은 언제나 양날의 칼입니다. 적뿐 아니라 자기 자신도 벨 수 있는 것이지요.

덕만 : 해서, 제도나 율령을 이용해서 적을 공격하는 것은 아니 되는 것
　　　입니까?

미실 : 제도나 율령은 (넘어가지 않고 침묵)

　말을 하려다가 멈추고는 대화를 마칩니다. 늘 자기 생각을 흡수하고 더 나아가는 덕만에게 더 이상의 지혜를 주지 않으려는 듯 말이지요.

　어쨌든 현실정치 9단의 이력을 지닌 미실의 말은 정곡을 찌릅니다. 다시 강조하지만 문제는 만장일치냐 혹은 다수결이냐가 아닙니다. 상황을 제대로 파악하고 최대 다수의 합을 이끌어내는 정치력과 대안 제시가 중요합니다. 더욱 중요한 것은 절차상의 어려움을 극복하는 방안을 찾으면서도 백성들과 함께 정의롭고 평등한 세상을 만들어야 하는데 미실과 대귀족들은 전혀 그럴 생각이 없다는 점, 그것이 오늘날 대한민국 국회의 비극과도 다르지 않습니다.

　대한민국 국회에서 만장일치가 실현될 리는 없습니다. 국회는 다수당이 횡포를 부려 법안을 날치기로 통과시키고 이를 소수 정당이 물리적으로 막는 상황에서 여러 사태가 발생하는 것을 견제하기 위해 국회 선진화법이라는 자체 법안을 만들었다.

　국회선진화법은 2012년 18대 국회 본회의에서 여야가 표결로 통과시킨 '국회법 제85조, 106조 등의 개정안'을 말합니다. 18대 국회에서 여야의 극한 대립으로 주먹다짐과 유혈사태가 빈번하자 이에 따른 반성으로

다수당의 일방적인 국회운영과 이에 반대하는 과정에서 자주 발생하는 폭력을 예방하기 위해 만든 법입니다.

핵심 내용은 다수당의 법안 날치기 통과 수단으로 악용된 국회의장의 직권상정을 엄격히 제한하고, 패스트 트랙 제도를 도입한 것입니다. 또한 폭력 행위를 통해 회의장 출입을 방해하거나 공무 집행을 방해한 경우 5년 이하 징역 또는 1000만원 이하 벌금에 처하도록 했습니다.

이 법은 놀랍게도 혹은 안타깝게도 2019년 19대 국회에서 실현되었으니 바로 정치개혁법안과 사법개혁 법안을 둘러싼 여야간의 치열한 대치 상황에서 패스트 트랙 법안이 만들어지고 그조차 막으려는 소수당의 물리력 행사로 인해 국회선진화법 위반 사례가 발생한 것입니다.

패스트 트랙은 국회에서 중요성과 긴급성이 있는 특별한 안건을 신속하게 처리하도록 한 법적 절차로. 사안이 긴급하고 중요한데도 국회에서 통과가 지연될 경우, 법안이 신속하게 처리될 수 있도록 〈국회법〉에서 상임위원회와 본회의의 처리 절차를 규정하고 있습니다. 하지만 이 경우 과반 의석을 차지한 다수당의 독자적인 법안 처리가 쉽게 가능할 수 있으므로 법안 통과의 요건이 일반적인 의결보다 높게 규정되어 있습니다.

패스트 트랙은 2012년 5월 개정된 〈국회법〉에 반영된 '국회선진화법'의 주요 내용 가운데 하나입니다. 기존의 〈국회법〉에서는 정당간 합의가 어려운 법안이 상정되었을 때, 국회의 심의 과정에서 장시간이 소요되거나 아예 유보된 상태가 되어, 법안의 적용이 필요한 시기에 부응하지 못하는 경우가 많았습니다. 이에 따라 여러 이유로 신속한 처리가 필요한 안건을 '신속처리대상안건'으로 요청할 수 있도록 했는데, 이를 따로 '패스트 트랙'이라고도 부릅니다. 신속처리대상안건으로 지정된 경우에는 법에 정한 심의 기간이 경과하면 자동적으로 다음 단계의 입법 절차가 진행되도록 되어 있습니다.

패스트 트랙으로 어떤 법안을 처리하기 위해서는, 해당 법률안을 다루는 상임위원회 전체 위원의 과반수의 서명이나 전제 국회의원 정수의 과반수 이상의 서명으로 그 법안을 패스트 트랙으로 상정할 것을 요청할 수 있습니다. 이 경우 의장이나 소관 상임위원회 위원장은 지체 없이 지정 여부에 대하여 무기명 투표로 표결하도록 하며, 소관 위원회 재적위원의 5분의 3 이상, 혹은 재적의원의 5분의 3 이상의 찬성이 되면 신속처리대상안건으로 지정됩니다.

신속처리대상안건으로 지정되었을 경우, 해당 법안은 상임위원회의 심의(최장 180일), 법사위원회의 검토(최장 90일), 본회의 부의(최장 60일)을 거쳐 본회의에 상정됩니다. 이 때 기간 내에 처리되지 않으면 자동적으로 다음 단계로 넘어가도록 하여, 법안의 심의 과정이 지연되는 것을 방지하고 있습니다. 신속처리대상안건으로 지정되는 과정에서 이미 소관 상임위원회와 국회 재적의원의 5분의 3 이상의 찬성을 얻도록 요건이 까다롭게 규정되어 있기 때문에, 실제 적용되는 사례는 많지 않습니다.

2017년 11월 24일 가습기살균제사건과 4·16세월호 참사의 발생원인·수습과정·후속조치 등의 사실관계와 책임소재의 진상을 밝히고 피해자를 지원하며, 재해·재난의 예방과 대응방안을 수립하여 안전한 사회를 건설·확립하는 것을 목적으로 하기 위해 박주민 의원이 발의한 〈사회적 참사의 진상규명 및 안전사회 건설 등을 위한 특별법(약칭 '사회적 참사진상규명법')〉이 패스트 트랙을 통과한 후 본회의에서 의결되어 12월 12일 제정, 시행된 바 있습니다. 2018년 12월 27에는 유치원 사태에 따라 〈유아교육법〉, 〈사립학교법〉, 〈학교급식법〉의 기정 법률안(유치원 3법)이 국회 교육위원회에서 패스트 트랙 안건으로 지정되었습니다.

그리고 격동의 2019년 11월 현재, 다시 정치개혁법안과 사법개혁법안을 둘러싸고 여야간의 치열한 수싸움이 벌어지면서 두 개의 패스트 트랙 법안이 대한민국 국회를 가로지르고 있습니다.

화백회의 무용론과 역사에 영원한 것은 없다는 교훈

동물국회, 식물국회를 넘어 일 안하는 국회로. 최악의 법안 발의와 제정 기록을 세울 19대 국회는 어쩌다 이 지경에 이르렀을까요!

〈선덕여왕〉 속 화백회의라고 이와 다르겠습니까.
신라의 7백년 전통을 무너뜨리고 새 세상을 열려는 덕만은 화백회의의 무용론을 주장합니다.

"이제 신라에서 화백회의 자체가 쓸모가 없는 것이고 대업을 이룬다면 화백회의부터 없앨 것입니다. 신국의 7백년 전통 속에서 격변의 역사를 살게 될 것인데 이제 귀족을 위한 화백회의는 없애야 하는 것이 아닌가요!"

"이제 신국에는 빠른 의사 결정과 추진력이 필요할 겁니다. 뜻 있는 군소귀족들이 조세와 토지제도를 개혁하고 화백회의를 개혁해야 합니다. 지금의 화백회의는 일부 대귀족의 이익을 지키기 위한 도구로 변질되었습니다."

오늘 날 국회를 보면서 많은 사람들이 내뱉는 탄식 속에 같은 마음이 들어있지 않을까요. 국회의원 정수보다도 비싼 세비와 무능한 의원, 정쟁만 일삼는 정당정치에 염증을 느낀 국민들은 변질된 국회의 해체를 원합니다.

다시 〈선덕여왕〉으로 가겠습니다. 급기야 덕만에 대한 합리적 견제가 불가하다고 생각한 미실은 군사정변을 모의하고 명분을 만들기 위해서 화백회의를 이용합니다. 미실과 대귀족 세력에 반대하는 두 사람 서현공과 용춘공을 배제한 채 덕만공주를 정무에서 배척하려는 화백회의를 개최하여 이에 분개한 유신과 알천이 열선각에 칼을 들고 난입하도록 만들고, 회의를 파하는 과정에서 상대등에 대한 자해를 유신측이 시해했다고 속여 그 배후로 덕만을 지명한 뒤 이들을 반란 세력으로 몰아 제거하려는 것입니다.

마침내 미실의 무모한 군사정변은 실패로 막을 내립니다. 유신, 비담, 알천 등과 힘을 합쳐 미실을 제압한 덕만은 이제야 비로소 여왕의 자리에 등극하여 새로운 신라의 기틀을 열어가리라 다짐합니다.

만약 의회가, 화백회의가 본연의 기능을 갖고 올바른 정치 실현에 기여했다면 앞서 말한 비극적 상황들은 발생하지 않았을 터입니다. 결국 권력이 회의와 언어를 장악하고 부정의한 행태를 보인다면 그 어떤 합리적이고 민주적인 의사소통체계도 의미가 없음을 드라마 〈선덕여왕〉은 우리에게 적나라하게 보여줍니다.

반란의 화백회의, 화백회의의 반란

결국, 선덕여왕의 마지막 화백회의는 실체가 없습니다. 이제 미실의 아들 비담마저 권력에 눈이 멀어 선덕에게 등을 돌립니다.

상대등 자리에 오른 비담은 화백회의를 열어 선덕여왕의 폐위를 의결합니다. 반란을 일으킨 상대등 비담이 선덕여왕을 폐하기로 결정했다는 내용을 편지에 담아 보냈는데, 상대등의 생사 존재 자체가 불투명한 상황이라 선덕은 화백회의 성립 자체를 부정합니다. 만약 상대등 비담이 살아있다 하더라도 절차와 과정이 생략된 화백회의 결과는 인정할 수 없으며 비담이 월권으로 반란을 일으킨 것이니 오히려 그를 체포하라는 명령을 내립니다.

비담은 마지막까지 저항하며 신라 왕실에 정면 대응을 하였으나 결국 싸우다가 죽음을 맞습니다. 마지막까지 왕권에 대한 미련을 못 버린 그에게 화백회의는 무엇이었을까요? 화백회의의 결정은 왕도 감히 거부할 수 없다는 권위와 오만이 전제로 깔린 설정입니다. 그만큼 화백회의의 힘은 무서웠고 강렬했습니다. 비록 반란의 합리화를 위한 수단이자 도구로 초라하게 전락했지만 말입니다.

이는 드라마 후반부터 지속되어온 화백회의무용론과 궤를 같이 합니다. 언어(회의)를 통한 최고의 통치 기구였던 화백회의는 왕도, 신하도, 군중도 다 외면하면서 쓸쓸히 막을 내립니다. 700년 전통과 역사를 자랑하며 왕을 비롯해서 당대 최고 권력자들이 모여 중대한 국사를 논의하던 화백회의, 이제 그 화백회의의 21세기적 부활과 부흥은 화백회의을 통해 불가능한 꿈을 꾸는 우리 세대에게 달렸습니다. 마치 유신이 선조들이 꾸던 불가능한 꿈, '삼한일통'(三韓一統)의 꿈을 실현하였듯이 이제는 우리가 새로운 통일과 화합의 무기이자 도구로서 화백회의를 구현해야 합니다. 그것이 드라마 〈선덕여왕〉의 마지막 화백회의가 우리에게 주는 과제이자 숙명입니다.

화백회의, 오래된 미래로 가는 길

선덕여왕의 마지막은 미래의 덕만이 어린 시절의 덕만에게 보내는 메시지로 마무리됩니다. 마치 〈인터스텔라〉의 주인공이 현재에서 우주로 나가 시간을 뛰어넘는 여행을 통해 다시 과거의 자신과 딸 머피에게 메시지를 보내 인류에게 구원의 길을 제시한 것처럼 말입니다. 아니 차라리 이렇게 말하면 어떨까요. 현재의 덕만이 과거, 혹은 오래된 미래의 덕만에게 보내는 메시지라고 하면.

우리들의 조상은 화백회의에 대해 이런 메시지를 남겼습니다. 내용도, 방식도, 주체도 알 수 없는 실체불명의 회의인데, 국가 중대사를 논하는 그 중요한 회의에 대해서 왜, 신라인은, 조상들은 그 구체적인 내용들을 남겨두지 않았을까요?

알려진 바대로 '화백'(和白)'이란 단어는 중국의 신당서(新唐書) 신라전(新羅傳)에 '사필여중의 호화백 일인이즉파'(事必與衆議 號和白 一人異則罷 : 일에는 반드시 대중이 모여 회의를 했는데 이를 화백이라 부른다. 한 사람이라도 의견이 다르면 멈춘다)라는 구절이 유일합니다. 왜일까요? 왜 우리 조상들은 화백의 문헌을 남기지 않았을까요?

이는 '화백회의에는 실체도 주인도 없습니다'라는 일종의 메시지가 아닐까요. 미래의 누군가가, 혹은 누구나가 주인이 되어 시대의 정신과 의미에 맞는 그 시대의 고유한 회의 문화를 창조하라는, 하여 미래에 화백회의를 새로 창조한 사람들이 고대 화백회의의 역사를 새롭게 쓸 수 있다는 무언의 계시.

의식하지 못해도 문화는 흐르는 시간과 세상 속에 존재하며 기억 너머의 어딘가에서 그 가치는 면면히 흘러왔습니다. 단지, 욕망과 자아와 눈앞의 현실에만 사로잡힌 인간들이 애써 잊고 살아 왔을 따름입니다.

정부와 국회를 비롯한 무수한 권력과 자본의 기관들이 회의와 토론을 해왔습니다. 소크라테스의 운명을 결정하던 원로 회의나 예수에게 십자가형을 요청하던 산헤드린 회의나 혹은 삼국시대부터 이어져 내려온 동서고금의 유수한 회의에서 오늘날의 유엔이나 상하 양원, 국회 등 무수한 회의체가 존재합니다. 그 어디에도 인류의 이상이나 욕망을 실현한 완벽한 회의는 없습니다. 아마 미래에도 없을 것입니다. 그것은 인간의 일을 뛰어넘는 하늘의 길이기 때문입니다. 인간은 그 길을 내기 위해 끝없이 길을 걸을 뿐입니다.

아직 미완이고 미생이며 미결정체인 화백회의는 그런 회의체를 찾아가는 인간들의 한 노력이고 결실입니다. 하지만 서광이 비추지 않는가요. 인간들이, 모든 인간들이 서로를 공대하면서 계급과 갈등과 분노를 버리고 아닌 공경과 조화와 평등의 꿈을 이루는 회의가 존재한다는 것이.

대한민국의 평등과 민주주의에 대해서 여성학자 정희진은 다음과 같은 글을 남겼습니다.

"남한에는 좌우는 없지만 위아래는 확실합니다." 영화 〈공조〉에 나오는 대사입니다. '팩트'라고 생각합니다. 조국 사태를 지켜보며 고통스럽게 확인한 사실 역시 한국 사회에는 진정한 의미의 진보/보수, 좌/우가 없다는 것입니다. 좌우 대립은 위아래의 격차를 줄이려는 정치적 경쟁의 산물입니다. 그런 경쟁은 한국 정치에서 보이지 않습니다. 한국 정치는 실체 없는 좌/우가 맞서며 갈등해온 가상현실에 가까웠다는 얘기입니다. 이번 사태를 계기로 기존의 진보/보수 전선은 해체, 재구성되어야 합니다. 우리가 붙들고 싸워야 할 문제는 따로 있습니다. (정희진, '좌우'는 없고 '위아래'는 확실한 새로운 신분사회가 온다)

그렇습니다. 좌우, 진보/보수 실체가 없는 가상의 허구를 재생산하는 온갖 미신들을 몰아내고 이제는 뚜렷한 현현(顯現), 누구나 평등하게 국민 하나하나가 주인이 되어 현장에서 주권을 행사하는 정의로운 화백의 시대를 꿈꾸어봅니다. 언어가 권력이고 말과 글이 세상을 움직이는 힘으로 작동하는 한 모든 인간에게 열린 공론장의 실천, 수평의 언어와 소통을 꿈꾸는 화백회의의 창조는 후대의 숙명입니다. 쇼는 계속 되어야 합니다(The show must go on)! 선인들이 만들어온 오래된 미래의 지혜를 탐구하는 일은 오늘도 계속되어야 합니다.

2

화백회의란 무엇인가?

화백회의와 첫 만남

어느 날, 멋진 글을 읽었습니다. 대립하여 갈등하는 토론의 개념을 해체하고 서로 끌어안아 논의의 협력성과 생산성을 높이는 '포론'을 주장하는 글입니다.

토론(討論)과 초월(超越)은 원래 있는 말이고, 포론(包論)과 포월(匍越)은 새로 만든 말이다. 무슨 차이일까?

학생들의 토론대회에 간 적이 있다. 정말로 토론이 이루어지고 있었다. 말(言)의 마디(寸)마다 상대방을 치고, 때리고, 공격하며, 비난하는 토(討)의 격한 대결이었다. 상대방의 말을 귀담아 들을 이유도 여유도 없다. 딴죽을 걸기 위해 듣는 것이라면 모를까? 무르익은(爛) 자신의 생각과 상대방을 헤아리는(商) 난상토론(爛商討論)이 아니라 서로의 생각을 잘 알지도 못하는 어지러운(亂) 마당(場)에서 난장토론(亂場討論)이었다. 그래서 생각해 낸 것이 포론이다.

포론에서 포(包)란 엄마가 뱃속의 아이(巳)를 감싸안듯이(?) 상대방의 생각을 감싸안는 것이다. 제대로 헤아릴 수 있도록 귀를 기울여 경청하며 나의 무르익은 생각을 말해서 서로 최고는 아니더라도 최적의 합의점에 이르거나 해결책을 찾아가는 것이 포론이다.

초월(超越)은 지금 내가 발딛고 있는 이 땅을 뛰어올라(超) 넘어서(越) 벗어나는 것이다. 말은 멋지게 들리지만 지금의 괴롭고 어렵고 힘든 고단한 우리의 현실을 뒤로한 채 자기만 빠지는 짓일 수 있다. 초월해서 사는 사람은 도사가 아니라 염세적 회의주의에 물든 도망자이기 쉽다.

초월과 다른 포월은 우리가 밟고 있는 이 땅의 현실을 벗어나 외면하지 않는다. 나무덩굴은 땅을 벗어나지 않고 있는 힘을 다해 기어가며(匍) 넘는다. 포월해서 사는 사람은 대개 남루하고 허름해 보이지만 현실에 충실한 생활인이다.

토론의 토(討)를 포(包)로, 초월의 초(超)를 포(匍)로 바꾸면 의미의 변화와 함께 생각의 전환이 이루어진다. 토론은 세상을 거칠게 만들고 초월은 세상을 벗어나게 하지만, 포론은 세상을 부드럽게 만들고 포월은 세상을 감싸도록 이루어 간다.

〈박기철, 낱말로 푸는 인문생태학 토론과 포론 : 초월과 포월〉

멋지지 않은가요! 포론이라는 말이. 토론의 개념과 실체가 워낙 강력해서 이 말이 사라지고 포론이라는 말이 활용되기는 쉽지 않겠지만, 발상과 상상력만은 높이 살만합니다. 인하대 김진석교수가 새로 만들어낸 포월이라는 말은, 상용화는 아니지만 그의 책을 통해 이미 어느 정도 사회적으로 알려진 말입니다. 포론도 누군가 전문적인 깊이를 담아 제시한다면 토론을 대체하는 용어로 쓰이지 말란 법이 어디 있나요!

서로 싸우지 않고 상대를 존중하면서, 다수결의 논리에도 치우치지 않는, 포론의 의미를 제대로 살린 담론방법, 대화방식이 우리 역사와 문화 속에서도 존재합니다. 바로 화백회의입니다.

화백회의라고? 화백회의? 어린 시절 교과서에서 들어본 그 화백회의? 그렇습니다. 그 화백회의입니다.

듣기만 해도 고색창연한 단어가 아닌가요! 화백회의라니? 어느 시절의 화백회의인가요! 화백회의라면 삼국시대, 신라의 골품제도와 더불어 고위 귀족들의 의사결정 과정을 대표하는 제도가 아니던가요. 고리타분한 국사책에서나 만나볼 법한 화백회의는 21세기 대한민국 민주주의와 혹은 토론 문화와 어떤 연관성이 있을까요?

토론과의 독특한 인연 때문이겠지만, 신고리 원자력발전소에 대한 공론화위원회의 결과 발표가 있던 이튿날, 어느 단체 카톡방에서 화백회의 개최 소식을 보았습니다.

◉ 개헌 화백회의 안내

- 화백회의 의장 : 황선진 • 경우 판정관 : 전희식
- 릴레이 영산화백 총괄 : 김영래

■ 식순
국민의례
축사 : 노회찬 의원
ㅇ 화백회의 진행방법과 화폐 사용법 : 김영래
ㅇ 의제 상정 및 감실 조정을 하는 덕장회의
ㅇ 2차 릴레이 영산화백
ㅇ 의결신위 (현재까지 완성된 개헌안) 낭독
ㅇ 폐회 및 공지

▶ 참석하실 때에는 주민등록증을 꼭 지참하여야 합니다.
- 2차 일시 : 2017년 10월 22일(일요일)오후 1시~5시
- 장소 : 국회의원회관 제8간담회실
- 2차 화백회의 주권자 80명 (선착순)

■ 화백회의란?
우리 고유의 직접민주주의 방식으로, 일반적인 회의진행방식이 토론-다수결로 진행되는 것과 다른 방식입니다. 토론은 의견제시자가 자기주장을 논리화하다보니, 자신의 의견에 묶이는 경향이 있고, 다수결은 1회로 적은 선택지에서 편협한 선택을 강요합니다.

■ 덕장회의란 ?
명태나 오징어 등을 말리기 위해 널빤지나 막대기를 가로질러 놓은 것을 덕이라고 칭하는데, 화백회의에 의제를 상정할 때, 금환이라는 등불을 솟대 덕장에 걸어놓는 관습에서 생긴 명칭입니다.

우선 개인적 고백을 하자면 이 글에 대한 안내를 보고 깜짝 놀랐습니다. 단톡방의 내용을 보니 이 화백회의 전반을 총괄 기획하고 운영하는 좌계 김영래라는 분이, 저의 젊은 날 삶과 의식에 강렬한 영향을 미친 시인 김지하의 아우님이라는 게 아닌가요(나중에 직접 찾아 만나고서야 사실이 아님을 알았습니다. 하지만 두 분 사이에는 친형제 이상의 각별한 인연이 있습니다). 말년의 김지하가 동학에서 율려(律呂)와 상고사로 관심사가 바뀌고 고대 신화에 대한 글을 쓰면서부터 그 의미를 소화하기 힘든 터라 점점 멀어지기는 했지만, 그래도 동양학이나 동학의 기본 사상을 바탕으로 한국인의 시원을 찾아가는 그의 사상과 시에 대한 애정만큼은 사라지지 않던 터였으니까요. 그런데 그 아우님의 활동, 특히 고대사상과 신화를 바탕으로 한국의 회의 문화 변혁을 위한 화백회의를 연다하니 몸이 움직이지 않을 수 없었습니다. 더군다나 저 나름대로 한국적인 토론의 형상과 뿌리를 찾아 고심하던 차였으니 그 얼마나 반가웠겠습니까!

안타깝게도 화백회의 개최 내용을 뒤늦게 안 터라 부리나케 국회로 향해 회의실에 도착했을 때는 1시 30분. 인사말을 마치고 화백회의에 앞서 소리꾼이 한창 소리를 하는 중이었습니다. 아직 회의가 시작되지 않아 다행이다 싶은 마음으로 자리에 앉아 소리를 들으며 마음을 추슬렀습니다.

그런데 회의실에 들어가니 입구에 안내하는 분이 회의 자료와 낯선 도구를 나누어 줍니다. 부루마블 게임에서나 볼 수 있는 인조지폐인데 천원 권과 만원 권입니다.

그냥 돈이 아니라 '보은'이라
는 글이 적힌 점이 독특합니다.
돈을 사용가치나 교환가치로
사용하기보다 누군가에게 은혜
를 갚거나 베푸는 용도로 쓴다
는 뜻인데, 실제 화백회의 진행과정에서 발언이나 조율의 권리, 혹은 자신
의 주장을 펴기 위한 도구로 활용되는 점이 특이했습니다.

주제가 '헌법 개정, 즉 개헌'에 관한 화백회의라 헌법의 각 장별로 발문
을 다듬은 종이를 같이 받았고, 통문이라 적은 한 장의 큰 종이도 무게감
이 느껴졌습니다.

소리꾼이 우람찬 소리를 마치자 바로 좌계 김영래 선생님이 일어나서
화백회의의 취지와 화백회의, 덕장회의에 대한 간단한 소개를 합니다.

화백회의의 의의와 덕장회의에 대한 설명은 앞서 안내장에 간단히 소
개한 바와 비슷했습니다. 특히 강조한 부분은 토론과 다수결에 대한 약간
의 거부감이었습니다. 좌계 선생님의 설명을 들어볼까요.

토론은 자기 주장의 합리화와 의견 고착, 상대방의 논리적 하자에 대한
공격 등으로 상생보다는 상극의 문화입니다. 자기 발언 기회를 스스로 갖
지 못해 의장에게 발언권을 얻습니다. 화백회의에서는 주권자들이 자발
적으로 나서서 의견을 제시합니다. 주권자의 능력과 권리를 제한하지 않
습니다. 물론 절차상 돈모양의 표를 제시한다는 특징이 있습니다. 그 표

의 이름을 '말발(말빨, 언족)'이라고 하는데 이 부분은 나중에 자세히 다루어보겠습니다.

다수결로 토론을 마무리하는 절차도 돌아볼 여지가 많습니다. 선택이라고는 하지만 제한된 의견 내에서 선택을 강요받는 경우가 많습니다. 화백회의에서는 누구나 무조건 자기 의견을 적어서 다른 사람들에게 보여줍니다. 바로 '통문(通文)'의 과정입니다.

이어서 덕장 회의에 대한 설명을 하는데, 덕장 회의는 일종의 사전회의로 고대 유목민들이 쓰던 방법입니다. 현대에서 덕장은 명태를 말리는 곳을 일컫습니다. 앞의 공지문에 실린 해석을 찬찬히 다시 읽어볼까요.

명태나 오징어 등을 말리기 위해 널빤지나 막대기를 가로질러 놓은 것을 덕이라고 칭하는데, 화백회의에 의제를 상정할 때, 금환이라는 등불을 솟대 덕장에 걸어놓는 관습에서 생긴 명칭입니다.

이해가 잘 안 가서 찾다보니 '덕장'이라는 멋진 시도 있습니다.

파도를 가르던 푸른 지느러미는
뭍에서는 아무 쓸모없는 장식,
대관령의 허공에 걸려 있는 명태는
거센 바람의 물결에 화석처럼 굳어 간다
내장을 통째로 빼앗기고 코가 꿰인 채

일사분란하게 매달려 있는 동태,
등뼈 깊숙이 스민 한 방울의 바닷물까지
햇볕과 달빛으로 번갈아 우려낸다

눈보라에 다 뭉개진 코와 귀는 이제
물결의 냄새와 소리를 까맣게 잃었다
행여 수국의 향수에 젖을까 봐
밤의 꿈마저 빼앗긴 지 오래다

그렇게 면풍괘선(面風掛禪)*으로 득도한 노란 황태,
이놈들이 비싼 값으로 세상에 팔려나간다
요릿집의 북어찜,
제사상의 북어포,
술꾼들의 북어국…

겨울,
서울역 지하도에
신문지를 덮고 누워 있는
덕장 아래 떨어진 낙태(落太)*들
(임보, 덕장)

* 면풍괘선(面風掛禪) : 면벽좌선(面壁坐禪)을 패러디한 것임.

* 낙태(落太) : 덕장에서 떨어져 내린 파손된 명태.

거센 바람과 물결의 시간을 견디며 새로운 몸으로 거듭나는 동태, 명태. 시간은 그렇게 존재를 성숙시킵니다. 덕장은 바닷가에서 해물을 말리는 마당을 말합니다. 금환 고리를 거는데 그런 의미에서 덕장 회의라고 합니다.

덕장 회의는 본격적인 화백회의에 앞선 예비 회의고 이 과정에서 통문이 돕니다. 덕장 회의는 일종의 사전 회의이고 이웃에 대한 나의 마음을 다잡는 시기입니다. 이웃이야말로 내 아이디어의 원천이고 모태라는 의미에서 덕장 회의를 합니다. 저는 덕장 회의 참석을 못한 까닭에 그 부분은 나중에 다시 정리하기로 하고 이제부터 본 화백회의에 대한 과정을 살펴보려 합니다.

사실 이날 회의는 그다지 매끄럽지 못했고, 화백회의의 진수를 맛보기에는 무언가 떨떠름하게 부족했습니다. 회의 중간 중간에 화백회의 자체에 대한 설명이 들어가면서 몰입도가 떨어졌고 또 대부분의 참여자가 화백회의 유경험자가 많지 않다보니 의사진행 발언이 많았고, 그래서 좀 아쉬움이 많이 남습니다. 그럼에도 서구의 찬반토론과 이분법적 승부나 결정과 다른 한국적이면서 동학의 취지를 담은 의미만큼은 충분이 공유되었습니다.

우선 화백회의의 기본 틀, 참가자에 대해서 알아보겠습니다.

여느 회의와 마찬가지로 전체 사회를 맡은 사람이 있습니다. 화백회의의 의장입니다. 의장은 회의 진행 과정을 잘 알고 원활한 진행을 돕는다는 점에서 명칭 외에는 특별한 차이가 없습니다.

이날 '화백회의 의장'이 헌법 관련해서 제시안 의안은 '현행헌법상 대통령과 국회의원에게만 존재하는 헌법 개정 발의권을 국민들이 가지려면 어찌해야 하는가?'입니다. 쉽게 말해 '국민발안권' 확보방안입니다.

'경우 판정관'이 독특합니다. 회의 진행 과정을 도우면서 말발을 수합하고 회의에 문제가 생기면 과정에 대한 의견을 제시합니다.

통문은 앞서 말했듯이 자기가 속한 두레의 주제에 대한 자기 생각을 자유롭게 기술합니다. 자기 이름을 위에 밝히게 한 뒤 몇 번의 주제에 대해 기록하는지 알려줍니다. 토론 흐름도로 하자면 소속과 이름, 주제에 대한 간단한 입론입니다. 이 통문은 참가자 전원이 전원과 교유하는데, 다른 사람의 의견에 자기 견해를 덧붙여 기록합니다.

참가자들은 모두 청문권, 조율권, 말발권을 갖습니다.

'청문권'은 질문을 하는 권리입니다. 회의 운영이나 주제, 방식 등에 대한 궁금증이 있을 때, 청문권을 활용합니다. 물론 자기 스스로 묻고 대답하는 자기 청문도 가능합니다. 일종의 자기 내면의 의문을 밝히는 과정입니다.

'말발권'은 주제에 대해서 앞에 나와 자기 주장과 근거를 밝힐 권리입니다. 누구나 얼마든지 필요한 때에 앞에 나와 주장할 수 있습니다. 이때 이 행위를 하세(下世)라고 합니다. 즉 한울님이 인간 세상에 내려와서 임금이 되어 자기 의견을 개진하는 과정입니다.

'조율권'은 앞에 나온 사람들의 의견이 충돌할 때 사용합니다. 논제 자체나 해석에 혼란이 왔을 때, 조율권을 발휘해서 앞에 나와 둘의 이견을 절충 조율합니다. 물론 실패 가능성도 있습니다.

회의 참가자들은 이렇게 청문권, 말발권, 조율권 등을 본인의 판단과 필요에 따라 시행합니다. 방법은 표를 경우 판정관에게 제시하고 자기 할 말을 합니다. 누구나 제약 없이 원하는 때에 쓸 수 있습니다.

드디어 의장의 여는 말로 화백회의가 시작되었습니다.

"화백회의는 근대 동학농민 운동 때, 보은에서 시행되었습니다. '우리 쌀 살리기 운동본부'에서 운동차원으로 실시한 게 현대 화백회의의 효시입니다. 그만큼 역사적 의의가 있는 운동입니다."

이날 큰 주제가 헌법이다보니 부분별로 다루어야 할 소주제가 너무 많았습니다. 알고 보니 오전에 이미 한 차례 덕장회의를 거쳤고 회의의 원활한 진행을 위해 좌계 선생님께서 헌법 내의 소주제별로 발문을 해온 터였습니다.

'감실'(龕室)이라는 이름을 붙여서 소주제로 나누었는데, 이날 나눈 소주제는 '헌법 전문, 총강, 국민의 권리와 의무, 국회, 정부, 법원, 헌법재판소,

선거권리, 지방자치 분권, 경제, 헌법 개정' 총 11강입니다.

의장은 회의 참석 인원이 많지 않아 참가자를 둘로 나누어 한 감실은 '지방자치 분권'을 다루고 다른 감실은 '헌법 개정'을 논하도록 했습니다. 저는 지방자치 분권에 속했는데, 의장은 각자가 받은 통문 종이에다 그 감실에서 제시한 작은 질문이나, 직접 질문이 쓰이지 않았지만 그 주제와 관련해서 자기가 하고 싶은 말이 있거나 주장하는 바가 있다면 적은 뒤에 서로 돌려가며 읽고, 다른 사람이 쓴 내용에다 자기 의견을 덧붙이라고 했습니다. 일종의 롤링 페이퍼 활동이었지요. 질의 응답이나 의견 청취를 종이를 통해서 하는 활동이니, 그런 의미에서 통문(通文)은 곧 통문(通問)이고 통문(通聞)이며 통문(通門)인 셈입니다.

화백회의가 의미 있는 까닭은 한국적 전통 위에 있으며, 의사 결정 과정에서 누구나 소외됨 없이 참가자 모두가 의견을 내면서 최선의 방안을 찾아가는 회의라는 점입니다.

최근 우리나라의 토론 문화는 몇 가지 양상이 경합 혹은 결합을 하면서 진화해왔습니다.

어느 정도 정착한 토론 문화의 주된 모형은 디베이트, 협력토론(토의), 원탁토론입니다. 월드 카페와 노란테이블, 소크라틱 세미나 등 기존에 볼 수 없었던 다양한 토론 방식들도 속속 얼굴을 드러내고 대중들과 만나면서 저변을 넓혀왔는데, 이들의 특징을 보면 기존의 토론 모형을 해체/재결합/응용한 형태입니다.

화백회의 역시 중간에 토론 과정을 포함하면서 발문-브레인 라이팅-토의-토론-협상-조정 등이 다양하게 얽혀있어 가장 고차원적이면서도 현실에 적용할 수 있는 새로운 토론 모형입니다.

기존의 단일한 토론에 비해서 철학적 깊이가 있고, 방식 자체도 쉽지 않으며 진행자가 운영의 묘를 잘 살리고 참여자가 방식에 대한 선이해가 있어야 한다는 점에서 우리 사회에 안착하기에는 시간이 걸리겠지만 미래의 토론 모형으로 매우 유의미합니다.

첫 번째 화백회의에 참여하고 나름의 소감을 정리해본 바는 이렇습니다. 나름 의미는 있지만 솔직히 말하면 저 자신에게도 화백회의의 의의와 과정, 방법 등이 명료하게 들어오지 않았습니다. 회의를 마치고 소감을 말하는 시간에 화백회의에 대한 세밀한 매뉴얼이 있었으면 좋겠다는 의견이 나왔는데 크게 공감했습니다. 너무 약고도 쉽게 화백회의의 진수를 알려는 과욕은 아닌가 싶었으나, 그렇다고 화백회의가 심산유곡에서 수련하는 고승대덕(高僧大德)들만의 수행법은 아니지 않은가요!

결국 우문현답(愚問現答), 어려운 문제는 현장에 답이 있지 않을까 하는 심정으로 좌계 선생님께 연락을 드려 따로 만났습니다. 벤야민과 스피박에서 여진족의 역사와 언어까지 동서고금을 넘나드는 해박하고 진솔한 구라(구라는 여진어로 '별들의 이야기'라고 합니다, 세상에!)에 매료되었으나 술자리 성격상 화백회의의 궁금증을 풀 길은 없었습니다.

그렇다면, 직접 화백회의를 주최하면 어떨까? 저는 쇠뿔도 단김에 빼는 성격이라 일을 저지르기로 했습니다. 선생님께 연락을 드려 한 달 정도의 말미를 잡았는데 놀랍게도 그 중간 2주쯤 되는 날에 대규모로, 제대로 된 실제 화백회의가 열린다는 소식이었습니다. 그것도 주제는 제가 최근 가장 관심 있어 하는 한반도의 자주평화통일이라니! 신의 계시인가요?

속으로 쾌재를 부르면서 손꼽아 그 날을 기다렸고 반나절의 기나긴 화백회의를 보면서 아 이게 진짜 화백회의구나 하는 실체를 이해하고 그 실감을 나눌 수 있었습니다. 이제부터는 앞에서 다루지 못한 화백회의의 실상을 다른 눈높이와 관점으로 접근하면서 풀어보고자 합니다.

2017. 10월 19일.

2019 다시 3.1혁명
2017 정유년 민회(民會)

2019년 3월 1일을 기다리면서, '다시 3.1혁명'을 꿈꾸는 이들의 고천제(告天祭) 행사에 앞서 하늘에 고할 내용을 만들고자 화백회의가 열렸습니다. 장소는 서울 우이동의 원불교 청소년 봉도수련원. 십오년 전에 통일을 주제로 전국 고등학생 토론대회를 운영했던 장소인데, 다시 같은 장소에서 다른 취지와 방식으로 통일 방안을 논의하다니, 참으로 신기한 인연입니다.

화백회의에 앞서, 김지하 선생의 책에서만 접했던 '신시'(神市)가 열린다 하여 가벼운 기대를 하고 갔으나 제대로 된 신시가 열린 것은 아니어서인지 실상을 볼 수 없었습니다. 참가자들의 물건을 기증받아 장터가 열렸는데 그것이 신시인지는 잘 다가오지 않았고, 행사에 앞서 좌계 선생님으로부터 신시의 의미를 들었습니다.

신시란 원래 장이 서는 마을입니다.

원래, 화백회의 때는 호혜(互惠)시장이 같이 열렸다고 합니다. 호혜시장은 국가화폐를 매개로 이윤을 얻기 위해서 운영되는 자본주의 교환시장과는 차원을 달리 합니다. 회의에 참석하는 다른 하늘님들과 나누기 위해서 정성껏 준비한 먹을거리, 또는 생활필수품 등을 물물교환하거나, 판매하는 시장입니다.

소박한 장터에 대한 구라라고 생각하셔도 좋습니다. 저도 간단한 물물교환도 하고 감식초 등의 물건을 사면서 회의 시간을 기다렸습니다. 화백회의 의장은 다년간 화백회의를 진행해온 황선진 선생님이시고 경우판정관은 좌계 김영래 선생님이 직접 맡으셨는데 그만큼 무게가 느껴졌습니다.

저도 그랬지만, 초심자들이 화백을 접할 때 느끼는 곤혹스러움이 몇 가지 있습니다. 토론이라면 어지간히 알고 소통에 어느 정도 자신이 있다고 자부하지만 일단 화백회의가 시작되면 무언가 어색합니다. 어렵습니다. 어쩌면 '토론이라는 그물'에 갇혀 '화백회의' 그 자체의 순수한 공간으로 못 들어가기 때문이고, 다른 한편으로는 '화백회의' 자체가 일반인들이 접하기 힘든 나름대로의 고유 시-공 체계를 가진 까닭일지도 모릅니다. 아직은 느낌뿐입니다. 그래서 사전 이해를 돕기 위한 몇 가지를 살펴보고자 합니다.

화백회의의 세계관, 언어, 용어들

각종 사용설명서에 익숙한 현대인들은 매뉴얼을 원합니다. 네비게이

션과 지도에 익숙한 문명적 특성 때문입니다. 한 눈에 척 보면 알아야 마음껏 즐기고 참여할 텐데 이상하게 화백회의는 그게 잘 안 됩니다. 이유를 굳이 찾아본다면 첫째는 세계관, 둘째는 용어의 낯설음입니다. 또 근저는 '혼돈과 변역'이라는 다른 특징이 도사리기 때문이기도 합니다.

우선 세계관.

세계관? 회의와 토론에 세계관까지 개입합니까? 그렇습니다.

또 화백회의에는 서로를 공격하는 토론이 없습니다. 토론이 없다니? 주제에 이견이 있을 텐데 토론이 없다면 어떻게 회의를 하나요?

그런데 합니다. 토론 없이. 그래서 화백은 만장일치를 지향하고 꼭 만장일치가 아니라 하더라도 다양한 좋은 의견을 최대한 총화해냅니다.

그게 세계관이랑 무슨 상관인가요?

화백회의의 세계관은 한 마디로 '대립과 상극'의 세계관이 아니라 '조화와 상생'의 세계관입니다.

거 참 말이 거창합니다. 내 앞 사람이랑 이런저런 주제로 토론을 하는데 무슨 대립 상극과 조화 상생인가?

정말 구라가 세다 싶을지 모르지만, 이는 문명사적 차이라 할 만큼 거대한 간극이 있습니다.

서양에서 토론을 대표하는 디베이트(DEBATE)의 어원이 '분리'(de), 대립과 '싸움'(battle)으로 이루어짐은 널리 알려진 사실입니다. 반면 화백(和白)은 모두의 어울림을 말하는 화(和)와 말한다는 백(白)으로 이루어져 그 근본 취지와 목적이 다르고 그러다 보니 과정과 방법 또한 크게 다릅니다.

서양의 토론이 논리적 대립과 문제해결에 초점을 둔다면 화백은 더불어 이야기 나눔으로 공통의 관심사에 대한 문제 해결은 물론 경물경어(敬物敬語), 이심전심(以心傳心), 사인여천(事人如天)의 마음수양과 인격 성숙의 과정을 지향합니다.

현대적으로 화백을 부활시키는데 평생을 걸어온 좌계 김영래 님은 화백회의의 핵심을 '경청과 수용적 변화'라고 잘라 말합니다. 앞서 교수님이 말한 '포론'과 더 어울리는 말입니다. 이 말로만 보아서는 토론의 가치 지향과 크게 다르지 않아 보이나 그 실상과 양상은 매우 다릅니다.

우리는 이분법과 목적론, 요소론, 갈등론, 절대주의 등으로 체계화된 서구 문명의 기나긴 정신사에 대비되는 개념으로 동양의 원융과 조화로 이루어진 일원론을 생각합니다. 화백은 분명 후자에 가깝지만 굳이 서양의 토론과 우리의 화백을 비교하고 분석하면서 동서양을 이분법적으로 가를 마음도 없습니다. 방편상의 설명이고 이미 근대 후기부터 동서양은 문명사적이고 정신사적인 통합과 교류를 이루어왔습니다. 다만 오늘날 우리의 토론문화는 대체로 그 연원이 서구의 디베이트에 있으며 서양의 의회식, 대의제 민주주의와 다수결 원칙과 연동되어 있다는 점입니다. 화백회의는 신라 이전 고조선과 삼국시대부터 조선말까지 이어져 내려온 전통이며 만민취합의 직접적 민주주의 실현에 더 가깝다는 점입니다. 이는 사람이 곧 하늘이고 세상 모든 만물은 평등하며 우주는 하나의 끈으로 이어져있다는 우리 역사의 동학 사상과도 상통합니다.

그러하다고 해서 서양의 디베이트가 무용하다거나 화백회의가 절대선이라는 말은 아닙니다. 동서 문명 교류와 인간-기계 공생이 활발한 오늘날 굳이 둘을 갈라서 선악과 우위를 논할 필요는 없으며 각자의 영역에서 최대한 그 가치를 실현하되 각각의 위상과 한계에 대해서는 더 세밀한 공부가 필요하다는 말입니다.

처음 화백을 만나면서 겪는 두 번째 어려움은 용어(用語)입니다. 실은 용어보다도 용어가 생겨난 사회적 배경과 역사적 연원의 이해일지도 모릅니다. 그만큼 화백의 용어들 가운데 몇몇은 지금 우리가 들어도 낯설고 생소한 말입니다. 개인적 견해로는 언어의 사회성을 고려하여 지금 사람들이 쓰는 낯익은 용어로 바꾸는 것도 좋다고 생각하고, 역으로 기본 용어 몇 개 정도는 그 발생 취지를 살려 대중화에 힘쓰는 것도 하나의 방법이 아닐까 싶습니다.

그럼 화백회의 진행을 위해 반드시 알아야 할 몇 가지 용어를 살펴보겠습니다. 제가 처음 화백회의를 접하면서 낯설고, 신선하고, 어려웠던 단어들은 다음과 같습니다.

단군, 차차웅, 하늘님, 임금님. 하세(下世), 선양(禪讓), 십자공수, 말발, 청문권, 말발권 등입니다.

이런 말들은 처음 보는 순간, 몇 가지 반응이 일어나는 모습이 눈에 선합니다.

우선 단군과 차차웅이라는 말에서 민족주의와 복고가 느껴집니다. 하늘님? 기독교인 입장에서는 무슨 고대 샤머니즘이나 사이비 종교 냄새를 맡습니다. 임금이라니, 때가 어느 때인데? 봉건제도의 잔재가 아닌가 하는 의심도 지울 수 없습니다. 그렇습니다. 지금은 전혀 쓰지 않는 사라진 옛말들, 역사책에서나 접할 이런 말들을 인공지능 시대인 21세기에 사용하기가 영 쉽지 않습니다. 익숙하지 않으니까요. 하지만 말이란, 쓰기 나름입니다. 입에 익으면 그게 신조어가 되고 새로운 문화가 됩니다. 물론 이 말들을 그대로 살려쓰자는 주장을 하고 싶지 않습니다.

단군을 의장, 차차웅을 판정관 혹은 부의장, 하늘님은 참석자(토론자), 임금님은 발표자 정도로 이해하면 소통에 전혀 무리가 없습니다.

단군과 차차웅은 앞에 나와서 사회를 보고 진행을 돕습니다. 현대적인 회의의 용어로는 의장과 부의장입니다. 별도로 서기를 두어 회의 과정을 기록합니다. 실은 이런 용어보다도 용어를 쓰는 의도나 배경을 이해하는 것이 더 중요합니다. 말은 곧 삶이고 사회의 반영인데 왜 굳이 현대적인 용어들을 사용하지 않고 예스러운 용어를 그대로 사용할까요?

단군과 차차웅은 아마도 화백회의의 연원과 역사성을 강조하기 위한 의도로 보입니다. 일반인들은 고대사 연구와 논쟁으로 들어가면 마음이 흔들리고 머릿속이 복잡합니다. 실증주의와 민족주의, 주체사관과 식민사관, 문헌의 유무와 인정, 역사인가 신화인가 등등의 문제로 좋게 말하면 다양한 사상의 논쟁이 꽃피는 백가쟁명(百家爭鳴)과 백화제방(百花齊放)이요 나쁘게 말하면 쇠오줌과 말똥의 경연장 즉 우수마발(牛溲馬勃)의 전쟁터입니다.

고대사 전문 연구가나 역사학자들 사이에서는 어느 정도의 타협과 경계선이 있겠으나 일반인들에게는 이 말이나 그 말이나 어느 누구의 말도 온전히 신뢰하기 어렵습니다. 알지 못하니까. 각자 자기의 공부 깊이와 신념에 따른 선택이 있을 따름입니다.

단군과 차차웅이 고유명사인지 보통명사인지, 실존 인물인지 아니면 특정 계급이나 직책을 나타내는지는 굳이 따질 필요 없습니다. 이런 점에서 용어를 그대로 사용하는 의미를 헤아리면서 어느 하나로 단정하기보다는 고대적 가치와 현대적 의미의 조화를 이루기 위한 노력 정도로 잠정 정리해두고자 합니다. 언젠가 과학기술의 발달로 인공지능이 빅데이터를 통해서 고대의 역사를 그대로 완벽하게 복원해내는 날이 와서 명확한 판정을 한다면 모르지만 그전까지는 겸손하게 인지의 한계와 부족을 인정하고 창작자나 사용자의 의도를 이해하는 선에서 정리하자는 뜻입니다.

단군이나 차차웅이라는 말이 어색하고 거슬리면 의장이나 부의장 혹은 판정관으로 사용하면 될 일입니다.

하늘님과 임금님에 대해서도 같은 접근이 필요합니다.

하나님도 하느님도 한울님도 아닌 하늘님. 국어 문법적으로는 불편하고 맞지 않는 말이지만 언어란 그 자체보다 맥락과 용법이 중요한 법입니다. 참가한 사람들을 모두 거룩한 하늘처럼 받들고 공경하면서 회의에 임하자는 취지구나'라고 이해한다면 용어는 그리 중요치 않습니다.

기독교의 하나님과 천주교의 하느님 혹은 동학이나 전통 신앙을 가진 사람들이 사용하는 한울님. 이미 이런 용어에 대한 지난하고 불필요한 논쟁들은 21세기에 더 이상 중요한 의미를 갖지 않습니다. 뗏목은 강을 건너기 위한 방편이지 강을 건넌 뒤에도 머리에 이고 가기 위한 장식품이 아닙니다. 서구의 이원론이나 절대주의적 관점에서 보면 인정하기 어려울지 모릅니다. 그래서 세계관 자체에 대한 이해가 선행한다고 말씀드린 바 있습니다.

임금님 역시 대표로 나와서 발표하는 사람을 존중하여 일컫는 말입니다. 임금 한명이 따로 있고 나머지는 지배받는 백성이 아니라, 뭇 하늘님 가운데 자기 스스로 발언권, 즉 '말발권'을 행사해서 앞에 나와서 말하는 사람에게 임금의 칭호를 붙여줍니다. 참고로 고대 언어에서 임금이란 여러 의미가 있습니다. (여기서부터는 민간 어원설을 비롯한 다양한 견해가 존재합니다!)

한자의 인군(人君)이라는 설(중국에도 용례가 없어 별 설득력이 없음), 덕이 있는 사람은 이가 많으니 떡을 깨물어 그 이의 금을 보고 이가 많은 사람(유리왕)이 왕을 차지했다는 설(김대문:잇금-임금설)과 고구려비에 따르면 신라에는 왕이 많아 왕과 갈문왕을 비롯한 화백회의 참여자 전원을 임금이라 불렀다고 하며 그 가운데 대표가 되는 임금을 마립간(신라) 혹은 매금(고구려)이라 불렀다는 설 등입니다.

임과 금에 대한 신라와 몽골, 청나라 등의 무수한 어원들이 있습니다. 공부할 가치는 충분합니다. 임금이라는 말이 어디서 왔건, 무슨 뜻이건 지금 여기서, 상대를 존칭하는 중요한 사람이라는 의미로 받아들이면 그만입니다. 이도 어색하면 그저 참가자로 부르고 그들을 존중하면 됩니다. 참여자라는 이유, 세상에 존재한다는 이유만으로 그는 거룩한 존재이고 '님'이며, 금으로 존중받아 마땅하니까요.

다음은 말발(言足)입니다. 우리는 흔히 '말빨이 세다', '이빨 깐다' 등의 표현으로 말하는 힘을 존중 내지 비하해서 말합니다. 화백회의에서 말하는 말발은 좀 더 깊은 의미가 담겨 있습니다.

우리말은 그 어원을 살피면 재미난 게 많습니다. 소리의 언어이다 보니 소리에 따라 말이 만들어지거나 의미를 살짝 바꾼다든지, 전혀 연관성 없어 보이는 말도 갖다 붙이면 그럴 듯해 보입니다.

자주 예를 드는 말이지만, 제 이름은 유동걸인데 내가 처음 부임한 학교는 동구여중, 그 다음이 영동여고(永東女高)입니다. 영동여고를 처음 찾아가는 날, 아파트 단지 앞에서 영동여자고등학교의 영문 표기를 보았습니다.

youngdong girl's high school

우리말로 그대로 읽으면 '영동(永東) 걸스(여자) 하이스쿨', 달리 읽으면 '영(永 영원한 혹은 영어 그대로 젊은) 동걸스(유동걸의) 하이스쿨' 해서 '젊은 동결의 학교'가 됩니다. 물론 말도 안 되지만 저한테는 제 젊음의 모든 것을 바친 학교니 말이 됩니다. 이렇게 말의 소리와 의미를 자유자재로 연결하다보면 기상천외의 말들과 해석들이 난무합니다. 그런 유연성과 가변성, 잠재성 등이 우리말의 특징이고 이는 서양의 근대적 세계관과 다르며, 화백회의가 지니는 생명성, 즉흥성, 유연성과도 연관이 있습니다.

우선 화백회의의 화백(和白)이라는 말부터가 어원이 신기합니다. 화(和)는 전체와 조화를, 백(白)은 말을 뜻합니다. 화를 중국어 발음의 소리 나는 대로 읽으면 '화, 훠, 허' 등으로 읽습니다. 백의 뜻을 밝혀 우리말로 하면 밝다, 밝히다, 발, 얼 등으로 변주됩니다. 그래서 화백의 옛날 발음이 허바, 허버, 허벌로까지 확대됩니다. 우리말에 '허벌나게'라는 말이 있습니다. 지금 '허벌나다'는 전라남도 지방에서 주로 쓰이며 표준어는 굉장하다, 대단하다는 뜻입니다. 표준어 '허발하다'는 몹시 굶주려 궁하거나 체면없이 함부로 먹거나 덤빔의 의미로 쓰입니다.

화백의 원래 우리말 발음으로 추정되는 허벌은 모두(화)의 말(밝은 얼), 즉 세상 전체 우주의 기운, 얼(정신)로까지 확산됩니다. 그러니 허벌나게 빠르고 열심히 움직일 수밖에 없고, 이는 움직임에 따른 배고픔과도 연관되지만, 기마민족이나 유목민족 시대의 속도와도 무관하지 않다고 합니다.

지금은 우리가 한 곳에 머물러 집단의 의사를 같이 결정하지만, 유민족 시대에는 여기저기를 끝없이, 빠르게 떠돌면서 의사결정을 하고 또

이동했기 때문입니다.

　말이 나온 김에 사단법인 밝은 마을에서 펴낸 화백회의 설명서를 보면 화백회의의 유래를 다음과 같이 설명합니다.

　화백은 순 우리말로는 '모울도뷔'라고 하지요. 모울도뷔라는 말은 고조선시대부터 사용해온 우리 옛 말입니다. '모울'은 한없이 열려 있는 어울림의 공동체를 뜻하고, '도뷔'는 자유와 평등과 밝음을 실천하는 큰 선비를 뜻합니다. '모울'은 뒷날 '화'(和)로 훈차 되고, '도뷔'는 '백'(白)으로 음차 되어 '화백'으로 불리었습니다. 모울은 마을이 하나의 공동체로 운영되는 단위였고, 이러한 모울이 될 기본 조건은 '하나됨'이었습니다. 하나됨을 이루지 못하는 마을은 모울이 될 수 없었습니다. 모울도뷔라는 시대문화가 있었던 당시에 가정에서부터 나라에 이르는 모든 터에서 모울도뷔가 운영될 수 있었던 힘은 하늘사람이 되고자 하는 닦음과 하나됨의 문화 속에 있었습니다. 그러나 지금 우리의 모울도뷔 정신과 문화는 서양에서 비롯된 물질문화에 밀려 역사의 이면으로 사라졌습니다. 모울도뷔가 다시 이 땅에서 살아 숨쉬는 것을 보고자 하는 바람으로 화백회의를 하려고 합니다.

　이런 해석에도 이견이 있기는 하지만, 형식 논리로 옳고 그름을 논하기보다 위의 해석이 담긴 의미를 생각한다면, 화백의 백(白), 즉 말(言)이 갖는 힘은 결코 가볍지 않습니다.

한자의 언족에 해당하는 말발. 말의 발은 결국 말이 달려가서 상대의 심장과 의식에 가 닿을 때의 힘이 생긴다는 것을 의미합니다. 시인 이시영이 '시(詩)'라는 제목의 시에서 이렇게 노래했듯이 말이지요.

화살 하나가 공중을 가르고 과녁에 박혀
전신을 떨듯이
나는 나의 언어가 누군가의 가슴에 닿아
마구 떨리면서 깊어졌으면 좋겠다
불씨처럼
아니 온몸의 사랑의 첫 발성처럼
(이시영 '시' 전문)

독자들은 여러 해석이 과장되고 자의적이라 여길 수도 있습니다. 중요한 건 그런 해석이 맥락상 의미가 있는가 여부입니다. 유의미하고 활용가치가 있으며 소통과 발전에 도움이 된다면 마다할 필요가 없습니다. 예를 들면 음식을 바리바리 푸짐하게 싸간다는 말을 활용하여 국회에서 안건 발의를 풍부하게 하자는 뜻으로 '발의바리'라는 말을 만들어 쓸 때, 그 의미가 풍부해지듯 말입니다.

말발이 서는가 안 서는가를 상식선에서 판단할 수 있습니다. 그렇게 앞에 나와서 말하는 권리를 말발권이라 합니다. 화백에서 말발권은 더 독특한 의미를 갖습니다.

우선 말발은 화폐 기능을 합니다.

잉? 이건 또 무슨 소리인가요? 말발이 화폐 기능을 하다니?

다시 말발의 사진을 자세히 보겠습니다.

화폐처럼 금액이 적혀 있습니다. 그런데 그냥 돈이 아니라 '보은 화폐'라는 독특한 명칭이 있네요? 그냥 사용가치나 교환가치를 지닌 단순 화폐가 아니라 신성한 회의에 참여하여 의무를 다하고 권리를 누리는 징표라는 뜻입니다.

자 이제 세계관과 용어에 대한 긴 설명을 마치고 실제 화백회의의 풍경을 살펴 보겠습니다. 이날 제가 봉도수련원에서 겪은 화백의 첫 체험에 앞서 그 뒤로 공부하고 다듬은 완결된 형태를 먼저 소개합니다. 귀납적으로 쉽고 간단하게 화백의 정수를 체험한 뒤에 화백회의의 여러 면모를 보여주고 싶기 때문입니다. 주제는 우리 국민 모두와 무관하지 않은 '애국가 폐지 혹은 개정'입니다.

안익태 애국가와 화백회의

오늘 화백회의 주제는 '안익태 작곡 〈애국가〉를 계속 불러야 하나'입니다. 주제는 계속 부르자 말자의 찬반 논제처럼 보이지만 찬반의 의견뿐만 아니라 부르지 않을 경우 어떻게 해야 하는지에 대한 다양한 대안 제시가 가능합니다. 물론 애국가를 계속 불러야 한다도 하나의 의견이고 그럴 경우 필요한 대안 역시 다양한 의견 중의 하나로 제시가 가능합니다.

그럼 회의에 앞서 국민의례를 하겠습니다. 다 같이 자리에서 일어서 주십시오. 저희는 국가는 부르지 않고 대신 서로 가슴 앞에 손을 모으고 이 자리에 모인 분들이 모두 하늘님으로서 거룩한 존재이니 자기 개인의 이익과 욕망을 초월해서 우리 공동체의 마음을 모으는 최선의 결정을 잘 하기를 바라는 바람으로 상대방을 향해 공손히 맞절을 하는 의례를 하겠습니다. 다 같이 공수, 맞절!

안익태 〈애국가〉 문제가 뜨겁습니다. 지난 50여년 친일파 작곡가인 안익태의 〈애국가〉를 국가인 양 불러온 역사에 대한 반성과 변화를 촉구하는 목소리가 높습니다. 하지만 논쟁은 지속되지 못하고 수면 위로 부상했다가 가라앉기를 여러 차례 해왔는데 이미 관습화된 문화인데다 국민들 대다수의 의식 속에 뿌리 내린 '애국가'라는 대타자를 걷어낸다는 건 쉬운 일이 아니기 때문입니다. 2020년, 김원웅 광복회장이 지속적으로 이 문제를 제기해왔는데 몇몇 신문에 기사화 되는 정도이고 여론은 아직 잠잠합니다.

3.1운동 백주년을 맞은 2019년. 애국가 논란에 불이 약간 붙었습니다. 일본이 대한민국을 화이트리스트에서 제외하면서 한국은 지소미아를 폐기하고 100여년 만에 한일 간에 경제 전쟁, 외교 전쟁이 막을 열었습니다. 일본 내 혐한 감정이 고조되고 한국 내에서도 반 아베 불매운동이 고조되는 가운데 국내 일각에서 친일 애국가 퇴출 운동의 조짐이 보였습니다.

뜨거운 냄비처럼 끓었다가 식어버린, 친일파 안익태의 〈애국가〉 문제. 이번에는 시민들이 나서서 그 대안을 고민하는 자리를 마련했습니다. 방식은 참여자 모두의 주권을 최대한 존중해서 최상의 의견을 찾아나가는 화백회의. 과연 새로운 대안은 찾아질까요?

오늘은 화백회의라는 좀 생소한 방식으로 회의를 진행합니다. 여러분들은 입장하실 때 서로 다른 색(도안)의 종이를 2장과 3장 받았을 겁니다. 2장은 청문권이라 부르고, 3장은 말발권이라 부릅니다.

청문권은 이 회의가 끝날 때까지 여러분이 질문을 하거나 보충의견을 낼 때 사용할 수 있습니다. 그러니까 질문을 하든 보충의견을 내든 이 회의가 모두 끝날 때까지 그런 기회는 딱 2번밖에 없으니 청문권을 신중히 써주시기 바랍니다. 청문권 1장에 질문이나 의견은 1회만 발언하실 수 있습니다.

말발권은 임금님이 하세를 하고 청문이 충분히 오간 다음 그 의견에 찬성할 경우 말발권을 실어 주시는 겁니다. 1장만 내도 되고 3장 모두 내도 됩니다. 그런데 다음 임금님 하세가 더 마음에 들면 앞에 냈던 말발권을 회수해서 다른 임금님에게 실어주셔도 됩니다. 말발권은 3장뿐이지만 언제라도 회수와 다시 실어주기가 가능하니 하늘님들의 주권이 늘 살아 있습니다. 청문권을 공정하게 사용하고, 말발권을 쉽게 회수할 수 있도록 청문권과 말발권에는 모두 본인 이름을 써주시기 바랍니다. 그리고 말발권을 실어주실 때는 본인 이름이 보이도록 임금님 앞에 내 주시고, 임금님은 말발권을 하늘님 이름 별로 정리해 주시기 바랍니다.

말발권과 청문권 외에 화백회의의 몇 가지 용어만 설명을 드리겠습니다. 여러분들은 모두 하늘님입니다. 어떤 의견을 주장하는 것을, 인간 세상에 내려온다 하여 하세(下世)라 하고 하세를 하러 세상에 내려오시는 분은 임금님이 됩니다. 하세를 하셨다가 더 좋은 의견을 내신 임금님에게 말발권을 넘기고 다시 하늘님 자리로 돌아가는 것을 선양과 승천이라고 합니다. 이 때 선양에 동의하지 않는 하늘님은 말발권을 다시 회수해 가시면 됩니다. 승천하신 임금님은 더 좋은 의견이 떠오르면 언제든지 다시 하세하실 수 있습니다.

이 정도로 기본 회의 규칙과 용어를 알고 화백회의를 시작해 보려 합니다. 낯설게 들리는 용어들이지만 직접 해보시면 쉽게 아실 수 있을 겁니다.

하늘님들은 자리에 앉아주시고 지금부터 본격적으로 화백회의를 시작하겠습니다. 그럼 가장 먼저 하세해서 좋은 의견을 들려주실 임금님 계시면 앞으로 나와주십시오.

(주제에 대한 공부를 많이 한 듯. 두툼한 자료와 정리된 공책을 든 여성 한 사람이 앞으로 나온다)

새아리 : 저는 새아리입니다. 결론부터 말씀드리자면 친일, 친나치 안익태가 작곡한 애국가는 지상에서 사라져야 합니다. 아니 남겨두되 역사의 박물관에 넣어 우리의 부끄러운 역사를 참회하는 게시물로 사용해야 합니다.

　　　　얼마 전 친구들과 함께 일본군 위안부 할머니가 계시는 나눔의 집을 방문했습니다. 일제강점기에 일본군이 저지른 끔찍한 만행을 생생한 목소리로 들을 수 있었습니다. 그런 일본이 과거의 역사에 대한 반성 없이 우리나라를 다시 공격하고 있습니다. 우리는 정신 차려야 합니다. 우리 생활과 문화 속에 뿌리박힌 일제의 유물들을 청산해야 합니다. 안익태 〈애국가〉는 가장 광범위하고 오래도록 뿌리박힌 일제의 잔재입니다. 일본은 친일파의 후손들을 통해 지금까지도 우리를 정신적으로 지배하고 있습니다. 그 원조가 바로 〈애국가〉입니다.

　　　　애국가를 없애야 할 당위는 많지만 생략하고 여기서는 제가 생각한 대안을 말씀드리겠습니다.

　　　　저는 국가로서의 애국가는 폐지할 것을 주장합니다. 즉 관행적으로 연주하고 불러오던 안익태 〈애국가〉를 정부가 공식 폐기하고 애국가의 가사는 작사가인 안창호 선생의 정신을 살려 남겨 두되 곡은 친일의 잔재로 규정하여 망국의 고통을 되새기는 자료로 삼도록 합니다.

그럼 국제 행사나 국내 정부 기관의 국민의례로서의 국가는 어떻게 할까요? 의례란 그 나라의 상징물이므로 새로운 국가가 제정될 때까지는 1년 정도 아리랑으로 대체하고, 1년 정도의 기간을 잡아 국가제정위원회를 만들어서 새로운 국가를 선정 혹은 제정하는 것이 좋다고 생각합니다. 그에 앞서 국민들에게 〈애국가〉 폐지와 새로운 국가 제정의 필요성에 대해서는 충분히 알려야 하고요. 이상입니다.

네 제일 먼저 새아리 임금님께서 〈애국가〉 당장 폐기와 1년 동안의 아리랑 대체 및 새로운 국가제정위원회 설치를 제안하셨습니다. 혹시 청문하실 분 계십니까?

청문1 : 우리가 전통적으로 불러온 아리랑은 곡조가 너무 슬픕니다. 애국가로 쓰기 적절한지요? 굳이 아리랑을 선택한 이유가 궁금합니다.

새아리 : 애국가가 슬프면 안 되나요? 그 나라 사람들이 가장 공감하면서 유대감을 느낄 수 있는 노래라면 충분하다고 봅니다. 아리랑은 우리 국민적 정서를 대변하고 일제시대에도 민족의 의지를 살리

는 상징이었으며 지금도 대한민국 사람 모두가 한마음으로 부를 수 있는 몇 안 되는 노래입니다.

청문2 : 당장 안익태 곡조 애국가 부르기를 멈추라는 것은 그동안 애국가와 함께한 우리 현대사를 부정하는 거 아닌가요?

새아리 : 현대사의 부정이 아니라 현대사의 정기를 새롭게 살리는 일입니다. 그 동안 친일파 작곡가의 노래를 불러온 사실 자체가 부끄러운 역사 왜곡이고 대한민국의 정체성을 부정해온 일입니다. 애국가와 함께 해 온 우리의 과거사를 철저히 반성하고 새로운 대한민국의 정기를 세우는 새로운 역사 창조입니다.

청문3 : 안익태가 '올드랭 사인' 곡조로 부르던 애국가에 가슴 아파하며 현재의 곡조로 애국가를 만들 때는 아직 변절 전입니다. 코리아 환상곡 연주는 문제지만 애국가는 괜찮지 않나요?

새아리 : 만들어진 시기와 불리는 시기 모두 당당해야 합니다. 적절한 비유인지 모르지만, 임진왜란 당시 만약 이순신 장군이 왜구를 물리친 뒤에 살아남았다가 정치인이 돼서 일본과 외교를 하면서 굴욕 외교를 인정하고 조선을 일본에 팔아먹는 변절자가 되었다고 한다면 우리가 이순신의 거북선을 칭찬하고 이순신의 왜구 토벌 역사를 계속 칭송해야 합니까?
안익태가 작곡할 당시 마음이 변절이 아니라고 해서 노래를 분

리 독립시켜 생각할 수 없습니다. 후에 변절했다면, 아마 이 노래를 변절 이전까지는 존중할 수 있을지 몰라도 변절 순간 이후부터 그 가치는 이미 상실한 것입니다. 작곡가의 역사와 노래의 역사는 둘이 아니라 하나입니다.

추가로 청문하실 분 계신가요? (하늘님들 침묵)
더 이상 청문이 없으시면 의결하겠습니다. 첫 번째 새아리 임금님 의견에 동의하시는 분들은 본인이 가진 말발권을 사용해서 지지 의사를 실어 주시기 바랍니다.
(여러 하늘님들이 지지의 표를 새아리 임금님 앞에 가져다 놓는다)

이제, 두 번째 임금님 하세를 기다립니다.
(첫째 의견에 공감하기 힘든 듯. 완고한 표정의 남성 한 사람이 뚜벅뚜벅 걸어나온다)

안유지 : 저는 안유지입니다.
저는 〈애국가〉를 그대로 두기를 권장합니다. 해방 이후 우리는 좌와 우의 대립, 진보와 보수의 대립 속에서 70여 년을 살았습니다. 그런 대립조차도 일제가 남겨준 가슴 아픈 유산인지도 모르겠습니다. 아마 오늘날 한국 사회의 현실을 보면서 이념과 정치적 대립 때문에 가슴이나 골치가 아픈 사람, 겉으로 표현은 안 해도 대다수 국민들이 해당될 겁니다. 부부간이나 부모 자식 간

에 정치와 이념의 대립으로 얼마나 많이 갈라져 싸워왔습니까? 그런 마당에 〈애국가〉 폐기 문제가 공론화된다면 다시 세상은 둘로 갈라져서 싸움이 격화될 겁니다. 한마디로 긁어 부스럼이란 뜻입니다.

알다시피 애국가의 내용은 너무도 좋습니다. 우리 민족의 유구한 전통과 자긍심. 겨레의 평화와 번영 등의 내용을 담고 있어 언제 어디서 부르기에 부끄럽지 않습니다. 곡조의 표절이나 작곡가의 친일 이력이 문제가 된다고 보는 견해가 있는데 국가의 정체성을 세우기에 미흡한 것은 사실입니다. 하지만 지난 50년 동안 국민 모두의 마음속에 '우리의 〈애국가〉'로 불러왔고, 국내외 공식적인 행사의 상징 의례로 부른 애국가를 부정한다면 우리의 지난 역사는 무엇이 됩니까?

저는 대한민국의 역사와 함께 숨쉬어오고 대다수 국민들의 마음속에 자리잡아온 애국가를 새삼 논쟁의 자리에 올린다는 것은 국민적 갈등을 야기하고 지난 역사의 부정이라는 점에서 반대합니다. 지금의 애국가를 그대로 살리되 부족하고 부끄러운 부분은 인정하고 그 의미와 가치를 객관적으로 인정하면서 애국가를 바꾸어야 할 시기, 예를 들면 남과 북이 통일이 되어서 하나의 나라가 되는 날이 온다든지 하는 역사적 변곡점이 올 때까지는 그대로 유지하는 것이 좋다는 의견입니다.

두 번째 안유지 임금님 의견은 〈애국가〉를 그대로 살려 쓰자는 주장입니다. 청문하실 분 계십니까?

청문1 : 온 국민이 함께 부르는 애국가는 임금님 말씀대로 우리나라를 대
표하고 상징하는 노래입니다. 그런데 친일 전력을 몰랐을 때는
모르고 불렀다지만 친일인명사전에까지 등재된 반민족행위자가
작곡한 노래를 애국가로 부른다는 게 말이 안 된다는 생각입니
다. 지금 친일 작곡가가 만든 교가 폐지 운동이 확산 되어 가는데
애국가는 이보다 더 크고 중요한 상징성을 가지는 게 아닌지요?

안유지 : 저도 친일 애국가가 좋다는 건 아닙니다. 그리고 언젠가는 바꾸
어야 한다고 생각합니다. 하지만 아직은 시기상조입니다. 우리
국민들에게는 국민정서법이 있고 오랜 시간 지속되어 온 관습의
힘은 매우 강합니다.
호주제나 간통죄 폐지, 제사 문화의 변화 등 아주 오래된 관습이
하나씩 깨어져나가는 걸 우리는 눈앞에서 지켜보고 있습니다.
아마 안익태 애국가도 언젠가는 호주제처럼 우리나라 현실에서
사라지는 날이 올 겁니다. 그건 국민들 대다수가 거기에 공감하
는 분위기가 형성되었을 때 이야기입니다.
아직 많은 사람들이 문제의식도 못 느끼는 상황에서 애국가 문제
가 공론화 되어서 갈등의 씨앗이 된다면 그 혼란은 애국가를 없
애서 얻는 이익보다 훨씬 클 겁니다. 그런 점에서 통일의 시기나
국민정서 변화 때까지는 유지하는 것이 바람직합니다.

청문2 : 통일이 되면 당연히 법적 지위를 가진 국가를 새로 만들어 불러야 할 것입니다. 북한은 현재 새로운 국가를 작곡하여 부르는 걸로 알고 있습니다. 그런데 그때까지 우리는 반민족행위자가 만든 곡을 계속 불러왔다고 하면 북한은 아마 자신들이 만든 곡으로 국가를 하자고 주장할 겁니다. 적어도 통일국가를 논의할 때 부끄럽지 않은 애국가를 부르고 있었다고 말할 만큼은 되어야 하지 않을까요?

안유지 : 남과 북이 평화적으로 하나로 합쳐지는 시기에 북이 자기 국가를 공식 국가로 규정할 가능성은 희박하다고 봅니다. 국기, 국가, 국체 모두 남과 북이 합의하는 선에서 만들어질 텐데 기존의 것을 고수하는 것은 화합과 통일의 정신에 맞지 않으니까요.
그리고 부끄러운 애국가 문제는 사실 애국가만의 문제는 아닙니다. 대한민국의 역사 자체가 친일 잔재의 속성이나 미국 같은 강대국으로부터 온전히 독립해서 자주국방을 이루지 못한 점들은 남북관계에서 늘 지적되어온 문제이고요. 정부가 제시한 민족대단결의 통일을 이루어간다면 당연히 이런 문제들은 그 과정 속에서 해결해나가리라 보고, 그 시점에서는 공론 과정을 거치면서 친일 애국가는 폐기되겠지요. 그때까지 기다리자는 겁니다.

두 번째 임금님 의견 추가 청문 계신가요?
없으면 말발권으로 지지 의사를 표시해주십시오.

(여러 하늘님들 역시 의사 표시를 위해 안유지 임금님 앞에 표를 준다.)

세 번째 임금님의 의견을 듣겠습니다. 하세하실 분 앞으로 나와 주십
시오.

양절충 : 양절충입니다.

저는 앞의 두 임금님의 의견을 절충해서 기존의 애국가도 살려
두고 그러면서도 새로운 국가를 다양하게 제정하여 상황과 필요
에 따라서 선택하여 부르게 하기를 주장합니다.

21세기는 다원주의 사회입니다. 국가 자체가 근대의 산물이고
주체를 강조하다보니 타자와 이웃과의 관계를 고려하지 못하는
단선적 사고의 틀에 갇혀왔습니다. 하지만 지금은 다릅니다. 주
변을 둘러보십시오. 획일적이고 자기중심적인 사상, 종교, 국가,
이념 등은 주변으로부터 인정받지 못하고 비판을 받습니다. 이
것이냐 저것이냐의 이분법적 사고는 끝없는 갈등을 야기합니다.
〈애국가〉 문제를 폐기다 유지다의 관점에 얽매여 본다면 이런
고착된 갈등은 끝없이 이어질 겁니다. 어느 쪽의 결정이 나더라
도 상처받은 사람들이 나오고 모두가 한 마음으로 나라를 사랑
한다는 취지는 무색해질 겁니다.

아시다시피 안익태 〈애국가〉는 사실상의 국가(國歌)이자 관습법
적인 국가(國歌)이지 나라에서 공식적으로 제정한 법적인 국가(
國歌)는 아닙니다. 예를 들면 '아리랑'이든 김민기 작사 작곡의

'내 나라 내 겨레'든 혹은 국가와 민주주의의 정신이 담긴 '임을 위한 행진곡'이든, 많은 사람들이 우리 겨레의 아픔과 역사와 숭고한 정신이 담긴 좋은 노래라고 인정하는 노래들을 모두 새로운 국가(國歌)로 제정해서 행사 주체의 의지에 따라서 다양한 국가를 부르게 하는 겁니다. 물론 위에서 언급한 노래들 말고 새로운 국가를 국가(國家) 차원에서 공모하거나 제정할 수도 있습니다. 그 과정에서 다수의 공감과 합의는 필수적인 절차고요.

정리해서 말씀드리면 저는 다원화시대에 맞는 국가 제정, 즉 제2, 제3의 국가 등을 다양하게 선정해서 때와 장소에 맞추어 자연스럽게 국가를 선택해서 부르게 하는 것이 가장 좋겠다는 의견입니다.

세 번째 양절충 임금님 의견에 청문하실 분 청문해주세요

청문1 : 여러 애국가를 동시에 인정하여 각 행사나 의식 별로 골라 부르는 방법은 행사마다 매번 무슨 노래를 부를 것인가에 대한 논란이 일어나 소비적이라는 생각이 듭니다. 애국가가 아니더라도 노래가 가지는 상징성이 커서 5.18광주 민주화운동 기념식 때도 '임을 위한 행진곡 제창' 논란이 있었고, 지금 안익태 애국가를 부르지 않으려는 대안으로 '신독립군가'를 부르는 행사도 있다고 들었습니다. 이건 또 하나의 갈등 요소라고 봅니다. 그리고 국제적 체육행사 때 국가를 연주하는데 그건 또 어찌할 것입니까?

양절충 : 행사에서 어떤 노래를 부를 것인지는 그 주체가 결정하면 됩니다. 결정과정이 다소 혼란스럽고 지난한 토론이 지속될 수 있지만 그 과정을 성숙의 계기로 삼아 이번 기회에 우리에게 국가란 무엇일지, 국가 상징과 의례, 그리고 주체로서의 정체성에 대한 새로운 가치관 정립이 필요합니다.

학교나 지자체, 행사 주최 단체는 각기 자기 정체성이 있습니다. 행사를 주관하는 주최단체의 정체성에 맞는 국가를 선정하면 됩니다. 그리고 국가는 사실 국가 단위의 행사에나 불러야 합니다. 작은 단체가 굳이 국민의례를 하거나 국가를 부르는 일은 사라져야 합니다. 국가주의가 횡행하고 국가가 시민을 억압하던 시대의 산물입니다.

적어도 정부차원 행사나 외국과의 외교, 스포츠 행사 등에서만 국가를 연주하는 것이 맞고요. 그런 국가는 단일화해서 충분히 하나로 통일할 수 있습니다. 아리랑이나 혹은 새로 작사 작곡을 해서 말이지요.

더 청문하실 분 안 계신가요? 그럼 세 번째 임금님 의견에 주권을 행사해서 의결해주십시오.

(여러 하늘님들 역시 표를 가지고 나온다)

지금까지 세 분 의견을 들었습니다. 1차 말발권 집계를 하겠습니다. 1번 새아리 임금님 33표, 2번 안유지 임금님19표, 3번 양절충 임금님 45

표로 현재 양절충 임금님 의견이 가장 많은 표를 얻었습니다. 앞서 새아리 임금님 표에서 3번으로 표가 많이 옮겨갔습니다.

　다시 새로운 의견으로 하세하실 임금님 계십니까?

　(발랄한 표정, 무언가 축제 분위기의 신나는 복장을 한 젊은이 등장)

나젊음 : 네 번째 하세할 나젊음입니다. 앞선 세 분 임금님 좋은 의견 잘 들었습니다. 저는 1번 새아리 임금님 의견에 큰 틀에서는 동의하면서 부분적으로 다른 의견을 내겠습니다. 친일 친나찌 전력의 안익태 애국가 즉각 폐지에 찬성합니다. 하지만 1년 동안의 국가제정위원회 운영은 인력, 시간, 국론분열 등 많은 에너지 소비와 갈등 요소가 있습니다.

　저는 정부가 역사청산과 반성 차원에서 '친일 친나찌 애국가 폐지일'을 선포하고 '새국가 제정을 위한 애국가 페스티벌'을 여는 겁니다. 물론 국민들이 준비해서 나올 시간을 주어야겠지요. 정치권의 여야, 보수진보가 모두 인정할만한 존경스런 음악인들을 심사위원으로 하고 광복회를 비롯하여 임시정부의 법통을 이어받아 독립과 자주, 평화와 통일의 기원을 담은 노래를 판단할 단체대표들을 초청해서 선정 결과에 흠결이 없도록 합니다. 물론 온 국민이 지켜보는 가운데 진행할 행사이기 때문에 아마 신청곡들 가운데 어떤 노래가 가장 좋은지는 국민들의 눈높이에 맞춰져서 가장 공정하고 정의롭게 선정되리라 봅니다.

　그동안 국가, 특히 안익태 애국가는 너무 무거웠습니다. 노랫말을 지으신 안창호 선생의 애국정신을 존중하더라도 애국가의 숙연한 분위기는 국민들을 무언가 엄숙주의에 빠뜨리는 부정적인 힘이 강했다고 봅니다. 공식 의례로서의 무게감을 갖되 훨씬 밝고 긍정적이며 생산적이고 창조적인 미래의 대한민국, 미래세대의 대한민국을 자랑스럽게 여길 애국가를 축제의 한마당처럼 기획해서 선정한다면 대한민국의 기운을 살리고 국민을 통합시키는데 크게 기여하리라 믿습니다.

활발한 의견 감사합니다. 청문 계신가요?

청문 1 : 애국가 페스티벌의 경우 심사위원 선정으로 또 한 번 갈등이 예상됩니다. 우리나라는 온라인이 발달되었으니 음악전문가의 전문가 심사와 함께 국민 온라인 투표 방식을 취해야 하지 않을까요?

나젊음 : 그래서 제가 세계적인 음악가나 이념적 대립 없이 사회 모두에게 존경받는 분들을 심사위원으로 말씀드렸습니다. 이분들이 전적으로 결정하는 것은 아니고 그야말로 절차적 심사와 평가 정도를 논평으로 낼 수 있을 거고요, 질문하신 분 의견대로 최대한 국민 참여적인 방식을 추진하는 것이 좋은 방안이라 생각합니다.

더 청문 없나요? 그럼 네 번째 의견에 말발로 지지의사 표시 바랍니다. 다음 하세하실 분요?

(자유분방한 복장의 다섯 번째 하세자가 앞으로 나선다.)

오아나 : 저는 오아나입니다. 다들 나름 좋은 의견 존중합니다. 저는 좀 새
　　　　로운 시각을 권해드리고 싶습니다. 제 의견은 좀 글로벌한 관점
　　　　이기도 하고 어찌 보면 반국가적인 의견처럼 보일 텐데요 제가
　　　　반국가단체 조직이나 선동을 꿈꾸는 사람은 아니니 오해는 말아
　　　　주시기 바랍니다.
　　　　아마 여러분들은 비틀즈의 존 레논이 부르는 〈이매진(imagne)〉
　　　　이라는 노래를 잘 아실 겁니다. 생소한 분들을 위해서 그 가사
　　　　일부를 소개합니다.

　　　　천국이 없다고 상상해 보세요. 노력해보면 쉬운 일입니다.
　　　　우리들 아래에는 지옥도 없고 위에는 오직 하늘만 있어요.
　　　　나라가 없다고 상상해 보세요. 그것도 어렵지 않아요.
　　　　누구를 죽여야 하고 누구를 위해 죽어야 할 필요도 없는 세상
　　　　그리고 종교도 없는.... 평화롭게 사는 모두를 상상해 보세요.

　　　　천국, 국가, 종교가 없는 세상을 상상하면서 평화를 노래한 내용
　　　　이라는 건 대부분 아실 겁니다.
　　　　이 노래를 국가로 부르자는 건 아니고요, 이 노래의 의미를 좀 살
　　　　려서 굳이 우리가 민족국가 단위에서 국가(國家)라는 체제나 틀
　　　　을 강화하는 국가(國歌)를 제정하고 공유해야 하는지에 대한 근

본적인 질문을 던져보려는 겁니다.

로크나 홉스, 루소 등을 거론하지 않아도 근대 국가가 왜 만들어졌는지는 여러분들이 더 잘 아실 겁니다. 또 자본주의 발달 속에서 그렇게 만들어진 국가가 강대국은 약소국을 침략하고 약한 나라들은 민족의 비애를 느끼면서 식민지의 고통을 오랜 세월 받아왔습니다. 제국주의와 탈식민으로 독립 국가들이 탄생하고 다시 백년의 시간이 흘렀습니다. 아까 양절충 임금님께서 21세기와 다원주의를 말씀하셨는데 저는 지금 이 시대를 살아가는 세계시민으로서의 국민들의 목소리에 귀를 기울여야 한다고 봅니다. 지금 사회 곳곳의 현장에서 울려 퍼지는 애국가를 상상해 보십시오. 누가 진지하게 애국가를 존중하면서 내면에서 우러나는 충심으로 애국가를 힘차게 열심히 부릅니까? 없습니다.

지난 독재국가정권 시절의 애국가. 국기하강식이나 극장 안에서조차 강제로 애국가를 듣던 시대의 아픔을 기억하실 겁니다. 지금은 그런 문화를 우리는 황지우의 시, '새들도 세상을 뜨는구나'를 통해서나 〈변호인〉이나 〈국제시장〉 같은 영화의 한 장면으로 씁쓸하게 소환합니다. 그리고 21세기. 애국가는 더 이상 국가가 아닙니다. 민족감정이나 국가주의의 망령에 붙들린 사람들은 여전히 국가를 통해서 국민통합이나 국민 정서를 획일적 즉 하나의 단일 감정, 정서, 의식으로 묶어놓아야 한다고 생각할지 모르지만 제가 보기에는 시대착오적 망상입니다.

세계시민사회가 한마음으로 평등과 평화를 꿈꾸는 새로운 21세기를 기획하고 그런 의미에서 단일 국가적 정체성을 강화해온 기존의 노력들은 냉정한 재평가를 통해서 수정되어야만 합니다. 시간이 좀 걸리겠지요. 우리나라에서 친일 애국가가 논란이 된 건 그런 성찰의 중요 계기입니다. 이번 기회에 안익태 애국가를 폐기하고 나아가 국가의 정체성과 역할을 되돌아보면서 근대 국민국가로서의 국가(國歌) 제정을 심각히 고려해서 아예 국가 자체를 없애는 것이 논란을 잠재우고 새로운 미래국가를 열어가는 하나의 시금석이 되리라 봅니다. 지금 문제가 되고 혼란을 겪는 태극기를 보십시오, 태극기 역시 마찬가지 아닙니까? 독립투사들이 가슴에 품고 독립만세를 외치던 시대의 태극기는 그 자체로 역사이고 감동입니다. 하지만 오늘날 광화문 광장에 뿌려지고 버려지는 태극기가 국민들에게 무슨 의미가 있습니까? 제 의견은 이번 기회에 국가 제정 자체를 고려하자, 나아가 가능하다면 국가를 폐지하자입니다. 경청해주셔서 감사합니다.

청문 받겠습니다. 의견 있습니까?

청문1 : 그래도 현재 세계는 국가 단위로 운영되고 국가별로 국기, 국화, 국가(노래) 등이 있습니다. 그럼 국제행사에서 우리나라는 무슨 곡을 연주합니까?

오아나 : 저도 지금 국제 사회가 국가단위로 형성되어 움직이는 걸 부정
하지는 않습니다. 당분간 단일 국가 체제를 유지하고 굳이 국가
연주가 필요하다면 아리랑을 비롯해 대한민국 대표곡을 선정하
면 됩니다. 그 노래를 굳이 국가로 호칭할 필요는 없지요. 어떤
노래든 간에 대한민국을 대표할 곡들은 다양한 경로를 거쳐 선
정할 수 있으니까요. 누군가 말씀하셨는지 모르겠지만 안익태
애국가도 법률적으로 대한민국 공식 국가는 아닙니다. 관습처럼
불리워진 것이지요.
그리고 반드시 국가를 연주해야 한다는 발상도 다소 폭력적일 수
있습니다. 잠시 동안의 짧은 침묵으로 그 상징적 가치나 의미를
충분히 공유할 수 있다고 봅니다.

네 좋은 질문과 대답 감사드립니다. 청문 더 없으신가요? (침묵)
그러면 다섯 번째 임금님 의견에 지지하시는 분들 말발권 실어주시기
바랍니다.

(집계 결과 오아나 임금님은 12표를 받았다. 이때)
새아리 : 저 새아리 임금입니다.네 번째 하세하신 나젊음 임금님 의견이
제가 제시한 의견보다 젊고 참신합니다. 저는 나젊음 임금님께
선양하고 승천하겠습니다. 저에게 말발지지 의사 표시하신 분
중에서 동의하지 않는 분들은 표를 찾아가주세요. 남은 표들은
나젊음 임금님께 넘기겠습니다.

(3명이 5표 찾아가고 나머지 28표는 나젊음 임금에게 선양함. 2차 집계 결과 2번 안유지 임금님은 19표, 3번 양절충 임금님은 45표, 4번 나젊음 임금은 56표, 5번의 오아나 임금님은 12표입니다.)

더 하세하실 분 안 계신가요?

신우익 : 제가 하세하겠습니다. 저는 6번 신우익입니다.

　　　말씀을 듣다 보니 좀 어이가 없네요. 여기 계신 분들은 조상도 뿌리도 없습니까? 나를 낳아주고 길러준 부모님과 나라는 한 몸입니다. 국가가 있어야 국민이 있고 그 백성들은 자기를 낳아준 부모가 있어서 존재합니다. 그런데 말씀을 듣다 보니 국가(國歌)의 문제가 아니라 국가(國家) 자체를 부정하는 발언이 있어 심히 유감입니다. 다양한 의견을 존중하지만 국가를 없애자는 발상, 그건 아니라고 봅니다.

　　　나아가 저는 지금의 안익태 〈애국가〉를 계속 불러야 한다고 주장합니다.

　　　지금 세대 정도는 아니겠지만, 한때 애국가만 들어도 눈물이 흐르던 시절이 있었습니다. 지금은 주로 텔레비전을 통해서만 접하지만 애국가, 듣기만 해도 뭉클하지 않습니까? 그 감정이 가사 때문일까요? 동해물과 백두산이라는 장엄한 국토로부터 시작해서 대한민국의 무궁한 발전과 번영을 기원하는 가사도 좋지만 무언가 심금을 울리는 이 곡조야말로 애국가의 백미입니다.

친일 전력 이전의 안익태가 예술적 혼을 불어넣어 만든 애국가가 아닙니까? 예술을 이념이나 민족주의의 잣대로 규정하는 것은 이성적인 태도가 아닙니다. 35년의 긴 세월 동안 일본의 지배를 받으면서 우리 민족이 받은 고통을 돌아보십시오. 만약 일본이 불관용의 태도로 우리 민족을 모두 학살하고 씨를 말렸다면 우리는 지금 존재하기 힘들 겁니다.

독립의 때를 기다리면서, 언제가 우리가 해방될 날을 염원하면서 일단은 생존과 유지를 위해서 현실과 타협하고 때를 기다린 사람들도 많습니다. 독립 운동을 하면서 애국한 사람도 있지만 일제의 총칼 앞에 목숨을 부지하면서 불가피하게 현실과 타협한 사람도 있습니다.

한일 관계가 가뜩이나 악화되는 지금 시점에서 안익태 애국가 논란은 바람직하지도 생산적이지도 않습니다. 불가피한 논란과 갈등을 최소화하고 하나 되는 대한민국을 만들기 위해 애국가는 계속 불리워야 하며 거기에 애국가 교체의 비생산적 논쟁은 피하는 것이 좋다는 의견입니다. 이상입니다.

청문하실 분 계신가요?

청문1 : 일제 강점기에 현실과 타협하며 목숨을 부지하고 때를 기다린 모든 사람들을 폄하하자는 게 아닙니다. 그렇지만 그 사람들도 자신들의 삶에 떳떳하지 못한 부분이 있다는 것은 인정할 것입니다. 우리나라가 반민특위 해산으로 반민족행위자에 대한 심판을 못한 숙제가 현재까지 이어지고 있습니다. 그런데 친일행적이 이미 밝혀진 사람이 작곡한 애국가를 국가 상징곡처럼 계속 부른다는 건 우리 민족의 정체성을 훼손하는 일입니다. 앞서 청문을 하신 분도 하신 말씀이지만 2006년 이후 안익태의 친일 행적이 밝혀져 친일파사전에도 실린 인물의 곡을 그 행적을 알면서도 불러야겠습니까? 자라나는 아이들이 다음에 왜 이 노래를 계속 부르게 했냐고 물으면 뭐라 말할 수 있을까요?

신우익 : 질문이 매우 따끔합니다. 그렇게 따진다면 사실 일제 강점기 때 일본의 밥을 안 먹고 산 사람이 누가 있겠습니까? 적극적 친일을 해서 친일사전에 등재된 사실이 강한 친일파라는 걸 증명하지, 애국가 노래 자체는 친일과 무관하지 않습니까? 노래는 노래대로 존중하고 친일파는 친일파대로 역사적 평가를 해야지요. 일제 시대를 겪어낸 시인들을 예로 들어본다면 윤동주와 서정주를 비교할 수 있을 텐데요, 창씨개명을 한 두 사람 중 윤동주는 '잎새에 이는 바람에도 괴로워하'며 끝없이 자신을 반성하고 성찰했습니다. 독립운동 혐의자로 몰려 일본의 감옥에서 차갑게 생을 마감했지요. 해방의 날을 눈으로 보지도 못하고 말입니다. 반면 서정주는 친일에 대한 반성도 없었고, 해방 후에도 문단의 권력자로 한평생을 누리다 갔습니다. 후에 친일부역자, 친일문인 명단에 올라 그의 예술의 정당성까지 의심받으며 치명적인

오점으로 남았지요. 하지만 서정주가 쓴 '국화 옆에서'를 비롯하여 후기 시에 이르기까지 국민들의 사랑을 받으면서 애송시로 자리 잡아 왔습니다. 그렇다고 서정주의 시들이 무시되고 사라져야 할까요? 그건 아닙니다. 서정주에 대한 냉정한 평가는 하되 그의 예술은 존중하고 문학적 평가를 해주어야 합니다.

안익태 애국가 마찬가지로 그의 친일 행적은 비판받아 마땅하지만 애국가의 예술적 가치와 정체성은 길이 보존되어야 합니다. 후손들에게 애국가의 가치를 평가받는 문제는 그 세대들이 그 시점에서 다시 고민할 문제입니다. 지금의 우리가 미래의 청소년까지 고민하면서 미리 걱정할 필요는 없다고 봅니다.

잘 들었습니다. 청문, 더 하실 분 없으신가요? 그럼 말발 받겠습니다.

안유지 : 잠시만요. 저는 2번 안유지 임금입니다. 저 선양하겠습니다.
　　　신우익님의 말씀을 들어보니 제 의견보다 더 타당합니다. 저는 유지하다가 통일 시점에서 자연스럽게 바꾸자였는데, 말씀을 들어보니 굳이 바꿀 필요 없이 유지하자는 의견이 더 공감이 갑니다. 사실 통일이 멀기도 하고 남과 북이 하나로 합쳐지는 일은 없을 겁니다. 그래서 이 시점에서의 의견을 정리한다면 안익태 애국가는 그대로 유지하고 언제가 꼭 바꾸어야 할 역사적 필요성이나 국민적 공감대가 형성된다면 그 때 논의해도 좋겠습니다. 그래서 제 의견에 동의하신 분들 가운데 신우익 임금님께 선양

하는 것에 반대하시는 분들은 표를 찾아가주시고 나머지는 지금 하세하신 신우익 임금님께 표를 선양하도록 하겠습니다.

표를 찾아 다른 곳으로 낸 사람을 제외하고 그 나머지와 새로 표를 내준 사람 것을 합치니 35표.

이렇게 해서 현재까지 하세를 모두 마치고 그 동안 나온 표들을 다시 집계하니
  1번 새아리 33표에서 나젊음에게 선양 후 승천
  2번 안유지 19표에서 신우익에게 선양 후 승천
  3번 양절충 1차 45표, 2차 45표 3차 36표
  4번 나젊음 1차 없고 2차 새아리에게 받은 표 포함 56표 3차 60표.
  5번 오아나 1차 없고 2차 15표, 3차 15표
  6번 신우익 1차 없고 2차 없고 3차 안유지에게 받은 표 포함 48표.
  이렇게 의견도 다양하고 표도 다양하게 나뉘었습니다. 혹시 더 하세 하실 분 계신가요?
  (장내는 고요. 더 이상 하세자는 아무도 없다)

'십자공수'에 들어갑니다. 지금까지 나온 의견에 대해서 하늘님들은 본인이 우리 대한민국의 역사와 현재 그리고 미래를 위해 정말 진실하고 의미 깊은 판단을 했는지 돌아보시고 혹 본인이 생각하는 더 좋은 의견이 있거나 앞서 제시한 말발 의견에 마음의 변화가 있다면 최종적으로 표를

이동하는 시간을 갖겠습니다.

임금님들께서도 혹시 최종적으로 선양 의사가 있으시면 지금 말씀해 주십시오.

(추가로 선양이나 하세하는 사람은 없다. 몇 사람이 나와서 앞서 제시한 말발은 다른 임금님께 옮겨 놓고 들어간다.)

그럼 최종집계 하겠습니다.

앞선 내용은 생략하고 최종결과만 말씀드립니다.

3번 양절충 임금님 최종 30표

4번 나젊음 임금님 최종 77표.

5번 오아나 임금님 최종 18표

6번 신우익 임금님 최종 38표

결과가 나왔습니다. 그럼 하세묵청의 시간을 갖겠습니다. 더 하세할 의견이 있으신 분은 의견을 주시기 바랍니다. 1분 정도 하세묵청 하며 기다리겠습니다.

(1분간 하세묵청)

더 이상의 하세가 없으므로 이제 마음을 모으고 다지는 시간을 갖겠습니다.

뜨거웠던 애국가 논쟁을 거쳐서 안익태 애국가 처리를 어떻게 할 것인가에 대한 여기 계신 임금님들의 최종 결정은 '가장 빠른 시일 내에 안익태 애국가를 폐기하고 온 국민이 참여하는 국민 참여형 애국가 제정 페스티벌을 열어서 새로운 국가를 국민 참여적으로 새로 만든다'입니다. 이 의견에 공감하거나 동의하지 않는 분들도 계실 것입니다. 하지만 화백회의의 취지와 가장 많은 의견을 지닌 하늘님들의 의견을 존중하여 한마음 한뜻으로 결정을 실천하고 시행하는데 마음을 함께 하겠다는 마음의 만장일치, 만인의 의견일치 정신을 다짐하는 시간입니다. 잠시 1분 정도 묵상하시고 한 걸음으로 함께 나아가주시기 바랍니다.

다 같이 묵상.

조용한 침묵의 시간동안 하늘님들은 공동체의 일원으로서의 자기 정체성과 대안 실천의 의지를 다짐합니다.

긴 시간 애쓰셨습니다. 이상으로 안익태 애국가 처리에 대한 화백회의를 마칩니다.

가상의 회의이긴 하지만 화백회의에서 등장하는 모든 내용들이 다 나타난 완벽한 회의 모형입니다. 나름 일리 있는 매우 신선하고 유의미한 회의 방식으로 여기는 분도 계시고 다소 낯선 용어들과 방식, 결말에 대해서 고개를 갸우뚱 하실 분도 계실 것입니다. 이 내용을 바탕으로 화백회의의 취지와 방식, 용어, 철학 등에 대해 좀 더 깊이 들여다보기로 하겠습니다.

화백회의의 절차와 방법

현행 대의민주주의는 권력과 자본의 힘에 휘둘리기 십상인 간접 민주주의임에 비해, 화백회의는 근본적 힘이 공민(公民)에게 있는 직접민주주의입니다. 원주권자(原主權者)인 공민의 권리가 대의제에서처럼 일사부재리(一事不再理)의 원칙에 제약을 받지 않습니다. 고대에는 아시아의 직접 민주주의를 '사회적 명상'이라고 했습니다.

올바른 의미에서의 '민주'와 '집중'을 할 수 있어 '진정한 민주주의와 평등'을 추구하는 세상일의 대의에 부합하는 회의 진행 방식입니다.

화백회의에는 누구나 참여할 수 있습니다. 아무나 함부로 참여할 수는 없습니다. 진심을 담을 때만 참여가 가능합니다. 사람이 곧 하늘입니다. 화백회의는 '하나됨'과 '어울림'의 원칙으로 운영됩니다. 자신의 본래로 돌아가서 '하나됨'과 '어울림'의 공동체에서 살고자 하는 사람들이 누리는 문화가 바로 화백회의입니다. 화백회의는 사회적 명상입니다. 주장의 대립 마당보다는 성찰과 창조의 공간을 같이 만들어갑니다. 시대정신을 한국 전통의 창조적 복원을 통해 구현합니다.

이제 본격적으로 화백회의의 정체를 밝힐 차례입니다.

아직 완성되지 못한 채 살아서 움직이는 생물과 같은 형식. 미완이면서 창조적으로 변형이 가능한 새로운 회의와 토론.

화백회의를 처음 만난 뒤 그 역동성과 창조성에 반했지만 현실성과 적용에는 어려움을 겪던 차에 그 동안 화백회의를 창안하고 고민하고 실험하고 실천해온 김영래, 황선진 두 분과 새롭게 화백회의에 매료된 이창희, 인경화 그리고 저와 훗날 동참한 홍정우 등이 3년 남짓 걸려서 다듬은 내용을 정리하고자 합니다. 물론 뼈대는 전적으로 김영래, 황선진 두 분의 힘이며 거기에 나중에 참여한 사람들이 살을 붙여 만들어진 것임을 알려둡니다.

화백회의란 무엇인가?

김영래(좌계학당장) 창조적 고증
윤중(允中, 초대 마리학교장) 정리

1. 화백회의의 의미

　2017년 대한민국은 새로운 역사를 열어갑니다. 2016년부터 광화문 광장을 가득 메운 촛불의 열기는 국민들이 직접 참여하는 직접 민주주의의 새 마당을 원하고 사람들의 뜻과 정성을 모으는 광장을 필요로 합니다. 모든 사람들이 자유롭게 참여하여 공동체를 이루되 서로를 존중하고 민의를 최대한 결집하는 논의구조가 절실하게 필요한 시대입니다. 그 논의의 마당을 '화백회의'에서 찾으려 합니다.

　화백의 옛 순수 우리말은 '모올도뷔'입니다. 모올도뷔라는 말은 고조선 시대부터 사용해온 우리 옛 말입니다. '모올'은 한없이 열려 있는 어울림의 공동체를 뜻하고, '도뷔'는 자유와 평등과 밝음을 실천하는 큰 선비를 뜻합니다. '모올'은 뒷날 '화'(和)로 훈차되고, '도뷔'는 '백(白)'으로 음차되어 '화백'으로 불리었습니다.

　화백(和白)이 만들어진 뜻은 말 그대로 마을 사람들이 서로 모여 어려운 문제를 해결해나가는 화합의 장을 만들고, 그러기 위해 밝고 아름다운 마음들을 활짝 열어 누구나 자유롭게 말하는 평등한 대화 마당을 열어야

하기 때문입니다.

오늘날 서양에서 비롯된 물질문화에 밀려 역사의 이면으로 사라진 정신과 문화와 정치의 복원을 위해 화백회의를 다시 시작합니다.

화백회의는 공동체를 전제로 합니다. 한 세상을 함께 살아가는 사람들의 공동의 바람이 서려 있는 조직이 바로 공동체입니다. 참된 공동체의 전통이 사라진 지금, 화백회의를 하는 것 자체가 모험입니다. 비록 하나의 뚜렷하고 가시적인 공동체로 묶여져 있지 않더라도, 뜻과 마음만은 공동체 의식을 갖고 있어야 합니다. 그리고 앞으로 그렇게 될 것이라는 공동의 바람이 있어야 할 것입니다. 자연스럽게 회의 참석자들과 그들이 관여하는 공동체와의 충분한 교감과 의사소통이 필요할 터입니다.

화백회의는 실천을 전제로 합니다. 그것도 공동체의 바람을 이루기 위한 중요한 마디에서 이루어지는 실천입니다. 그냥 들러리로 나와 보았다거나, 잠깐 회의 따로, 실천 따로가 되어서는 화백회의의 의의를 올바로 세울 수 없습니다. 회의는 대단히 치열할 수가 있으므로 회의 내내 진정성을 가지고 시간을 전부 투여할 만큼의 의지를 확인하여야 합니다.

화백회의는 그 자체로 하나의 축제였습니다. 공동체 구성원들과 삶의 의의를 나누고, 서로가 서로를 북돋우면서, 하늘나라를 땅위에 옮기는 실천적인 축제입니다. 더불어서 즐거운 마음으로 화백의 정신을 실현해야 합니다.

2. 화백에 임하는 마음가짐

① 모두가 자유롭게 자기 의사를 내놓습니다.

② 자기 의견을 제시하기에 앞서 자기를 내세우지 않고 자기를 낮춥니다.

③ 자기를 낮추기 전에 자기의 참모습을 먼저 돌아봅니다. 그러기 위해 끊임없이 자기에게 이야기합니다. 즉, 다른 사람 말의 꼬리를 잡고 이야기하는 것이 아니라 다만 자신의 의견을 밝힙니다.

④ 자신의 의견과 다른 이야기가 나오면 그 이야기를 들으며 자기 삶의 정신적 영역을 넓혀 갑니다.

⑤ 자신의 주장은 전체 공동체를 위해서 제안합니다. 공동체 전체에 대한 애정을 갖고 공동체가 외형적으로 팽창된 자신의 또 다른 몸임을 자각하고 믿으며, 이 팽창된 몸을 전제로 해서 자기 성찰을 합니다.

⑥ 외형의 팽창이 외형에만 그치는 것이 아니라, 공동체가 곧 내가 되기 때문에 '그 커진 나를 통해 안으로도 나를 더 깊게 하고 더 섬세하게 해나갈 수 있다'는 믿음과 실천이 필요합니다.

⑦ 마음속에서 다른 사람의 주장을 존중하고 나의 주장과 다른 사람의 주장을 결합하며 조화를 이루려는 마음가짐으로 자기주장을 내놓습니다.

3. 화백회의의 진행 요령

가. 참가 주체

화백회의에는 하늘님, 제안자(혹은 임금), 의장(백두 혹은 단군), 판정관 등 네 가지 역할이 있습니다.

① 회의 참여자는 모두 하늘님입니다. 하늘님은 회의에서 최고의 권한을 갖고 있습니다. 평소에 공동체를 위한 공적이 축적되어 있는 사람입니다. 각자가 속한 공동체에서 사명감을 가지고 일하면서 이 화백회의에 참가한 일 자체가 공적으로 인정됩니다. 하늘님들은 언제나 자유로이 자신의 의견을 주장할 수 있으며, 다른 하늘님들의 의견에 말발을 세워줄 수도 있습니다. 의견 주장을 적극적으로 안 하더라도 자신의 공적을 근거로 얼마든지 의사 개진을 할 수 있으며, 거부권을 행사할 수도 있습니다.

② 앞에 나와 좋은 의견을 내놓는 사람을 제안자(혹은 임금)라 합니다. 하늘님 중에서 다른 하늘님의 뜻을 받들어 여러 하늘님들 앞에서 자기 주장(발언)을 하려는 사람은 언제든지 제안자가 될 수 있습니다. 제안자의 자리로 나아가서 자기 공적의 대가로 주어지는 말발권을 내고 자기 주장을 합니다. 그리고 다른 하늘님들이 세워주는 말발을 바탕으로 자기의 주장을 그 공동체의 결론으로 삼기 위해서 노력합니다.

③ 화백(和伯), 의장, 백두(혹은 단군)입니다. 화백(和伯)과 백두는 말 그대로 화백(和白)의 우두머리이자 공복입니다. 회의를 진행하는 사회자의 역할을 합니다. 안건에 대한 자신의 의견은 단 하나도 주장할 수 없습니다. 객관적이고, 공정하게 의사 진행을 합니다.

백두의 어원은 말 그대로 '화백(和白)의 장, 우두머리(頭)'를 뜻하고, '우리 민족의 영산이자 시원이며 백두대간의 시발점으로 남북을 아우르는 출발지입니다. 남북을 아우르고 통일시대를 열어가는 선구자의 의미를 가지며' 신령스러운 백두산 정기를 받은 화백의 장을 의미합니다.

④ 판정관(判定官)입니다. 의견의 중요성에 따라 회의에 어려운 문제가 생길 경우 판정을 하며, 백두의 회의 진행을 도와줍니다.

나. 주요 용어

① 화폐 : 화백회의에는 그 공동체 자체적으로 발행하여 통용되는 화폐를 사용합니다. 생활에 필요하게끔 화폐를 제조할 수 있는 권리는 원래부터 공민(公民)에게 있습니다.

② 말발 : 제안자의 주장에 대해 하늘님들이 자기 공적으로 지급된 화폐로 지지를 표현하는 것을 '말발을 세워준다'고 합니다. 또한 하늘님들은 언제든지 그 주장에 대하여 지지를 철회할 수도 있습니다. 말발을 실어주는 하늘님은 말을 하지 않습니다. 제안자로 하세(下世)하여 말

발을 받기 위해서만 말을 할 수 있습니다.

③ 형님 제안자, 아우 제안자 : 제안자는 동시에 여러 명이 존재할 수 있습니다. 예를 들어 A라는 제안자가 A'주장을 하는 데에 대하여 B라는 제안자가 B'주장을 할 수 있습니다. 이때의 주장은 보완하는 것일 수도 있고, 완전히 상반되는 것일 수도 있습니다. 기조가 되는 의견을 제시하는 사람이 형님 제안자이고, 그 의견을 수정하거나, 보완하는 사람이 아우 제안자입니다. 보완하는 사람도 제안자요, 상반되는 주장을 하는 사람도 제안자입니다. 하나의 의견으로 결정되어 가는 과정에서 여러 제안자들은 차례차례 자리로 돌아가(승천하여) 다시 하늘님이 됩니다.

④ 선양(禪讓) : 제안자들이 하세하여 의견을 제시한 뒤에 서로 비슷하거나 더 좋은 의견에 자신의 표를 몰아주며 자리에서 물러나는 행위를 말합니다. 형님과 아우 제안자 사이에서 이루어지거나, 독립적으로 하세한 제안자 사이에서 이루어집니다.

⑤ 상쇄 : 모든 회의는 크게 나누어 의견을 정리하는 방법과 의견을 성숙시키는 방법의 결합으로 되어 있습니다. 화백회의에서는 의견을 정리하는 방법으로 표를 서로 상쇄합니다. 어떤 의견에 대해서 반대하는 의견뿐만 아니라, 새로운 내용을 첨가하거나, 약간 수정할 때도 상쇄하는 방법을 씁니다. 제안자 즉 의견 제시자들이 서로 경쟁을 하지 않으면서도 하늘님들이 실어주는 말발로 정리를 할 수 있습니다. 하늘님

들이 세워주는 말발에 의하여 말발의 세기가 달라지고, 각 말발의 세기는 서로 '상쇄'됩니다.

⑥ 말발권 : 앞에 나와서 제안을 하거나 다른 제안자들의 의견에 지지의 뜻을 표할 때 사용합니다. 앞에 나와서 제안할 때나 힘을 실어줄 때 자신이 지닌 말발권을 최소한 1장부터 본인이 소유한 모든 말발까지를 지지의 뜻으로 보태줄 수 있습니다. 보통 회의에서 말발권은 회의 규모에 따라서 1인당 3~5장 정도를 받고서 시작합니다. 말발권은 제시, 회수의 절차를 거치므로 말발 화폐에 이름을 반드시 적습니다.

⑦ 청문권 : 회의 과정 중에 궁금한 내용에 대해 질문을 할 때 쓰는 화폐입니다. 타인의 의견에 대해서 지지 발언을 하거나 자신의 주장에 대한 보충 발언에도 쓰입니다. 다른 사람에게 묻지 않고 스스로 생각한 바를 묻고 발언하는 것을 자기 청문이라고 합니다. 보통 회의에서 청문권은 2~3장을 받습니다.

다. 회의의 구체적 진행

① 입장과 화폐 제공 : 회의장에 들어서면 공덕을 상징하는 화폐를 받습니다. 회의에 참가하여 현안문제를 함께 논의하는 것 자체가 공덕을 쌓는 일이므로 주최 측에서는 회의에 참가한 이들에게 대표성을 부여한 단체의 구성원들을 대신해서 화폐를 건넵니다.

② 의제 발표 : 덕장 회의를 거쳤거나 주최측에서 미리 접수하여 정리한 안건을 발표하고 참가자 전원의 동의를 받습니다. 보통 3분의 1이상이 동의하면 의제 채택이 이루어집니다.

③ 안건 제안 : 결정된 의제에 대해 안건의 제안자들이 나와 그 안건을 결의문의 내용으로 채택해야하는 정당성을 주장합니다. 의견을 개진할 제안자가 특별히 정해지지 않았을 경우 하나의 논의사항에 대하여 자신의 주장을 개진할 사람은 제안자 자리로 나와서 개진합니다.

④ 안건 보충 : 기조가 되는 의견을 수정하거나 첨가하려는 제안자가 나올 경우, 기조 의견을 낸 사람이 형님 제안자가 되고 보충 안건을 내는 사람은 아우 제안자가 됩니다.

⑤ 말발지지 : 제안된 안건과 주장에 동의하는 참가자들은 의견 대표자에게 자신이 가진 화폐를 신중하게 내놓습니다. 가지고 있는 공덕(화폐)이 한계가 있고 만일 가장 원하는 안건에 다른 안건과 비교해서 많은 화폐를 걸었을 때 그 안건을 지지하는 참가자들이 극소수라면 자신의 공덕은 사라집니다. 그때 지지말발의 효과는 더 많은 지지를 받은 사람에게 옮겨지거나 최초의 소유자에게 회수됩니다.

⑥ 말발 이동 : 화폐는 의견을 지지하는 도구지만 동시에 거부권을 행사하는 도구입니다. 즉, 매번 새로운 제안자가 등장하여 토론이 진행되

는 동안 자신의 생각이 바뀌면 지지했던 화폐를 빼서 다른 사람에게 줄 수 있습니다. 공정을 기하기 위해 화폐를 거는 것을 도우미가 기록합니다. 화폐를 뺄 때는 먼저 건 사람부터 뺍니다.

⑦ 1차 수직 선양 : 하세자가 모두 나오면 의장은 형님과 아우님 제안자 사이의 선양을 선포합니다. 제안자 가운데 같은 줄에 앉은 형님과 아우님들을 서로 의견을 조율하여 하나로 통합하여 나갑니다. 통합하면서 가장 좋은 의견 제안자에게 자신의 의견을 바치고 물러나는 과정을 선양이라 합니다. 선양의 결과가 맘에 들지 않으면 선양의 절차를 지켜보던 하늘님들은 자기가 제시한 말발을 회수할 수 있습니다.

⑧ 2차 수평 선양 : 1차 선양을 마치면 동등한 항렬에 위치한 형님 제안자 사이에서 2차 선양을 진행합니다. 이때도 하늘님들은 본인이 제시한 말발이 원하지 않는 제안자에게 갈 경우 자신의 말발을 회수하여 자신이 원하는 곳으로 다시 옮길 수 있습니다.
제안자들은 선양의 과정에서 더 이상 자신의 의견에 상대편의 화폐를 상쇄시킬 수 있는 만큼의 화폐가 지원되지 않거나 자신의 공덕이 부족할 경우 포기하거나 다른 의견을 내놓을 수 있습니다. 결국 소수 의견이 되면 합의에 이르는데, 비록 자신들의 의견이 관철되지 않았지만 공정한 토론을 통해 모아진 다수의 결의에 자신의 공덕을 바칩니다.

⑨ 명상(하세묵청) : 마지막으로 말발은 옮기기 전에 1분 동안 명상을 합

니다. 본인의 선택에 최선을 다하고 책임지는 자세를 다짐하는 시간입니다. 회의의 결과를 겸허하게 수용하고 결정을 따라 자기 삶을 변화시키겠다는 결의를 새롭게 합니다.

⑩ 상쇄 : 명상 뒤에 말발의 이동을 마지막으로 권유하고 더 이상 하세자나 말발 이동자가 없으면 각 제안자가 최종적으로 선택받은 말발들을 헤아려 하늘님들께 공포(公布)합니다.

4. 화백회의 7문 7답

1. 용어, 명칭 : 반드시 규정대로 사용해야 하나요?

답 : 하늘님, 제안자, 백두, 판정관은 기본 명칭입니다. 가급적 살려쓰지만, 제안자 대신에 임금님으로, 화백, 백두, 단군 대신에 의장을 써도 좋습니다. 그 모임의 특성에 맞는 적절한 이름들이 있다면 본래의 취지를 훼손하지 않는 범위 내에서 응용이 가능합니다. 다만, 화백 고유의 정신을 생각한다면 가급적 원래의 이름을 살려 쓰는 것이 좋습니다.

2. 화백회의의 시간과 공간 배치는 어떻게 하나요?

답 : 먼저 시간. 화백회의는 2시간을 기본으로 하되 사안의 특징과 구성원의 숫자 등에 따라 유연하게 적용합니다.

기본 순서의 시간은 '참가자 소개(10분)-화백회의 방법 안내(5분)-의

안 제시(5분)-하세와 제안 및 말발 실어주기(1시간 내외)-수직선양(10분)-수평선양(10분)-명상(2분)-의결신탁(3분)-공표 및 다짐과 수용(5분)'이며 각 단계마다 융통성을 발휘해서 사용합니다.

공간은 단상 앞에 화백이 자리하고 그 앞으로 하세하여 제안자들이 발언하는 자리를 배치합니다. 제안자들은 발언 후 자리를 지킵니다. 회의장 앞에 한쪽은 서기, 한쪽은 판정관의 자리를 배치합니다. 결과를 전체에게 알리는 의결신탁도 둡니다.

주권자인 하늘님들은 뒤쪽이나 원형으로 자리하며 제안자의 자리에 오르는 하세와 선양 후 자리로 돌아가는 승천 과정을 시행합니다.

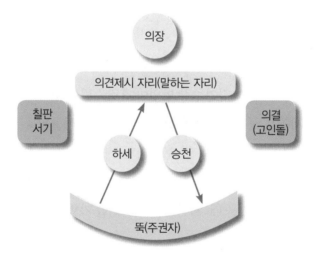

3. 의장과 판정관의 역할 분담은 어떻게 되나요?

답 : 일반적인 회의에서는 의장과 서기를 두지만 화백회의에는 판정관이라는 독특한 역할이 있습니다. 판정관은 회의 전반을 살펴보며 의장

이 회의 진행 과정에 착오가 있을 경우 조언을 하거나, 회의 진행에 문제를 제기할 필요가 있을 경우 하늘님들의 동의를 받아 회의를 바로잡을 수 있습니다. 의장은 판정관의 문제제기가 타당할 경우 수용하지만 부당하다 판단할 경우 무시할 수 있습니다. 판정관은 1회에 걸쳐 의장의 진행에 대한 문제점을 하늘님들에게 물을 수 있으며 하늘님들이 판정관의 의견을 지지하면 의장은 판정관의 문제제기를 수용하고, 하늘님들이 의장을 지지할 경우 판정관은 사퇴합니다. 그 경우 대기중인 2차 판정관이 다시 판정관 역할을 합니다.

(일반적인 회의, 모임에서 굳이 판정관을 두지 않을 수 있습니다. 현대인들에게 익숙하지 않은 제도라서 화백회의를 심층적으로 이해하기 전에는 사용을 권장하지 않습니다.)

4. 청문의 경우 질문과 자기주장 발언이 혼란스럽습니다.

답 : 청문(聽問)은 경청과 질문이 결합된 말입니다. 하늘님들은 잘 듣고 궁금한 내용에 대해서 질문할 수 있지만, 자기주장에 대한 보충 설명이 필요하거나, 회의에 참여한 전체 하늘님들에게 꼭 하고 싶은 자기 내면의 목소리가 있을 때, 제안자들도 발언할 기회를 갖습니다. 이를 자기 청문이라고 합니다.

5. 선양을 왜 하나요?

답 : 두 번의 선양 과정을 다른 말로 십자공수(十字共授)라 합니다. 화백(和白) 회의의 '명상적 효과'를 발현하기 위해서는 '하늘님들-제안자

들' 관계에서 '말발을 활발하게 주었다 뺏다' 하는 관계(수직적 관계)가 원활하게 일어나야만 특정 제안자 의견에 유착(癒着)되는 상태를 방지할 수 있습니다. 또 제안자들 상호간의 관계(수평적 관계)에서 역시 말발을 원활하게 주고받는 관계가 되어야만 '사회적 명상 효과가 활발하게 일어납니다. 이를 '십자공수(十字共授)'라고 합니다. 구체적으로는 최종 의결을 하기 전에, 하늘님들이 더 좋은 의견에 귀를 기울이게 하는 것입니다. 선양은 여러 의견을 통합하여 최선을 의견을 찾아나가는 뜻깊은 활동입니다.

6. 상쇄라는 말이 어렵습니다.

답 : 상쇄는 화백회의 초기 실천자들에게는 권하지 않습니다. 개념이 조금 어렵기 때문인데요 쉽게 설명하자면, 가장 많은 의견과 다른 의견 상의 표차를 헤아려 보는 일입니다. 좋은 주장이 만장 일치의 지지를 받으면 좋지만 다양성이 중시되는 사회에서 쉽지 않은 일이지요. 제안자들의 토론이 끝난 후, 자신이 찬성한 의견과 반대의견을 지지하는 공덕(보은화폐)의 양을 비교하여 서로 상쇄를 시키므로 자신의 의견 쪽이 양이 적을 경우 적은 쪽의 모든 의결권이 죽게 되어 그 다음 회의에 내걸린 안건 중 자신이 가장 결의문에 포함시키고 싶은 또 다른 안건을 통과시킬 수 있는 여력이 없어집니다. 이 상쇄의 법칙은 화백회의를 통해 직접민주주의를 실현할 수 있었던 근간이 되는 만인일치(萬人一致)를 이끌어 내기 위한 가장 기본이 되는 법칙 중 하나입니다. 화백회의는 공동체의 현안문제를 그야말로 실시간(

實時間)으로 전체의 의견을 모으고 구체적인 문제를 해결하는 방법입니다. 아울러 공동체 전체의 이익을 보장하기 위한 만인일치를 이끌어 내기 위해서 상충되는 관점들을 즉각적으로 상쇄시킴으로서 합을 이끌어 내기 때문에 신중을 기해야 합니다.

7. 화백회의가 만장일치제도라는 말이 있습니다. 사실인가요? 그게 가능한가요?

답 : 회의에서는 한 안건에 대하여 언제나 한 의견만 살아남게 됩니다. 또한 의견 개진 과정에 앙금이 남지 않습니다. 충분한 의견 개진 기회가 주어지며, 개진된 의견에 대한 거부권이 하늘님들에게 있습니다. 하나의 주장은 의사 진행과정에서 보완(삭제와 첨가)되어 회의 참석자 전체의 의견이 수렴된 모습으로 가꾸어져서, 공동체의 결정으로 됩니다. 그 결정대로 실천이 이루어집니다. 그러나 시-공간이 달라지면, 그 결정은 다시 내려지게 됩니다. 서양의 민주주의는 직렬식이지만, 화백 민주주의는 병렬식에서 나선형으로 확산되어 갑니다. 직렬식은 의사결정 기회가 한 번밖에 없지만, 병렬식은 언제든지 다시 의사결정을 할 수 있습니다. 한 번의 결정이 미치는 권위는 제한되어 있습니다. 그러나 하늘의 뜻에 부합하는 정당한 결정은 언제든지 유효합니다. 모든 것은 하늘의 뜻에 달려 있습니다. 그리고 모든 사람은 하늘입니다.

끝으로 화백회의 자체는 사실 어려운 것이 아닙니다. 단지 일반적인 회의방식과는 워낙 다르기 때문에, 어찌 적응할지 사람들이 어색해 할 뿐입니다. 따라서 '배움'(學)도 필요하지만 '익힘'(習), 즉 한번 해봄으로써 이해가 되는 회의이기도 합니다. 배우고 익히는 과정 하나하나가 하늘의 뜻을 이 땅에서 이루는 일일 터입니다.

앞서 화백회의의 사례를 보여드리기도 했지만 여전히 화백회의 자체에 대해서 어렵게 여겨지거나 다양한 의문 사항이 생길 것입니다. 다시 고백하건대 화백회의는 완벽하거나 절대적인 완성품이 아니라 끝없이 도전받고 수용하고 변화하고 진화하는 회의, 토론 방식입니다. 화백회의를 현장에서 꾸준히 실천하고 계시는 분으로 김포 시민 활동가이신 김치국 선생님이 계신데 그분은 나름의 매뉴얼을 정리하고 계십니다. 방법과 절차에 대해서는 조금 더 어렵기 때문에 별도 소개는 생략합니다. 그분이 정리한 마지막의 내용들을 소개하면서 화백회의에 대한 정리를 마칩니다.

화백회의의 특징 ✎

1. 언제든지 자기 생각을 바꿀 수 있습니다.
2. 자기 권리를 양도하지 않습니다.
3. 말하고 생각하는 자신을 관조(觀照)합니다.

화백회의의 의사결정의 장점 ✎

1. 소수의 의견도 고스란히 반영합니다.
2. 의견그룹끼리 극단적인 대립을 피할 수 있게 합니다.
3. 타협과 양보를 쉽게 합니다.
4. 발언이 독점되지 않습니다. 진정한 평등이 실현됩니다.
5. 화백회의는 사회적 명상이 이루어집니다.

화백회의와 씨올 정신

여러 현장에서 화백회의를 할 때 나타나는 최대의 고민은 하늘님들에 대한 믿음입니다. 무슨 말일까요? 회의에 참여하는 모든 하늘님들이 정말 순수하고 이상적인 마음으로 하세한 임금님들에게 지지표를 던지는 행위를 할까요? '인간이기 때문에 나약하고 정에 끌리며 때로는 이해타산의 마음이 작동해서 회의의 취지를 흐리지는 않을까' 하는 마음은 없을까요? 믿어야 하고, 믿기도 하지만, 일말의 불안과 회의. '인간은 완벽한 존재가 아닌데 어떻게 믿어요'라고 속삭이는 그 마음. 회의(懷疑)와 불신의 씨앗이 완전히 사그라지지 않고, 적어도 화백회의 현장에서 그 마음을 떨치지 못한다면 진정한 화백회의는 성립하기 어렵다는 말입니다.

화백회의의 목적이 여러 가지가 있지만, 그 가운데 하나는 화백회의를 통해 인간의 가장 고양된 정신, 영적인 능력을 키우고자 하는 목적이 있습니다. 믿어야 합니다. 인간은 순수합니다. 그 뛰어난 정신의 추구와 실현이 우리 화백회의의 목적입니다. 어떤가요? 인간의 아름답고 정의로운 마음을 믿습니까, 당신은?

화백회의를 연구하고 실천하면서 쉼 없이 고민했지만 아직 해결하지 못한 미완의 문제입니다. 돌아보면 이 문제는 오랜 역사적 전통과 철학적 깊이를 지닌 매우 어렵고 중요한 문제이기도 합니다. 어쩌면 화백회의의 궁극적 목적과 연관되어 있습니다. 인간의 자기 성찰과 본성의 실현. 본성? 어떤 본성? 이 이야기를 풀기 위해 다석 유명모 선생과 함석헌 선생이 우리에게 들려준 '씨올'의 이야기로 들어가보겠습니다.

지금은 돌아가셔서 그 영향력이 미미하지만 함석헌 선생님이 살아계신 1980년대만 하더라도 '씨올'의 의미는 사람들에게 적잖은 영향력이 있었습니다. 지금 세대들에게는 낯설기만 한 '씨올'. 그 의미부터 알아보겠습니다.

화백회의에 참여하는 주체들을 하늘님이라 부를 때, 당연히 동학의 인내천 사상을 떠올립니다.

'모든 인간은 거룩한 하늘님입니다. 하늘처럼 높고 귀한 존재입니다.'

화백회의는 그런 분들이 모여서 최선의 방안을 찾아나가는 깊은 영성의 자리지요. 의미는 통하지만 '하늘님'이라는 말 역시 '씨올'만큼이나 낯설고 멀지만 심층적으로 들어가면 그 둘은 사실 하나입니다.

씨올이라는 말을 다시 환기한 것은 위대한 영혼의 상징 마하트마 간디 덕분이었습니다. 간디가 쓴 자서전을 보면 인상적인 장면이 있습니다. 그

책에는 간디가 주창한 운동이 나옵니다. 진실의 힘을 믿고 따르는 '사티아 그라하'라는 비폭력 정의 실천 운동인데 그 운동 과정에서 그 정신을 이해하고 체득하지 못한 사람들이 운동에 참여했을 때 벌어지는 폭력과 갈등의 양상을 보고 간디가 자신의 잘못을 반성하는 장면이 있습니다. 간디는 그것을 '히말라야적 오산'이라고 불렀는데, 자신의 잘못을 태산처럼 큰 히말라야에 비유했고 그만큼 잘못이 크다는 뜻입니다.

앞서 간디는 군중들의 폭동을 폭력적으로 진압하는 영국 지사들과 논쟁을 벌입니다. 군중들은 무리지어 활동할 때 본능대로 움직이면서 폭력적인 행동을 하는데 그들을 선동했다고 주장하는 영국 지사와 그들의 천성은 사납지 않고 순하며 사티아그라하 정신을 체득한다면 온전히 평화롭고 비폭력적인 운동이 가능하다는 간디 사이에서 팽팽한 논쟁이 벌어집니다.

이 〈간디 자서전〉을 번역한 이가 바로 함석헌 선생님입니다. 그분은 독립운동을 하면서 주권을 찾아가려는 인도 민중을 씨올로 번역했는데 그 대목을 잠시 읽어보겠습니다.

그래서 나는 지사 그리피스 씨의 사무실로 갔다. 사무실로 올라가는 층계 맨 위에서 아래까지 무장한 군인들이 서 있었다. 전투에 돌입하기라도 하려는 것 같았다. 베란다가 온통 떠들썩하였다. 사무실에 들어서니 보링 씨가 그리피스 씨와 같이 앉아 있었다.

나는 지사에게 내가 목격한 장면을 설명했다. 그는 간단히 대답했다.

"나는 행렬이 요새로 가는 것을 원치 않습니다. 거기 가면 분란은 피치 못할 것이기 때문입니다. 권고를 했지만 군중이 듣지 않았기 때문에 부득이 기마대에게 군중 속으로 들어가라고 명령했습니다."

"그러면 결과가 어떻게 되리라는 것을 아시지 않습니까? 말이 사람을 짓밟을 것 아닙니까? 기마대를 보낼 필요는 없었다고 생각합니다."

하고 나는 말했다.

"당신은 그것을 모릅니다. 당신이 군중을 가르친 결과가 어떤지는 우리 경찰관들이 당신보다 더 잘 압니다. 만일 우리가 과감한 조치를 취하지 않았다면 사태는 걷잡을 수 없었을 것입니다. 군중은 당신의 힘으로는 도저히 어떻게 할 수 없게 되었을 것입니다. 법에 대한 불복종이라면 그들은 무조건 좋아했을 것입니다. 그들은 질서를 유지해야 한다는 것을 이해하지 못합니다. 당신의 의도는 나도 잘 압니다. 그러나 군중은 그것을 이해하지 못합니다. 그들은 본능대로 행동하고 말 것입니다."

하고 그리피스 씨는 말했다.

"그 점이 저의 의견과 다른 점입니다."

하고 나는 대답했다.

"씨올의 천성은 사나운 것이 아니라 순한 것입니다."

이와 같이 우리는 장시간 논쟁을 했다. 나중에 그리피스 씨는 이렇게 말했다.

"그렇지만 생각해 봅시다. 당신의 가르침이 씨올 속에 먹혀들지 않았다면 어떻게 하시겠습니까?"

"정말 그렇다는 걸 확인하게 된다면 시민의 불복종을 중지하겠습니다."

씨올은 백성, 국민, 민중을 의미하는 순수한 우리말입니다. 함석헌 선생님에 따르면 씨올은 '자신을 모든 역사적 죄악에서 해방하고 자신의 역사를 새롭게 창조할 수 있는 주체'입니다. 화백의 주권자인 하늘님의 정신에 맞지요. 독재정권 시절 민주화 운동을 하던 국민을 나타내던 말로 민중이라는 말이 있습니다. 당시에는 이 민중을 계급적으로 이해하는 사람이 많았습니다. 민중투쟁, 민중계급. 민중이라는 말에 불온한 혐의를 씌우려는 권력자나 사람들도 있어 민중은 매우 불온하고 폭력적인 반국가 단체를 만든 사람들처럼 오해받기도 했습니다. 한편에서는 실제 민중을 천한 계급, 낮은 계급, 가난한 사람이나 프롤레타리아의 의미로 써서 기득권을 가진 권력에 맞서는 주체로서의 국민을 뜻하기도 했습니다. 이 민중의 개념을 '생명을 지닌 거룩한 존재' 즉 '생명의 담지자로서의 민중'이라는 새로운 의미를 불어넣은 사람도 있습니다. 1970년대 민주화 운동의 상징적 인물이었던 시인 김지하는 80년대 초반에 생명 사상을 제시하면서, 인간만이 아니라 생명을 지닌 모든 주체 즉 풀, 벌레, 나무와 능금, 바람까지도 모두 생명적 주체이고 이들 모두가 민중이라는 넓은 의미의 민중 개념을 정립했습니다.

씨올은 이 넓은 의미의 민중, 생명을 지닌 거룩한 주체로서의 민중 개념에 가깝습니다. 고통 받는 자기 현실을 자각하되 상대를 원수나 적으로 여기지 않고 끝내 품어 안아 같이 해방되어야 할 또 다른 주체로 인식하면서, 그들에게 평화와 비폭력과 시민 불복종으로 맞서는 당당한 주체적 인간이 바로 넓은 의미의 민중이자 씨올입니다.

이러한 민중적 자각이 선결되지 않은 상태에서의 운동은 위험하고, 실제 그 과정에서 군중들이 비폭력 정신을 실현하지 못한 집단 행동을 하는 것을 본 간디가 자신을 자책하면서 반성적으로 쓴 표현이 '히말라야적 오산'입니다.

화백회의를 진행하면서 종종 겪습니다. 시작할 때 분명히 화백의 의미를 설명하고 하늘님의 역할과 표결에 있어서 감정에 이끌리지 말고 최고의 영적인 능력을 동원하고 이성적인 판단을 내려 본인의 양심이 추구하는 바와 가장 어울리는 좋은 의견에 표를 주라고 해도 모두가 그런 행위에 이르지는 못했습니다. 평범한 인간들이 자기 욕망과 이해 관계를 넘어서기 어려운 까닭입니다. 그래서 화백을 다년간 연구하고 실천해온 어떤 분은 '화백은 아무나 하지 못하고 깨달음과 정화가 된 사람들만이 화백의 주체가 되어 회의에 참석할 수 있다'고 말씀하셨습니다. 저는 전적으로 동의하지 못하지만 그분의 말씀이 어떤 뜻을 담고 있는지는 충분히 공감합니다.

화백회의를 진행하다보면, 회의에 참여한 아이들 가운데는 하세한 사람의 의견이 너무 부족해 거의 아무런 표를 받지 못할 때 동정의 뜻을 담아 그에게 표를 주기도 합니다. 혹은 정말 자기와 친하다는 이유만으로도 지지표를 건네는 때도 있습니다. 가장 나쁜 경우는 공동체의 화합과 창조적 대안 창출이라는 화백의 대의를 외면한 채 전적으로 자기 자신의 개인적인 이익 혹은 화백회의 참여자 내의 소수 집단의 이익만을 대변하여 의도적으로 표를 조직하고 세력화하기 위해 표를 몰아주는 행위입니다. 〈선덕 여왕〉의 사례처럼 공동체 구성원으로서의 자격과 신념 없이 이익집단의 의사결정 도구로 화백회의가 쓰일 경우 나타날 문제점이지요.

그래서 '화백회의는 누구나 할 수 있지만 아무나 해서는 안 된다'는 명제가 탄생합니다. 무릇 생명을 지닌 모든 존재, 씨올들은 누구나 화백회의의 주인이 될 수 있습니다. 하지만 하늘님의 본분을 망각한 채 작은 이익에 눈이 멀어 화백회의의 정신을 침해하는 사람들은 화백회의의 자리에 참여할 자격이 없습니다.

회의에 참여한 본인 스스로를 돌아보아 씨올머리 있는 사람, 하늘님으로서의 자격을 스스로에게 부여할 때 당당하다면 그는 화백의 주인이 될 것이요 그렇지 못하다면 자신과 이웃과 하늘을 속이는 부당하고 불의한 인간이 될 것입니다.

배추처럼 순수한 마음을 지닌 시인, 나희덕의 시 한 편이 떠오릅니다. 화백회의를 통해 모두 이런 마음을 배웠으면 좋겠습니다.

> 배추에게도 마음이 있나 보다
> 씨앗 뿌리고 농약 없이 키우려니
> 하도 자라지 않아
> 가을이 되어도 헛일일 것 같더니
>
> 여름내 밭둑 지나며 잊지 않았던 말
> - 나는 너희로 하여 기쁠 것 같아

- 잘 자라 기쁠 것 같아.
늦가을 배추 포기 묶어 주며 보니
그래도 튼실하게 자라 속이 꽤 찼다.

- 혹시 배추벌레 한 마리
이 속에 갇혀 나오지 못하면 어떡하지?

꼭 동여매지도 못하는 사람 마음이나
배추벌레에게 반 넘어 먹히고도
속은 점점 순결한 잎으로 차오르는
배추의 마음이 뭐가 다를까?

배추 풀물이 사람 소매에도 들었나 보다.
〈나희덕, 배추의 마음〉

화백회의의 철학과 세계관 – 라쇼몽

" 진리를 모르는 자는 바보에 지나지 않지만 , 진리를 알면서도 그것을
황당무계한 말로 호도하는 자는 죄인이 된다."
-브레히트, 갈릴레이의 생애

생의 그물 같은 문 앞에서, 단 하나의 진실은 존재하지 않는다.
혼탁한 세상에서 인간은 다만 진실을 희망할 뿐
- 유동걸

세상에서 가장 위대한 탑, 하면 누구나 피사의 사탑이나 파리의 에펠탑
을 떠올리리겠지요.

그럼 세상에서 제일 위대한 문(門)하면 사람들은 무엇을 떠올릴까요?
남대문? 광화문? 글쎄 세계 여행을 많이 다녀보지 못한 사람들에게 외국
의 유명한 문은 쉽사리 떠오르지 않을지도 모릅니다. 국내에서 찾으라면

우리 한국 사람에게야 광화문이나 남대문이겠지만, 아무리 국보 1호라 해도 세계적으로 알아줄만한 문은 아니지요.

토론과 관련해서 많은 고민을 하던 제게 가장 멋진 문은 일본의 〈라쇼몽(羅生門)〉이 아닐까 싶습니다. 물론 이 문은 실재의 문이 아니고 소설이나 영화 속에 등장하는 문입니다. 그리고 문 자체는 아주 볼품없고 기괴하며 공포스럽고 다 헐어빠진 낡은 문에 불과합니다. 하지만 구로사와 아키라 감독이 만들고 개봉 다음해 51년 베니스 영화제 그랑프리 수상의 영예를 안으면서 세인을 놀라게 한 이 문이야말로 확고한 진리의 문턱에 선 자들에게 경종을 울리는 위대한 사상의 문이 아닐까요?

토론하고 논쟁하는 사람들에게 진리란 무엇일까요?

그들의 말은 어느 정도의 진실을 담보하고 있으며, 진리를 확신하듯 토해내는 그들의 말 속에는 진리에 대한 자기 확신이 얼마나 담겨 있을까요? 한국 사회 토론 문화의 현주소를 알려주는 〈라쇼몽〉, 그 속에서 토론하는 자들의 말과 진실의 함수 관계를 찾아보고 화백회의에 임하는 태도와 연관지어 생각해 보고자 합니다.

언론과 정치, 경제 어디를 봐도 진실은 좀처럼 찾아보기 힘들고 가짜 뉴스와 풍문만 난무하는 시대, 고전적인 영화 〈라쇼몽〉은 우리 시대 토론 문화의 현주소를 극명하게 보여줍니다. 우선 그 유명한 이 영화의 줄거리.

한 남자가 죽었습니다.

칼에 찔려 잔혹한 모습으로 쓰러진 시체를 산에 나무하러 갔던 한 나무꾼이 발견해서 관청에 신고합니다. 죽은 사내는 누구이며, 도대체 누가,

왜 죽였을까요?

주변 수사를 거쳐서 불려온 증인은 죽은 사람을 포함해서 3명. 아니 발견하고 신고한 사람을 더하면 모두 네 사람입니다. 다조마루라는 당대의 유명한 악당, 죽은 사내의 아내, 산 무당의 입을 빌려 증언하는 죽은 사내 자신 그리고 시체를 발견하고 신고한 나무꾼, 이렇게 말입니다. 과연 이 네 사람의 증언을 합치면 죽은 사내가 품고 간 죽음의 진실을 밝혀낼 수 있을까요?

영화는 억수같이 비가 쏟아지는 어느 날. 낡은 절의 일주문 정도로 보이는 라쇼몽 앞에서 고승과 나무꾼의 대화로 시작합니다. 이유를 알 수 없는 공포에 싸인 나무꾼의 "무섭다, 무서워"라는 절규 앞에 이유를 묻는 고승, 그리고 거기에 지나가던 사람이 합세하면서 나무꾼의 이야기는 환상 같은 상황 속으로 빠져듭니다.

나무꾼은 관청에서 살인사건의 관계자들이 한 증언을 듣고 온 이야기를 들려줍니다. 각기 자기의 관점에서 상황을 전하는 세 사람 즉 악한 다조마루, 죽은 사내의 아내, 그리고 죽은 사내가 무당의 입을 빌려서 한 이야기를 차례로 들려줍니다.

일컬어 '살인의 재구성'이라고나 할까요.

1. 첫 번째 증인은 다조마루라는 악한입니다.

산들바람이 불어와서 자기 앞을 지나가는 여인의 얼굴을 보지 않았다면, 결코 살인을 저지르지 않았을 거라는 사내. 그는 여인을 태운 말이 자기 앞을 지나는 순간 바람에 여인의 모자가 살짝 올려져 아리따운 얼굴을 드러낸 순간, 불타오르는 탐욕을 주체하지 못합니다. 당대 검술계의 초고수였던 다조마루는 지름길로 달려가 여인을 말에 태우고 데려가는 사내를 꾀어 무기를 만든 곳으로 그를 유인합니다. 거기서 사내를 완력으로 제압한 그는 사내를 묶어두고, 여인이 있는 곳으로 달려와 다시 여인을 사내 앞으로 데려갑니다. 그리고 사내가 보는 앞에서 여인을 겁탈하고는 그 자리를 미련 없이 떠나려고 합니다. 하지만 급박하게 달려드는 여인의 앙칼진 요구,

"당신이 죽든지 남편이 죽든지 어느 한 쪽은 죽어야 해요. 두 남자에게 욕을 당하느니 차라리 죽는 게 나아요. 선택은 한 가지. 둘 중에 살아남는 사람을 따르겠어요."

다조마루는 여인의 말들 듣고 사내를 묶은 줄을 풀어준 후 목숨을 건 결투를 벌입니다. 이 대목에서 다조마루가 목에 힘을 주어 말하는 부분은 사내와의 당당한 결투. 당대의 어느 고수도 자기 칼을 20합 이상 받아낸 자는 없었다면서 자기 칼을 23합이나 받아낸 그 사내야말로 진정한 고수임을 주장합니다. 물론 그 사내를 죽인 자기야말로 진짜 고수라는 뜻이겠지요.

여기까지가 다조마루의 진실입니다. 그는 여자의 남편과 벌인 정정당당한 결투에 의해서 살인에 이르게 되었지만 그게 일방적 살해는 아니었

으며, 그러기에 자신은 떳떳하고 당당합니다. 적어도 자기는 소문처럼 끔찍하고 비겁한 악한이 아니라는 항변입니다. 그에게 진실이란 대결의 정정당당함과 자신의 영웅적 자세입니다. 살인의 정당성?

2. 두 번째 증언자는 피살자의 아내.

여자는 자신을 욕보인 다조마루가 남편을 조롱하며 떠난 뒤에 남편 앞으로 다가갑니다. 아내가 겁탈당하는 장면을 생생히 바라봐야만 했던 남편은 석상처럼 말이 없습니다. 꼼짝없이 앉아서 앞을 응시하는 남편. 그 누구도 마주하기 힘든 생생한 남편의 눈빛에서 여인은 분노의 감정을 읽습니다. 아니 너무나도 차가운 증오의 눈빛.

"싫어요 그런 눈으로 보지 말아요. 날 때려도 좋고 죽여도 좋아요."

어쩌면 이게 여인의 진실일지 모릅니다. 하지만 여인에게 더 괴로운 건 겁탈의 괴로움보다 겁탈당하고도 멀쩡히 살아있는 자신을 질책하는 남편의 시선.

"하지만… 제발 그렇게 쳐다보지 말아요"

이 여인은 사실 그 자체보다도 사실 이후의 해석과 시선이 더 괴롭고 진실한 자기 현실이라고 생각했는지도 모릅니다. 단도를 가져다 남편을 묶은 줄을 끊어주고 자기를 죽이라고 외쳐대지만, 아무 말도 없이 냉정하게 바라보기만 하는 남편.

여인이 찔렀는지, 남편이 자결했는지 알 수 없는 상황 속에서 여인은 정신을 잃었고 정신을 차리고 주위를 둘러보았을 때, 남편의 가슴에 여인의 단도가 꽂혀 있습니다.

어디론가 달려가 다시 정신을 잃고 깨어났을 때 강가였고 물에 몸을 던졌지만 여인은 다시 살아납니다. 그 후 수차례 죽고자 했지만 죽지도 못했다는 여인.

이 여인의 말을 요약하면, 밧줄에 묶인 채 아내의 강간을 지켜본 남편이 그 분노와 증오의 눈빛으로 차라리 자신을 죽이라고 무언의 압박을 했다는 것입니다.

이게 여인의 진실입니다. 자신은 차라리 정조를 잃은 괴로움 때문에 죽고 싶었으나 증오의 눈빛으로 자신을 바라보는 지옥 같은 시선 때문에 자신은 의식조차 견디지 못해 정신을 잃었다는 것입니다.

비몽사몽의 환각 속에서 자신이 한 일조차 또렷이 기억하지 못하는 여인. 역사를 망각하거나 혹은 기억하고 싶지 않은 사실을 왜곡하고 싶은 자의 진실은 이렇게 비틀어집니다.

"남편이 얼마나 힘들었겠어요."

비장한 표정을 한 여인의 말 속에는 남편에 대한 연민과 사랑이 가득한 것 같지만 여인의 이 가녀리고 애잔한 표정이야말로 주체와 대상의 미분리 속에서 가식으로 자기를 위장하는 뻔뻔한 자들의 대표적인 형상입니다.

하지만 이 또한 그녀에게는 부정할 수 없는 진실이니, 세상의 말 많은 이들에게 진실이란 얼마나 많은 탈을 쓰고 나타나는 것일까요?

3. 죽은 자는 말이 없다지만, 남편은 죽어서도 할 말이 있는 법

피해자이기에 누구보다도 억울하고 할 말이 많을 법한 시신은 산 자의 입을 통해 진실을 전하고자 합니다. 무당의 몸을 빌려 나타난 무사는 부정한 아내를 고발합니다. 아내의 주장과 달리 아내는 다조마루에게 남편을 죽여달라 사주했고 자신은 견딜 수 없는 모욕과 환멸 속에서 깨끗하게 죽었다는 것입니다.

천천히 죽은 자의 항변을 들어볼가요?

'난 지금 암흑 속에 있다'는 말로 증언을 시작하는 남편.

"빛 한 줄기 비추지 않는 암흑 속에서 괴로워 울고 있습니다. 나를 암흑의 지옥으로 몰아넣은 자 때문에……"

때리는 시어미보다 말리는 시누이가 더 미운 법인가요?

그의 지옥같은 암흑은 아내를 겁간한 다조마루보다, 그녀를 겁탈한 후 함께 떠나자는 다조마루의 유혹에 넘어가 황홀한 눈빛으로 그를 바라보는 아내의 얼굴 때문이었습니다.

그때처럼 아내의 모습이 아름다워 보인 적이 없다는 남편. 아내의 입에서 나온 경악스런 한 마디가 뒤통수를 칩니다.

"어디든 좋아요 날 데려가 주세요."

뿐인가요. 그게 끝이라면 이리 괴롭지도 않을 터인데 다조마루의 손을 잡고 떠나려던 여인이 갑자기 발걸음을 멈춥니다. 그리고 외치는 소리.

"저 사람을 죽여주세요. 저 사람이 살아 있는 한 당신과 함께 갈 수 없어요.
저 사람을 죽여주세요."

바로 그 한 마디가 자신을 암흑 속으로 던져버렸다고 합니다.
인간이 어찌 그토록 비열하고 저주스런 말을 할 수 있을까요?
그 말을 듣자 도적조차 충격을 받았는지 다조마루는 '이 여인을 죽일까 살릴까' 고민했고 오히려 여인을 경멸했으며 남편은 그 한 마디로 오히려 도적을 용서합니다.

도망간 여인과 쫓아가는 도적. 도적은 돌아와서 사내의 밧줄을 풀어줍니다. 다시 아무 말 없이 정적 속에 휩싸인 사내. 시간이 흐르고 사위가 정적인데 어디선가 울음소리가 들려왔다.

"견딜 수 없는 슬픔과 절망 속에서 나는 조용히 쓰러졌다. 다시 정적.

고요가 밀려오고 적막 속에 쓰러진 내 곁으로 누군가 살며시 다가왔다."

누구였을까요?

그의 손에 조용히 들어 올려진 단도. 그리고 그것이 마지막이었습니다.

이게 사내가 들려준 그이의 진실입니다. 여기서 사내는 누구를 상징할까요? 이 사내는 무기력하게 지켜보거나 살아남아서 진실을 증언해야 하는 자의 고통을 대변합니다. 이 사람은 남 몰래 돌아가는 녹음 테이프나 룸싸롱 벽 한 쪽에 감추어진 비디오테이프인지도 모릅니다. 부정한 세태의 내부고발자나 비리정보를 은밀히 갖고 있는 첩보원일 수도 있습니다. 하지만 그들이 진실을 밝히고 세상을 바꿀 수 있을까요?

부정한 권력자들에 대한 도청테이프나 성추행이 자행되는 은밀한 술집에서 몰래 촬영된 비디오테이프가 진실을 밝혀내고 역사를 바꾸지는 못합니다. 그 또한 어둠의 산물이며 왜곡된 의도에 의한 고정된 시각을 벗어나지 못하기 때문입니다.

이번에는 다른 시선, 다른 눈동자를 통해서 바라본 진실을 말해보겠습니다.

비 내리는 라쇼몽 앞에서 나무꾼은 자기가 본 진실을 감추지 못합니다. 본질적으로 인간의 혀는 무의식에 의해서 통제되지 못하는 까닭입니다. 사내와 나무꾼의 대화.

"이야기가 아주 재미있어지는군, 당신은 모든 걸 다 본거야.

관아에서는 왜 그이야기를 하지 않았소?”

“난 그 사건에 휘말리고 싶지 않았어.”

“지금은 말하고 있잖소.
다 이야기 해 보쇼 당신 이야기가 제일 재미있군.”

그 때 고승이 외칩니다.

“난 듣고 싶지 않아. 이렇게 끔찍한 이야기는 더는 듣고 싶지 않아.”

“요즘 세상에 이런 이야기는 얼마든지 있는 일이오.
이 라쇼몽에 살던 도깨비도 인간이 무서워서 달아났다더군.”

당신 이 이야기를 얼마나 알고 있는 거요?

이제 제4의 진실이라 할 수 있는 나무꾼의 증언입니다. 나무꾼에 따르면 이야기는 다음과 같습니다.

산에서 여자의 모자를 발견했어요. 잠시 후 여자의 울음소리가 들려와서 수풀 사이로 살짝 들여다보니 묶인 남자와 울고 있는 여자, 그리고 다조마루가 보였습니다. 놀랍게도 악한 다조마루는 여자 앞에 꿇어 앉아 용서를 빌고 있었어요.

"난 지금까지 악이 시키는 대로 살아온 사내다.

그 방법이 최선이라고 믿고 있었지. 그러나 오늘은 다르다.

이미 널 가졌지만 더 많은 걸 갖고 싶다.

내 아내가 되어 줘!

그 유명한 다조마루가 이렇게 애원합니다.

당신이 원한다면 이 짓도 관두겠소. 당신을 행복하게 해줄 돈도 이미
마련해뒀소.

장사를 해서라도 열심히 일하겠소. 당신을 위해서라면 뭐든 하겠어.

당신만 내 사람이 되어준다면…

만일 허락하지 않는다면 당신을 죽이는 수밖에 없어.

제발 부탁이니 나와 살겠다고 대답해. 울지만 말고 내 아내가 되겠다
고 말해."

계속 엎드려 울고만 있다가 갑자기 벌떡 일어난 여자

"여자인 내가 무슨 말을 할 수 있겠어요."

그리고는 땅에 꽂힌 단도를 뽑아들고는 남편에게 달려가 남편을 묶은
줄을 끊고 다시 땅에 엎드려 흐느낍니다.

"무슨 의미인지 알겠어. 남자들끼리 결정하라는 뜻이군."
"잠깐만, 이런 여잘 위해 목숨을 걸고 싸우고 싶지 않다.
두 사내에게 욕을 본 주제에 무슨 할 말이 있나!
자결은 못할망정… 원한다면 이 여잘 데려가.
이 여잘 잃는 건 말을 잃는 것만도 못하다"

두 남자 사이에 팽팽히 흐르는 긴장감. 여자는 두 남자 사이에서 양쪽을 번갈아 봅니다. 잠시 후 흐르는 땀을 닦아내고는 말없이 자리를 떠나는 다조마루를 향해 여자가 '기다려요'라고 소리치지만 다조마루는 '따라오지 마'라며 단호히 외칩니다.

"울지 마. 울어봤자 다 소용없어."(남편)
"그만해 연약한 여자잖아, 여자란 결국 약한 존재다."(다조마루)

갑자기 자지러지게 웃어대는 여자, 아하하하! 약한 건 바로 너희들이야

남편에게 다가가 소리칩니다.

"당신이 내 남편이라면 왜 저자를 죽이지 않는 거지!
내게 죽으라고 하기 전에 왜 저자를 죽이지 않는 거야!
사내대장부라면 저 자를 먼저 죽이는 게 순서 아냐?"

다시 다조마루를 향하여

"너도 마찬가지야. 하하하하, 아하하하
다조마루란 이름을 들었을 때 탈출구를 찾았다고 생각했지.
이 지긋지긋한 생활을 벗어날 수 있는….
다조마루라면 날 해방시켜줄 거라고 말야.
날 데려가 주기만 한다면 뭐든 상관없다고 생각했어.
하하하하 아하하하~ 하지만 너도 남편과 다를 게 하나도 없어.
똑똑히 들어. 여자가 원하는 건 진짜 남자야!
여자는 칼로 쟁취하는 거야"

이때 천천히 칼을 뽑아드는 남편, 이제 다조마루와 피할 수 없는 결투를 벌입니다. 긴 결투 끝에 다조마루는 남편을 죽이고, 순간 자지러지는 여자의 비명 소리가 들립니다. 다조마루는 함께 가기를 원하지만 여자가 거부하자 다른 칼을 뽑아들고 겁에 질린 여자는 어디론가 달아납니다.

모든 과정을 숨을 죽이고 숨어서 지켜본 나무꾼은 다조마루가 자기 칼을 뽑아서 사라진 뒤 비로소 시신 앞에 선 것입니다.

"제법 그럴듯하군."
"난 거짓말 안 해 내 눈으로 직접 본 거다."
"못 믿겠소."
"난 거짓말 안 해. 그게 진실이다."

"난 거짓말하오 하고 거짓말 하는 사람 봤소?"

그 때 나지막히 들려오는 고승의 탄식.

"정말 끔찍하군, 인간이 인간을 못 믿다니.
이게 바로 지옥이야."

자기 주장만 난무하는 불신의 토론장이야말로 인간이 인간을 못 믿는 지옥이라 하면 너무 과장된 표현일까요? 덕이 높은 고승은 말합니다.

"난 인간을 믿는다. 난 이 세상이 지옥이라고 믿고 싶지 않아"
"자 그럼 세 사람 중 누구 이야기를 믿는단 말이오?"
"난 모르겠어, 전혀 모르겠소."
"인간사란 원래 그런 걸!"

원래 그런 인간사, 돌고 도는 인간사에서 왜 목소리 높여 외치는 자들은 자기 말만이 진실인 양 목청을 높이는 걸까요?
네 사람의 진실을 모아 진실은 완성될까요?
다조마루가 보여준 태도. 죽음을 불사하고 무용담을 늘어놓는 용기는 토론에서 과히 만용이라 할 것입니다. 또 자신의 결백을 주장하며 스스로 정신을 잃어가는 아내의 모습은 현실과 언어 사이의 최소한의 긴장감도 잃은 채 말 그 자체에 도취해서 진실의 환영에 빠진 사람의 그것입니다.

죽은 자가 무당을 통해서 한을 풀기 위해 뱉어내는 이야기도 진실을 드러내지는 못합니다. 죽은 자의 말은 아무리 무당의 입을 빌어 그럴듯하게 정황을 이야기해도 산 사람들의 세계를 증언하지 못하며 기껏 또 다른 풍문을 낳고 사라지거나 지루한 법정 싸움의 추악한 소재로 전락할 뿐입니다.

마지막 나무꾼은 세계를 총체적으로 이해하는 진실의 완성자일까요?

그의 말도 역시 (단도를 훔친) 자기 욕망을 감추고 마치 객관적인 사실인 양 자기 의식 속에서 현장을 정리한 하나의 단편에 불과합니다. 마치 자기는 끝까지 모든 진실을 알고 심판할 수 있다는 오만함을 지니는, 지켜보는 자의 욕망과 심판관으로서의 교만을 상징하는 자.

그럼 진실은 어디에 존재하는 걸까요? 이 세상 어디에도 진실은 없는 걸까요?

사실 토론은 진실한 자들의 대화가 아니라 진실을 찾아가는 자들의 대화입니다.

브레히트는 그 유명한 희곡 『갈릴레이의 생애』에서 다음과 같이 말합니다.

"여보시오. 진리 앞에서 토론이란 어리석은 일이오!"

하지만 우둔한 우리 인간이란 게 어디 그런가요!

브레히트의 표현을 달리하면 진리는 토론하지 않는다는 뜻이겠으나, 정작 토론은 진리가 무너진 자리에서 최소한의 공감대와 합의를 찾으려는 인간들의 애처로운 몸짓일 뿐입니다. 그런데 진리라고요?

그러므로 진리의 확신에 찬 토론자들은 깨달을지니

'라쇼몽' 앞에선 인간들이여. 그대들의 말이 찾는 건 욕망 그 자체이거나, 욕망의 진실일 뿐 진실 그 자체이거나, 진실한 욕망은 아니다.

참 마지막으로 〈라쇼몽〉이 전하는 또 하나의 진실이 있습니다.

세 사람의 대화가 끝나갈 무렵 어디선가 들려오는 아기 울음소리. 맹렬하게 쏟아지는 비속을 뚫고 어느 부모가 아기를 담요에 싸서 버리고 갔습니다. 담요에 싸인 아기가 부모를 원망하듯 처절하게 울고 있습니다.

놀랍게도 울어대는 아기를 감싼 담요마저 훔쳐가는 행인. 나무꾼의 비난에 변명도 당당합니다.

"내가 가져가지 않아도 누군가 가져갈 거야."

"악마 같으니…"

"내가 악마면 저 아기 부모는? 지들 좋아서 만들어놓고 버리는 부모는 뭐냐고!"

"부적을 넣어서 아기가 안전하길 바라는 부모 맘을 생각해봐. 아기를 버릴 수밖에 없는 부모의 심정은 어떻겠냐?"

"남의 심정 따위 내가 알게 뭐야"

"그런 이기적인…"

"사람 팔자가 개팔자만도 못한 세상이오. 그런 소린 꿈 속에서나 하쇼"

"인간은 다 이기적이야 모두 변명 뿐이지. 다조마루도 그 여자도 그 남편도…, 그리고 너도…."

"그런 당신은 달라? 웃기는군. 위증을 한 사람은 바로 당신이잖아!

그 여자의 단도는 어쨌소?

값나가는 물건이라고 다조마루가 말했다며, 그 단도는 어디 있소? 여전히 그곳에 떨어져있나? 당신 아니면 누가 훔쳐가?

어때 내 말 맞지? 진짜 이기적인 건 바로 너야!"

그렇습니다. 나무꾼의 진실이란 고작 이기적인 자신에 대한 변명일 뿐입니다.

행인이 담요를 둘둘 말아 떠나간 후 고승과 아기 그리고 나무꾼만 남습니다.

고승의 팔에서 아기를 데려가려는 나무꾼.

"뭐야, 이 핏덩일 어찌 하려고…"

"집에 돌아가면 아이가 여섯이나 있소.

하지만 여섯을 키우거나 일곱을 키우나 힘들긴 마찬가지요."

"부끄럽소."

"부끄러운 건 나요. 나도 내 맘을 모르겠소."

"덕분에 난 인간에 대한 믿음을 다시 찾을 수 있을 것 같소."

"당치도 않소."

비 그치고 아기를 안고 가는 나무꾼을 물끄러미 바라보는 고승 위로 무너진 라쇼몽의 모습이 비춥니다.

감독 구로자와 아키라의 진실은 바로 이것입니다.

힘차게 울어대는 아기에게나마 마지막 희망을 찾아야한다, 그리고 진실이란 증언에 있는 것이 아니라 결단이며 자신의 이기적 욕망을 나도 모르게 버리고 진실 앞에 부끄러움과 겸손을 배워나가면서 바로 행동하라는 것.

진리를 확신하는 이 땅의 무수한 장삼이사들이 배워야 할 단 하나의 진실, 그게 영화 〈라쇼몽〉이 토론을 꿈꾸는 사람들에게 마지막으로 던지는 화두가 아닐까요?

이 글은 화백회의를 만나기 전 〈강자들은 토론하지 않는다〉라는 책에 썼던 글입니다. 토론에 임하는 자세와 진실 추구의 정신을 말하고 싶었던 것인데 화백회의에서 진실에 다가서고자 하는 태도 역시 이와 같지 않을까 하여 여기 다시 실었습니다. 살아 있는 생명이라면 이 태도와 정신을 잃지 않아야 합니다.

"모르겠다. 모르겠어…. "

3

화백회의와
토론수업, 토론대회

교실 수업에서 화백회의
(초등 사례, 중등 사례)

좌계 김영래 선생과의 만남은, 알랭 바디우의 말대로 가히 운명적이라할 정도로 제게는 일대 '사건'입니다. 그는 우리 역사와 신화 속에 풍문처럼 떠돌던 화백회의를 현실 속에 복원해낸 분입니다.

대학에서 산업공학을 전공하고 한화그룹 기획에서 시스템 관리 관련일을 한 사람이 21세기 벽두부터 한학에 기반한 전통문화, 그 가운데 화백회의에 천착해 자기 만의 상상력을 기반으로 독창적인 회의 모형을 현대적으로 복원했다는 사실이 놀랍습니다. 경제학에도 조예가 깊어 신시(神市)와 소도(蘇塗), 화폐(貨幣) 등에 대한 강의를 들으면 인간의 지적 역량은 어디까지일까 궁금합니다.

그렇게 해서 만난 화백회의 공부가 다섯 차례의 시연과 세 차례의 공동 연구 과정을 거쳐서 오늘에 이르렀습니다. 실사구시의 정신을 잃어버린 회의 모형이거나 현실에서 그다지 쓸모없는 회의라면 굳이 이렇게 정성스레 긴 글을 쓸 이유도, 필요도 없습니다. 나아가 이 화백회의 철학과 정신, 원리, 방법까지 두루 퍼지지 않는다면 이 또한 무슨 의미가 있겠습니까!

세종대왕께서 자주와 애민, 실용의 정신으로 한글을 만들고 누구나 쉽게 쓰도록 노력했듯이 화백회의 또한 만인에 대한 만인의 사랑으로 실질적 가치를 일상의 열매로 전환하지 못한다면 의미가 없습니다. 그런 의미에서 학교 현장에서 화백의 실천에 도전하는 행위는 화백회의 발전의 시금석입니다.

그간 여러 차례의 화백회의 시연에서 적잖은 교사들이 참석했습니다. 특별히 관심을 보인 모임은 '철학적 탐구공동체' 선생님들과 '서울교사노조' 조합원 선생님들입니다. 기존의 낡고 굳은 패러다임을 벗어나 역동적이고 실천적인 교육활동에 관심을 가진 모임이라는 공통점이 있습니다.

이분들은 실제로 화백회의에 참석도 하고, 화백회의의 운영방식에 대한 좋은 질문들을 통해 기존의 화백회의가 안고 있는 문제들을 차분하게 되돌아보는 계기를 만들어주었습니다. 그런 노력의 결과로 오늘의 화백회의가 존재합니다.

초등학교에서의 화백회의

먼저 화백회의의 길을 교육 현장에서 개척한 사람은 인경화 선생님입니다. 저보다 조금 늦게 화백회의를 만났지만, 화백회의를 만난 뒤 시연과 이론 정리 작업에 꾸준히 참여했고 음양으로 화백회의 운영에 큰 도움을 주었습니다.

그 전해에는 교과전담이었다가 2018년부터 왕곡초등학교 6학년 담임을 맡았는데, 학생들과 실학을 공부하는 단원에서 화백회의를 처음으로 시도(試圖)합니다. 아니 시도(始道)합니다.

두 차례에 걸친 화백회의를 진행한 인경화 선생님 목소리를 들어보겠습니다.

지난 12월부터 나에게 새로운 회의 방식이 다가왔다. 화백회의. 그야말로 교과서에서만 보던 그 회의를 나는 현대에 적용할 매뉴얼을 만드는 작업에 함께할 기회가 생겨 화백회의와 만났다. 직접 회의를 해본 적도 없는데 매뉴얼 만드는 작업을 함께 한다는 게 좀 어불성설이지만 진행과정은 다른 분을 통해서 듣고 사진으로 본 게 있어 어느 정도 이해하며 따라갈 수 있었다.

그렇게 갑작스럽게 만나 1월과 2월에 4번의 시연을 해보며 화백회의를 아이들과 해보고 싶은 욕심이 커졌다. 마침 올해 6학년 담임을 맡으니 꼭 시도해보리라 마음만 먹고 3월을 맞았다.

그리고서 시작한 역사 수업.

6학년 아이들은 5학년 2학기에 병자호란까지의 역사를 배우고 올라온 터라 6학년 때는 전란 이후 복구 과정에서 백성들이 겪는 어려움부터 함께 공부한다. 3월이 2주쯤 지나 이제 겨우 아이들 얼굴과 이름이 매치되기 시작할 즈음에 실학을 공부하게 되었다. 전에 내가 실학 부분을 배울 때 학자 이름과 그 사람이 지은 책, 그리고 중농주의(重農主義)냐 중상주의(重商主義)냐 식의 이론으로만 배워 복잡했던 기억이 있어 실학만 나오면 좀 긴장하는 습관이 있다.

그래서 되도록이면 아이들이 당시 상황 속에서 백성들을 위하고자 하는 실학자들의 마음을 느끼는 수업을 하려고 했다. 이른바 역사추체험. 실학자들의 회의 방식으로 역할극을 하고 회의 방식을 화백회의로 해보면 재미있겠다는 생각이 들었다. 그런데 과연 아이들이 화백회의를 잘 이해하고 할 수 있을까?

사회 수업 전에 국어 시간을 통해 회의 방식 안내 수업부터 했다.

"오늘 새로운 회의를 한 번 해볼 건데 '화백회의'라는 거야."

했더니 신라시대 거 아니냐고, 우리 다시 신라시대부터 배우는 거냐고 해서 웃었다.

"화백회의는 우리나라 고유의 회의 문화인데 만장일치회의라고만 알려져 있지. 꼭 만장일치를 하는 건 아니고 목소리가 큰 사람이 유리하거나 서로 이기려고 하는 회의가 아니라 함께 마음을 모아가는 회의야. 그리고 새로운 용어가 많으니까 잘 듣고 이해가 어렵거나 동의가 안 되면 질문을 하렴."

이렇게 서두를 꺼내놓고 아이들에게 '모두가 하늘님으로 말발권을 가지고 의견을 내는 사람은 임금이 되어 세상에 내려와 자기 제안을 한 뒤 하늘님들의 말발권을 받고 청문권으로 질문도 받으며, 하늘님들은 다음 임금의 의견이 더 좋으면 말발권을 언제든지 옮길 수 있다'고까지 설명했을 때 아이들 얼굴엔 뭔가 재미있겠다는 표정들이 번져갔다. 그리고 임금이 자기 의견을 양보하는 걸 선양이라고 하고 선양을 하고 나면 다시 하늘님 자리로 돌아가 말발권으로 지지를 하거나 하세를 또 할 수 있다고 했더니 한 아이가

"그럼 승천이에요?"

해서 깜짝 놀랐다. 곧 승천을 설명할 차례였는데 그 말이 아이의 입에서 나올 줄은 몰랐다. 승천, 청문, 십자공수까지 대략 설명을 하고 크레포트지와 머메이드지로 만든 말

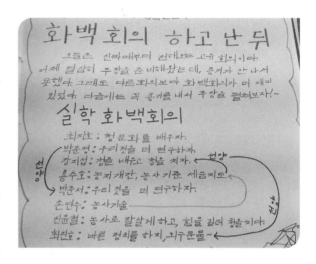

발권과 청문권을 5장과 2장씩 나눠줬다. 학급 아이들은 1년간 구성원이 변하지 않으니까 좀 빳빳한 종이로 말발권과 청문권을 만들어 자기 이름을 써 놓으면 1년 내내 재활용이 가능하다는 장점이 있다.

말발권과 청문권에 이름을 쓰고 드디어 본격적인 실학 화백회의 시작. 아이들에겐 전 날 사회책을 보고 여러 실학자 의견 중에서 마음이 가는 주장에 대해 조사를 좀 더 해오라고 해온 터였다. 의장은 내가 맡았다.

우선 모두 일어서서 서로 존중하는 태도로 회의를 하고 회의 결과를 존중하겠다는 의미를 담아 맞절을 했다. 회의 전에 이렇게 맞절을 하니 아이들의 태도가 좀 더 진지해지는 듯 했다. 인사 후 의제 발표를 했다.

"지금 두 차례의 전란 이후 백성들의 삶은 피폐하고 나라의 사정은 아주 좋지 않은데 아직도 우리 선비들은 공자왈, 맹자왈 하며 법도만 따지

고 있으니 이래서야 되겠소. 우리 백성들이 하루라도 빨리 제대로 된 삶을 살 수 있도록 우리가 연구하고 실천해야 한다고 생각하는데 어떤 방법이 가장 좋을지 논의를 해봅시다."

그러자 제일 먼저 우리 반의 분위기 메이커 준영이가 손을 번쩍 들며 하세를 자청했다. 아이들은 디귿자 형태로 자리를 배치하여 책상에 앉아 있고 가운데 공간에 매트를 깔아 하세자들은 하세 뒤 매트에 앉게 했다. 자연스럽게 의견을 내러 세상으로 내려온 모습이 구현되었다. 그리고 매트가 넓어 말발권을 사람 이름별로 하세자 앞에 정리하기도 좋았다.

"아 박대신이 하세를 하시겠다구요. 나와서 하세를 해주시오."
"네. 저는 일단 우리 것을 더 연구하여 우리 실정에 맞게 피해 복구를 하고 우리나라를 발전시키는 게 중요하다고 생각합니다."
"박대신의 의견에 대해 청문할 분 있으십니까? 이 회의가 끝날 때까지 2장의 청문권만 쓰실 수 있으니 청문권은 신중하게 써주시기 바랍니다."

청문권 사용을 신중하게 해달라는 말을 들어서인지 첫 하세에 대해서는 청문이 없었다.

"그럼 박준영 대신의 의견에 지지를 하시는 하늘님들은 말발권을 박대신에게 내 주십시오." 하자 아이들이 말발권을 1-5장씩 들고 나와 준영이 앞에 놓기 시작했다. 준영이는 자기 앞에 지지하는 표가 쌓이자 기분이 좋은 표정이다.

그러자 박준서가 다음 하세를 했다.

"박준영 대신의 의견과 비슷할 수도 있으나 저는 옛날 우리 조상들의 슬기로운 점을 더 배워 우리 것을 연구하자는 온고이지신(溫故而知新)을 주장하고 싶습니다."

준서의 의견에 대해서는 청문이 꽤 많이 나왔다. 준영이 의견과 차이가 무엇이냐, 옛 것 중 슬기로운 게 뭐냐, 그런데도 우리가 왜 전쟁이 났느냐 등의 청문이 이어졌다.

"박준서 대신은 박준영 대신과 의견이 비슷한 점이 있는데 아우 의견이 되면 어떻겠소?" 하고 아우 의견을 제시해 보았는데 그냥 독립 의견으로 하겠다고 했다. 말발권은 꽤 들어왔고 준영이 말발권에서 빼서 옮기는 아이도 나오기 시작했다. 아이들이 말발권을 이동할 수 있는 것을 분명히 이해한 듯 보였고 그런 즉각적인 의견 이동을 보아서인지 하세를 하겠다는 사람 수가 많아졌다.

다음은 지섭이가 '청 문물을 우선 배워 나라를 부강시킨 뒤 청을 치자'는 다소 과격한 하세를 했고 역시 지금 먹고 살기도 힘든데 또 전쟁을 일으키자는 거냐는 청문이 줄을 이었다.

'농지 개간과 농사 기술을 발전시키고 세금 제도를 개편해 일단 먹고 사는 데 집중하자'는 수호의 하세, '농사 기술을 발전시켜 잘 살게 한 뒤 힘을 길러 청을 치자'는 윤철이의 하세까지 이어졌다.

여기까지 하고 1차 말발권을 정리해보니 준영이가 13표, 준서가 22표, 지섭이가 23표, 윤철이가 18표, 수호가 22표가 나왔다. 그러자 윤철이와 수호가 지섭이에게 선양을 했고, 준영이도 준서에게 선양을 해서 2가지 의견으로 좁혀졌다.

1차 말발권 정리와 선양을 마치고 나자 하세가 이어졌다. 선양하고 승천했던 수호가 청렴한 관리를 전국에 보내고 무역을 시작해야 한다고 하세를 했고, 진호는 바른 정치를 하고 외국문물을 받아들이자고 했다. 역시 진호에게 수호의 아우 의견으로 할 생각이 없냐고 물으니 차이가 있다며 독립의견으로 하겠다고 해서 각각의 하세로 인정했다. 마지막으로 윤철이가 청나라보다는 유럽 등 다른 나라의 문물을 받자고 의견을 냈더니 남은 청문권이 윤철이에게 몰렸다. 가까운 청나라에도 발전된 문물이 있는데 뭐 하러 유럽까지 가냐, 그걸 배우는 데만도 국력이 낭비되지 않냐 등등 제법 날카로운 질문들이었다.

청문이 끝나고 2차 말발권 이동 후 말발권 수를 집계해보니 지섭이가 35표, 준서가 19표, 수호가 24표, 윤철이가 16표, 진호가 43표가 나왔다. 십자공수 전에 마지막으로 선양할 기회를 주자 윤철이가 수호에게 선양을 했고 준서도 진호에게 선양을 해서 3개의 의견이 남았다. 그 때 자신과 의견이 비슷하다며 수호도 진호에게 선양을 해서 최종 2개의 의견만 남았다.

그리고 이어진 십자공수. 지섭이의 힘을 길러 청을 치자는 48표가 되었고, 진호의 바른 정치와 외국문물 받아들이기는 83표가 나와 비록 청나라에 대한 미움이 크지만 진호의 의견처럼 우리가 먼저 바른 정치와 발전된 문물을 받아들이는 쪽으로 마음을 모으기로 하며 의결내용을 마음으로 수용하는 시간을 잠시 가지고 모두 일어서서 절을 하는 것으로 1차 화백회의를 마쳤다.

이렇게 화백회의 방식으로 실학자들의 주장 내용을 수업해보니 아이들이 하세를 하기 위해 당시 상황을 좀 더 상세히 이해하고 자기 말로 의견을 내어 따로 당시 상황을 추가 설명할 필요가 없었다. 하세는 하지 않더라도 청문권으로 논리나 상황에 맞지 않는 부분에 대해 질문을 하니 아이들끼리 배우는 기회가 되기도 했다. 북벌과 북학, 실학 내용이 자연스럽게 이어지는 시간이었다.

화백회의를 마치고 아이들이 쓴 소감문은 거의가 다 '재미있고 또 하고

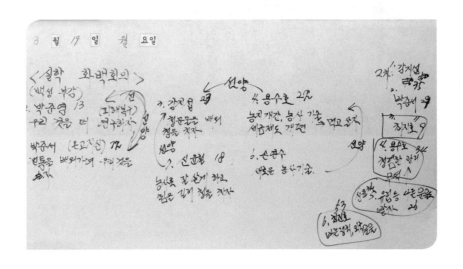

싶다, 내가 의견을 안 내도 말발권으로 마음에 드는 주장에 말발권을 실어 줄 수 있어서 좋았다, 말싸움이 나지 않고 한 사람이 말을 많이 할 수 없어서 좋았다' 등의 의견이었다. 내가 화백회의를 하고 싶었던 이유를 아이들도 똑같이 느낀 셈이다. 이번에는 역사적 상황을 가지고 화백회의를 해보았지만 다음에는 실제로 아이들이 실천할 일을 화백회의로 결정한다면 더 재미있고 역동적인 화백회의를 경험해 볼 수 있으리라는 믿음이 생겼다. 하고 싶었지만 될까 하는 의구심이 있었는데 역시 아이들은 늘 기대 이상이다.

(인경화, 실학자의 주장을 화백회의로 만나다. 2018.3.19)

'그 많던 싱아는 그 누가 먹었을까(박완서)'를 읽고 1챕터 활동 정하기

• 화백회의(2018.3.29.)

• 말발권 5장, 청문권 2장으로 6학년 27명이 참여

하세1 용수호 : 21쪽 관련 뒷간에서 이야기하기 놀이를 해보자(하시은에게 선양) - 청문 12회

하세2 박준영 : 왕곡천에 가서 물장난을 해보자(신윤철에게 선양) - 청문 8회

하세3 하시은 : 우리학교 운동장과 뒤뜰 등에서 자연물로 놀이를 해보자(신윤철에게 선양)

하세4 신윤철 : 왕곡천에서 물놀이와 자연놀이를 함께하자(84) - 청문 3회

하세5 용수호 : 풀숲에 누워보기(말발권이 하나도 들어오지 않아 자동 승천) - 청문 8회

하세6 최진호 : 어울림관에서 1챕터 내용 역할극 해보기(25표) - 청문 4회

판정 : 현실성 여부에 가중치를 두려 했으나 최종 의견자인 신윤철과 최진호 의견 모두 현실성이 있어 가중치를 두지 않음. 84 : 25 로 상쇄하고도 59표가 많은 신윤철 의견대로 내일 3시간 수업을 운영하기로 함

학생들 소감 - 25분밖에 수업 시간이 남지 않은 상태라 과연 화백회의를 시간 안에 마칠 수 있을 것인가에 대한 우려가 있었으나 현실성 있는 의

견들이 모아지고 활발한 청문으로 의견 개진이 빨랐음. 지난 첫 화백이 조선 실학자 의견에 관한 것이라 뭐가 결정되든 자신들이 삶에 관련이 없었으나 이번에는 내일 수업 활동과 직접적인 관련이 있어 청문이 무척 활발하게 일어나 청문권을 더 주었으면 하는 요구도 있었음.(그럼 토론이 되지 않느냐며 반대하는 의견도 자연스럽게 나옴). 현실성이 있으니 아무래도 더 역동적인 화백회의가 되고 아이들도 만족.

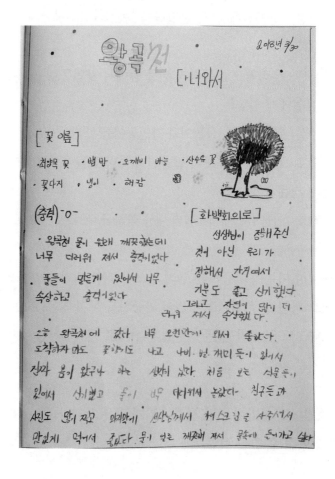

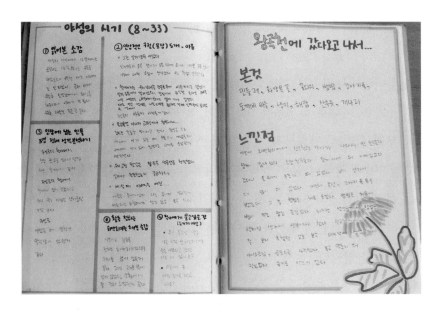

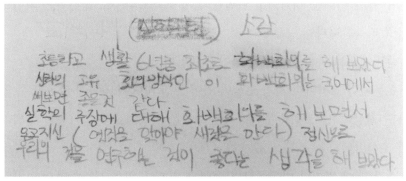

여기까지가 인경화 샘이 초등 6학년과 진행한 화백회의입니다.

두 번의 화백회의를 경험한 학생들의 소감은 더할 나위 없이 만족스럽습니다. 호기심으로 시작한 화백회의였지만 화백회의만이 가진 현장성, 역동성, 실천성, 상호관계성 등을 유감없이 발휘한 수업이었습니다.

수업 적용에서의 화백회의 특성과 준비와 고민

일단 어린이들일수록 화백회의 적용이 빠르다는 점이 놀랍습니다. 위에서 소개한 바대로 학생들은 어른들이 어색하게 생각할 단어들에 대해서 아무런 심리적, 인식론적 저항 없이 스펀지처럼 바로 빨아들입니다.

하늘님이나 임금님 같은 말들은 흥미유발과 참여에 매우 긍정적인 작용을 하고 말발권의 사용은 자기들이 앞에 나서서 말할 때나 혹은 그러지 못하더라도 무언의 주권을 행사하는 주체라는 인식이 매우 강하게 해주는 역할을 합니다.

하세, 승천 같은 단어들을 듣고 너무나 자연스럽게 받아들였으며 십자공수 같은 어려운 개념어도 말발을 십자가처럼 좌우로 옮긴다는 의미로 금방 터득합니다.

준비에서는 역시 분위기 조성이 필요합니다.

초등처럼 교사마다 자기 교실이 있어 교실 바닥에 앉아서 활동할 수 있으면 최상이고, 그렇지 못하더라도 최대한 조용하고 집중가능한 분위기를 조성합니다.

시작할 때 경건한 마음으로 참여하고 일단 회의를 시작하면 몰입하도록 안내합니다. 말발권은 필요한 개수를 정해서 반의 특성, 혹은 자기 자신의 사진이나 그림을 넣어서 개성 있게 만들면 가장 좋습니다.

고3 화백을 만나다

다음은 제가 고3 교실에서 진행한 화백회의를 소개하고자 합니다.

저는 2015년에 출간한 〈질문이 있는 교실〉에서 고3 수업에 대한 이야기를 쓴 적이 있습니다. 드라마 〈미생(未生)〉을 활용한 수업이었는데, 독자들의 반응이 놀라웠습니다. 반응은 크게 두 가지, '고3에서 수능 문제집을 풀지 않고 어떻게 드라마로 수업을 하는가?'와 '언젠가는 미생(未生) 수업만으로 한 권의 책을 쓴다고 했는데 그 책은 언제 나오는가?'였습니다.

저는 원래 입시형 시험 문제를 잘 못 풉니다. 그래서인지 문제풀이 수업을 좋아하지 않고 그러다보니 자구책으로 수업시간에 읽고, 보여주고, 쓰고, 말하는 수업을 지향하고 시도해왔는데 학생들의 반응도 둘로 갈립니다. 학원비도 아까운 처지에 학교에서 문제집 풀이 수업을 해줘야지 하는 부류와 어차피 학원 공부는 정해져 있으니 학교에서라도 참신한 수업을 경험하고 싶다는 부류지요. 두 마리 토끼를 다 잡으면 좋겠지만, 그게 어디 쉬운가요. 이분법으로 갈라진 분단의 체제에서 양측을 아우르는 경계인으로 살아가기는 사뭇 힘든 일입니다. 결국 선택이죠.

2018년, 2019년에 다시 고3 수업을 맡았습니다. 이번에는 화법과 작문 과목이 아니라 고전(古典)이라는 과목입니다. 그렇다고 수능 문제풀이로부터 자유롭지는 않지만 교과서와 읽기, 토론, 글쓰기로 수업을 기획했습니다. 저의 무기는 학생부종합전형. 말과 탈이 많고, 금수저흙수저 논란으로 바람직한 방향인지 모르지만, 저는 그 본뜻을 살려서 수업시간에 충실하고 자주적이며 남들 앞에서 주체적이고, 다른 학생들에게 도움을 준다면 기꺼이, 활동을 칭찬하고 기록에 남기기로 했습니다. 학생들도 거기까지는 동의하고 따라주어 고마울 따름입니다.

고전 교과서의 단원을 살펴보면 제목만 들어도 쟁쟁하고 무시무시한 책들이 존재합니다.

영원한 고전으로 알려진 셰익스피어의 〈햄릿〉, 자본주의 발달사에 빠질 수 없는 아담 스미스의 〈국부론〉, 패러다임의 혁명을 설파한 토마스 쿤의 〈과학혁명의 구조〉, 토마스 모아의 〈유토피아〉, 영화 '변호인'에 등장했던 카의 〈역사란 무엇인가〉 등등.

처음에는 이 책들을 고3 학생들이 소화하는 것이 가능한가 하는 의문이 들었습니다. 솔직히 말하면 저도 원작의 이름만 들어보았을 뿐 읽어보지 못한 책들이 대부분입니다. 그것도 일부 소개와 발췌만으로 고전을 씹어 삼키는 일이 어려우리라 예상은 했지만, 플라톤이 쓴 〈소크라테스의 변명〉을 가르치면서 어느 정도 자신감은 생겼습니다.

과정철학자로 알려진 화이트헤드가 '서양 철학은 플라톤의 주석'이라 말할 정도로 플라톤이 서양 철학사에 드리운 빛과 그늘은 짙습니다.

교과서에는 그 유명한 그림, 라파엘로의 '아테네 학당'이 나옵니다.

저는 그 그림 속 인물 가운데 중앙에 편안한 자세로 앉아 있는, 견유(犬儒)학파의 자유인 '디오게네스'를 좋아합니다. 하늘을 가리키는 플라톤과

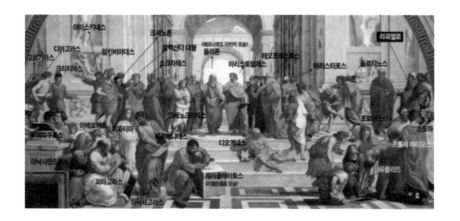

땅을 가리키는 아리스토텔레스의 대비 속에서 누군가에게 강력한 질문을 던지는 소크라테스를 비롯해 40여명의 뛰어난 철학자와 수학자, 과학자들이 한 마당에 모여 백가쟁명하는 모습이 압권입니다. 이 안에서 화백회의가 이루어진다면 어떤 모습일까 상상을 합니다.

만약 하나의 주제를 던져주고 이들에게 자유로운 토론을 하면서 가장 좋은 방안을 제시해보라고 하면 과연 어떤 의견들이 나올까요? 화백회의는 아테네 학당처럼 열린 마당입니다. 서로가 다양한 철학과 가치관을 바탕으로 당대 가장 시급하고 중요한 현안에 대해서 의견을 나눕니다.

이데아를 통해 이상 세계를 구축하고자 했던 플라톤이나, 스승의 관념론을 비판하면서 발 딛고 살아가는 땅의 윤리와 덕목을 과학적으로 증명하고자 했던 아리스토텔레스. 물론 소크라테스라면 자기 주장은 하지 않고 끝없이 청문권을 사용하면서 '왜'라는 질문을 던지고 돌아다녔을지 모를 일입니다.

라파엘로는 어떤 발상에서 이 그림을 그렸을까요? 화백회의를 몰랐던 라파엘로가 이들에게 하나의 주제, 예를 들면 '인간이란 무엇인가?' 혹은 '진리란 증명 가능한가?' 등 다양한 문제로 논쟁 혹은 회의를 진행했다면, 분명 논리의 난투극을 피하지 못했을 것입니다.

소크라테스의 삶과 죽음에 대한 가치를 두고 화백회의를 하고 싶었으나 뚜렷하고 적절한 논제가 떠오르지 않았습니다. 감옥에서 소크라테스가 대응하는 최선의 행동을 논할 수도 있겠지만, 실제 이상의 좋은 의견이 있을지 의문입니다. 토론이나 화백회의에서 주제와 방식의 통일은 매우 중요합니다. 예를 들어 인간의 성선설과 성악설을 놓고 화백회의는 가능할까요? 아직, 화백회의에는 무수히 많은 숙제가 남아 있습니다.

고민에 고민을 거듭하다가 〈국부론〉에서 그 실마리를 찾았습니다.

'보이지 않는 손'으로 유명한 국부론. 누구나 아는 개념이면서 정작 아담 스미스가 '보이지 않는 손'을 제창한 이유와 그 의미, 그리고 아담 스미스의 정체성에 대해서는 잘 아는 사람이 많지 않습니다. 오늘날 신자유주의의 뿌리가 되는 고전적 자유주의의 아버지로 자본가들에게 엄청난 권력과 이익을 안겨준 자본가의 대부 정도로 오해를 받는 존재지요.

소크라테스의 변명에서는 학생들과 '짝토론(하브루타)'을 했습니다.

그때마다 제재에 따라서 학생들이 읽고 말하고 글을 쓰는 과정을 기획했는데, 소크라테스의 삶은 고3 수업 첫 시간이기도 하고 주제가 너무 무거워서 전체토론보다는 가볍게 자기 이야기를 나누고 발표 수준에서 그치기로 했습니다.

〈국부론〉을 공부하면서 화백회의를 시도한 데에는 인경화 선생님의 활동이 큰 자극이 되었습니다. 안 그래도 화백회의를 어떻게 수업에 적용하나 고민하던 차에 초등학생들과 한 활동을 앞서 전해주니 더더욱 화백회의에 대한 의욕이 생겼지요.

문제는 주제인데 다른 회의들도 마찬가지겠지만, 화백회의는 관념적이고 추상적인 고담준론(高談峻論)보다는 자기 일상의 문제를 직접 다룰 때 더 효과적이고 현실적입니다. 그렇다면 스미스의 〈국부론〉에서 학생 스스로의 문제를 짚어낼 주제가 무엇일까요? 여기서부터 장고(長考)에 들어갔습니다.

우선 학생들과 교과서를 꼼꼼하게 읽는 작업이 필요합니다.

텍스트를 제대로 읽어내기에는 '라파엘'의 발문을 활용한 질문 게임이 제격입니다. 라파엘의 발문은 〈질문이 있는 교실〉 실천편에 백금자 선생님께서 자세히 소개한 바가 있습니다. 학생들이 4단계에 걸쳐 스스로 질문을 만들도록 도와주는 활동입니다.

1단계 본문에서 찾을 수 있도록 답이 바로 거기에 있는 질문
2단계 즉각 드러나지는 않지만 추론하고 응용하면 답을 찾을 수 있는
      질문
3단계 작가가 글을 쓴 의도나 내용에 대해서 문제제기를 하는 질문
4단계 내 삶과 연관된 질문

이 질문을 토대로 1, 2단계에서 다른 모둠과 함께 알아맞히기 게임을 하면 매우 재미난 놀이가 됩니다.

그 다음에는 스미스가 경제학의 역사에서 차지하는 위상을 알아볼 차례입니다. 교과서에서도 스미스에 대한 오해를 풀기 위함인지 다음과 같이 스미스를 옹호하는 내용을 실어놓았습니다.

> 이와 더불어 스미스는 인간이 본성적으로 가장 적은 비용으로 많은 수익을 창출하려고 노력하기 때문에 개개인의 경제 활동을 통해 자연히 사회 전체의 이익도 증가하게 된다고 생각했다. 이것이 이른바 '보이지 않는 손'이다. 따라서 개인이 자유롭게 자신의 이익을 추구할 수 있도록 제도가 확립되어야 한다고 주장했다.
> 그러나 스미스가 시장 만능주의를 주장한 것은 아니다. 오히려 그는 특권층에게 돌아가는 혜택을 없애고, 모든 국민이 잘살도록 하는 것에 초점을 맞추었다. 그리고 "국부론"을 통해 중상주의 정책이 일부 상인과 제조업자의 이익만 증대시킬 뿐, 오히려 국부는 감소시킨다는 것을 증명했다. 그는 이처럼 '국민과 국가 모두를 부유하게 하는 것'을 정치경제학의 목적으로 삼았던 것이다.
>
> 〈국부론, 해냄교과서〉

경제학의 역사에 대해서는 우리가 상식적으로 알고 있듯이 '고전적 자유주의(아담 스미스)-수정 자본주의(케인즈)-신자유주의(밀턴 프리드만)'가 기본 뼈대입니다. 물론 이 과정에서 경제학을 처음 대학의 학문으로 정착시킨 알프레드 마샬(그는 경제학이란 따뜻한 가슴과 차가운 머리가 만나는 학문이라는 유명한 말을 했지요.)이나 자본주의의 문제점에 예리한 비판의 칼날을 들이댄 마르크스를 빠뜨리고 자본주의와 자유주의 경제학을 말하기는 어렵습니다. 이 모든 경제학의 흐름을 한 눈에 일별할 수 있는 좋은 자료는 교육방송의 지식채널입니다.

경제학 시리즈 3부, 경제학의 대가들을 다룬 내용에서 앞서 말한 모든 사람들이 차례로 언급됩니다. 이 긴 흐름들을 일일이 언급하는 이유는 화백회의를 진행하기 위해서는 단지 눈앞의 문제만 알고 덤비기보다는 그 근원과 배경, 연결된 지식과 한계 등을 알 때 화백회의가 더욱 알차기 때문입니다.

아담 스미스가 국부론에서 다룬 내용의 핵심은 간명합니다.

사람은 노동을 하고 노동에 대한 대가로 임금을 받아야 행복하다는 단순한 진리. 아이를 평균 4명을 낳는 시대. 성인이 되기 전에 극한의 노동으로 둘은 살고 둘은 죽는 끔찍한 시대를 두고만 볼 수 없어 노동에 따른 최저임금을 지불해야 하며, 성과급을 주어 상대에게 노동의 의욕을 고취시킬 때에도 지나치게 일을 많이 해서 병이 나지 않도록 적절하게 규제해야 한다는 주장입니다.

결론적으로 그 사회의 하층계급에 해당하는 사람이 누구나 최소한의 인간적인 삶을 살 수 있는 기본적인 사회보장이 되어야 그 사회가 고루 부강해지고 국부가 증가한다는 게 스미스의 주장입니다. 잠깐!

이건 마르크스의 주장이 아니냐고요? 그렇습니다. 문제에 접근하고 제시한 해법은 스미스와 마르크스가 매우 달랐지만 두 사람이 추구한 세계는 공히 일치합니다. 인간이라면 누구나 자기가 먹고 살 최소한의 생계유지가 필요하다는 점.

지금 우리나라 청장년층의 경제 여건과 임금 수준을 대입해보면 그 당시와 비교해서 어떨까요? 초기자본주의 시대의 극빈 상태와 비교가 안될 정도로 우리나라는 국부가 풍부하고 적어도 굶어서 죽는 사람들의 숫자가 눈에 보일 정도로 현저히 많은 상태는 아닙니다. 그럼에도 사람들이 행복하지 못하거나 상대적 빈곤감에 허덕이는 것은 서민과 재벌 사이의 부의 총량이 엄청나게 차이나기 때문입니다.

이런 내용을 현재의 삶으로 느껴보기 위해 두 편의 신문사설을 학생들과 읽기로 했습니다. 하나는 적정노동시간에 대한 사설이고 다른 하나는 최저임금 인상에 대한 기사입니다. 중앙일보와 한겨레가 합동으로 하는 작업이 있습니다. 두 신문사에서 내는, 같은 주제의 사설을 비교 분석하는 작업입니다. 현직의 선생님들이 이 작업에 참여해서 사설 비교를 해줍니다.

학생들로서는 교과서의 죽은 지식은 삶의 현안으로 가져오는 효과가 있고, 나아가 결국 자신들이 살아갈 시대의 모습을 미리 생생하게 공부하는 셈입니다. 물론 학생들은 죽은 지식을 원합니다. 자신들은 수능에 도움이 될 문제를 하나라도 더 풀고 그 역할을 교사가 해주기를 바랍니다. 교사와 학생 사이에 보이지 않는 손의 작동이 근저에서는 팽팽하게 대립하는 셈입니다.

국부론에서 아담 스미스가 주장했던 노동시간과 임금, 최저임금과 성과급 등의 문제는 교사들도 심하게 앓고 겪는 문제입니다. 우리 사회의 최저 빈곤층과 교사 집단을 비교하기 어렵고, 학생들의 경우 수업시간에

하는 공부나 학원에서 보내는 활동들을 노동으로 보아야할지도 쉽지 않은 문제입니다. 일차적으로 졸업 이후를 생각해서, 두 가지 문제를 일단 학생들과 고민해보기로 했습니다.

두 주제에 대한 각각의 사설을 여기에 옮겨보겠습니다.

가. 노동시간단축

[한겨레 사설] '노동시간 단축' 전기 마련한 근로기준법 개정

노동시간 단축을 위한 근로기준법 개정안이 27일 새벽 국회 환경노동위원회를 통과했다. 경영계와 달리 노동계엔 사전 설명도 없었고, 휴일노동에 대한 '중복할증' 원칙이 무시되는 등 형식도 내용도 아쉬운 부분이 적잖은 게 사실이다. 그럼에도 불구하고 전체적으로 보면 '최장 노동시간 국가'라는 딱지를 뗄 전기를 마련했다는 점에서 의미가 크다.

개정안이 국회 본회의에서 확정되면, 올 7월 300인 이상 사업장부터 단계적으로 주당 최대 노동시간이 52시간으로 제한된다. 우리나라 법정 근로시간은 2004년 이후 주 40시간인데도, 정부의 행정지침 탓에 연장근로(12시간) 및 휴일근로(8+8시간)를 더해 최장 68시간 노동이 가능하던 관행이 원천적으로 금지되는 것이다. 다만 이번 합의에서 30인 미만 사업장은 2021년 7월1일부터 1년6개월간 8시간 특별연장근로를 허용했는데 영세 기업의 어려움을 고려하더라도 '노동시간 양극화'라는 비판

이 나올 수밖에 없다.

최대 쟁점이 되어왔던 휴일근로수당을 '중복할증'이 아니라 현행 150%로 유지하기로 한 점은 유감이다. 법원 1·2심의 다수가 '중복할증' 편을 들었고 이제 대법원 판결을 앞둔 터라, 노동계 반발이 클 수밖에 없다. 노사정 대화에 영향을 줄 것이란 관측도 나온다. 하지만 여야가 '주고받는 협상' 없이 합의안 도출이 어렵다는 현실을 감안하면, 중복할증 문제를 이유로 개정안 전체를 좌초시키는 건 바람직하지 않다고 본다.

특히 민간기업에서도 2020년부터 단계적으로 법정공휴일을 유급휴일화하기로 한 조항은 의미가 크다. 적용되는 노동자 범위도 휴일수당 중복할증보다 훨씬 광범위하다. '무한노동'을 가능케 했던 노동시간 특례업종을 올 7월부터 26개에서 5개로 줄이고, 5개 업종도 최소 11시간 연속 휴식을 보장한 것 또한 진전이다. 궁극적으론 '폐지'로 가는 방안을 모색해야 한다.

한국의 연간 노동시간은 2069시간으로 오이시디(OECD) 평균(1764시간)에 비하면 '혹사'에 가깝다. 노동자들이 명실상부하게 '저녁이 있는 삶'을 찾고, 일자리 나누기 효과까지 나타나려면 과제가 적잖다. '편법'이나 '꼼수'가 나오지 않도록 엄격한 시행과 함께, 노사정 모두 지혜를 모아 보완대책을 찾아야 한다. 우리는 이제 겨우 노동시간 '정상화'의 첫 단추를 끼웠을 뿐이다.

[중앙일보 사설] 영세기업 외면한 근로시간 단축, 땜질 보완책 우려된다

국회 환경노동위원회가 어제 주당 근로시간을 최대 68시간에서 52시간으로 줄이는 근로기준법 개정안을 통과시켰다. 입법 논의가 시작된 지 5년 만에 여야가 합의안을 도출한 것이다. 그만큼 진통이 컸던 사안이다. 이 법안이 오늘 국회 본회의를 통과하면 한국은 세계적 수준의 장시간 근로 관행에서 벗어나는 전환점을 맞이하게 된다. 한국은 경제협력개발기구(OECD) 회원국 중 2016년 1인당 연평균 근로시간이 2069시간으로 OECD 평균보다 305시간 더 길다. 정부는 근로시간이 줄면 국민이 '저녁이 있는 삶'을 되찾고 신규 채용도 촉진될 수 있을 것으로 기대하고 있다.

문제는 엄혹한 현실이다. 지금 영세기업들은 최저임금 과속 인상으로 휘청거리고 있다. 그런데 또다시 근로시간 단축이라는 충격까지 감당할 수 있을지 의문이기 때문이다. 한국경제연구원은 52시간 제한 이후 기업이 생산량을 유지하려면 연 12조1000억원의 추가 비용이 필요하다고 추산했다. 이 비용의 70%는 중소기업이 떠안게 된다. 근로 단축으로 부족해진 인력 26만6000명을 추가 고용하고 법정 공휴일도 유급휴무로 전환되는 데 따른 비용이다.

이를 고려해 환노위는 근로자 300인 이상 사업장은 올 7월부터 시행하되, 50인 이상과 5인 이상은 각각 2020년 1월과 2021년 7월로 시행을 유예하기로 했다. 30인 미만 사업장에는 특별연장근로 8시간을 허용한다. 하지만 이걸로 충분할지 의문이다. 중소기업은 대기업이 쉴 때도 생산 납기를 맞추기 위해 공장을 돌리는 경우가 많다. 근로자를 더 고용할 여력이 없으면 자동화만 가속화할 수 있다. 근로 단축으로 영세기업 근로자의 실질 임금 감소도 우려된다. 본회의에서는 이런 현실을 정밀하게 반영해서 영세기업에 대한 탄력적 예외조항을 확대해야 한다. 그래야 두더지 잡기식 땜질 보완책에 급급한 최저임금 혼란의 악몽을 되풀이하지 않을 것이다.

사설에도 언급했듯이 우리나라의 노동시간은 세계 상위 경제국가 중에서는 최장시간입니다. 평균 300시간이 길 정도니 가장 낮은 나라와는 평균 600시간의 차이가 납니다. 그 나라가 어디일까요? 바로 이탈리아입니다.

마이클 무어는 〈다음 침공은 어디(2016)〉에서 선진국의 복지 시스템을 훔치기 위해 이탈리아를 찾아갑니다. 바로 주당 노동시간과 유급휴가와 인간적인 삶의 질을 확인하기 위해서입니다.

'그들은 누구를 보아도 금방 섹스를 하고 나온 연인같다'는 말로 시작하는 마이클 무어의 이탈리아 기행은 이탈리아 사람들의 행복지수를 단적으로 보여줍니다. 마이클 무어가 만난 이탈리아 사람들의 삶의 질은 가히 세계 최고. 그는 의류회사와 자동차 조립 회사를 찾아갑니다.

이탈리아인들에게 일은 목적이 아니라 행복한 삶을 살아가기 위한 수단입니다.

충분한 휴식과 놀이를 위해 일을 하고 임금을 지급합니다. 주당 30시간 정도라도 일의 생산성이 높아 경제 효과도 좋습니다. 마이클 무어는 이탈리아의 이런 좋은 제도를 빼앗아 가고 싶다고 너스레를 떨고는 다음 나라인 프랑스를 행해 날아갑니다.

나. 최저임금인상

중앙일보 입력 2017.07.25.

　내년부터 최저임금이 7530원으로 인상된다. 최저임금위원회는 그제 공익위원·근로자위원·사용자위원 27명이 모두 참석하는 전원회의를 열고 표결까지 한 결과 내년 최저임금을 올해(6470원)보다 16.4% 인상하기로 했다. 이는 2020년 1만원까지 올리겠다는 정부 목표에 따른 올해의 최대 인상률(15.7%)까지 뛰어넘은 수준이다.

　이번 결정이 한국 경제에 미치는 영향과 파장을 예단하기는 어렵다. 그러나 급격한 최저임금 인상은 경제 전반에 깊고 넓은 충격을 불러올 가능성이 크다. 사업 규모가 작고 취약한 개인사업자일수록 그렇다. 가게 문을 닫는 영세상인이 속출할지 모른다. 하나금융투자에 따르면 이번 시급 인상으로 편의점 가맹점주 수입이 9% 감소할 것이라고 한다. 매출 2% 증대 전제 아래에서 이번 일로 인건비가 오른다고 가정한 결과다.

　취약계층 근로자 입장에서도 일자리가 줄 수 있어 좋아할 일만은 아니다. 이정민 서울대 경제학부 교수가 고용노동부 자료를 토대로 추정한 결과 최저임금이 10% 오르면 고용은 주당 44시간 일자리 수 기준으로 1.4% 감소하는 것으로 나타났다.

　특히 여성과 고졸 이하, 청년층과 55세 이상 중고령층, 근속기간 3년 이하 근로자나 29인 이하 사업체일수록 일자리가 줄어들 가능성이 크다. 영세업체일수록 무거워진 인건비 부담을 줄이려고 비정규직을 비롯해 고용

조건이 취약한 근로자부터 내보낼 가능성이 크다.

정부도 시급 인상 후폭풍에 바짝 긴장하고 있다. 김동연 경제부총리는 어제 일요일인데도 새 정부 첫 경제관계장관회의를 소집해 즉각 후속대책을 논의했다. 우선 종업원 30인 미만 사업체는 최근 5년간 최저임금 인상률(7.4%)을 넘어서는 추가적 최저임금 인상분을 재정 지원해 주기로 했다. 아파트 경비원을 비롯해 취약계층의 사회보험료 지원도 확대된다. 이에 따라 국민 세금으로 부담할 재정은 연간 4조원+α에 달한다. 영세자영업자에 대한 신용카드 수수료도 최대 1.3% 낮추기로 했다.

문제는 일자리 및 소득 주도 성장의 핵심 동력인 최저임금 인상의 효과가 미지수라는 점이다. 통계청 가계동향조사에 따르면 최하위 1분위 소득계층의 경우 임금소득이 전체 소득의 14%에 불과하다. 최저임금을 올려도 소득격차 효과가 기대만큼 크지 않을 수 있다. 반면에 최저임금 인상은 전반적인 인건비 상승으로 물가를 자극할 수 있다. 이번 결정으로 최저임금에 영향을 받는 근로자는 전체 임금근로자의 24%로 늘어난다. 급등한 최저임금을 월급으로 환산하면 9급 공무원 1호봉 기본급을 추월한다. 물가 상승이 불 보듯 뻔하다.

더구나 이런 속도로 최저임금을 올리면 납품·협력 업체로의 비용 전가 현상이 우려된다. 정부는 이런 부분까지 세심하게 살펴 경제적 충격을 최소화해야 한다. 급격한 최저임금 인상은 탈원전에 이어 문재인 정부에서 시도하는 또 하나의 거대한 정책 실험이 됐다. 부작용을 줄일 수 있도록 사후 관리를 치밀하게 해나가야 한다.

한겨레 〈2017년 7월 17일 27면〉

최저임금 7530원, 후속대책이 관건이다

내년 최저임금이 시간당 7530원으로 결정되며 '최저임금 1만원' 시대
가 현실화하고 있다. 문재인 정부의 '2020년 달성' 공약을 지키려면 매해
15.7%씩 상승해야 한다는 계산이 나오긴 했었다. 그럼에도 최근 5년 새
평균 인상률이 7.42%이고 물가상승률이 연 1~2%대임을 고려하면 인상
률 16.4%는 파격적인 수치다. 정부가 16일 곧바로 지원대책을 내놨지만,
소상공인·영세중소기업 쪽은 어려움을 호소한다. 대책의 치밀한 시행과
시급 1만원까지의 중장기 로드맵이 뒤따라야 할 것이다.

이번 최저임금 결정은 여러모로 이전과 달랐다. 거의 매해 최저임금위
원회 막판에는 노동자 쪽 또는 사용자 쪽 위원들이 반발해 퇴장하고, 공
익위원들이 심의촉진구간을 제시해 결정하는 일이 반복됐다. 올해는 중
간에 진통이 있었지만 노사가 끝까지 함께해 위원 전원의 투표로 결정했
다. 2008년 이후 9년 만이다. 처음 양쪽의 간극은 컸지만 15일 밤 최종수
정안에서 노동자 쪽 7530원, 사용자 쪽 7300원으로 230원까지 간격이
좁아진 것도 주목할 만하다. 지난 대선에서 모든 주요 후보들이 시기엔
차이가 있지만 '1만원'을 약속한 데에 이어, 우리 사회에서 최저임금 문제
에 대한 공감대가 커진 것이라 볼 수 있다. 노동자 쪽 위원이 적극적으로
소상공인·영세업체 대책을 요구하는 등 최저임금이 '을과 을'의 싸움이 되
어선 안 된다는 논의가 확산된 것도 성과다.

물론 시급 7530원은 월 157만3770원(월 209시간)으로 1인가구 표준

생계비 월 216만원에 비하면 부족한 게 사실이다. '인간다운 삶이 가능한 수준으로서' 최소한의 임금인 최저임금이 사용자 상황 위주로 결정되어선 안 된다. 하지만 최저임금 미만 노동자의 68.2%가 소상공인과 10인 미만 영세중소기업에 몰려 있다는 현실 또한 외면할 순 없다.

정부는 이들의 부담을 최소화하고 고용 감소를 막기 위해 최근 5년 평균 인상률을 웃도는 인건비 인상분을 직접 지원하겠다며 이를 3조원으로 추산했다. 얼추 200만 명 이상 규모다. 여기에 신용카드 수수료 개선 등 각종 불공정행위 시정으로 1조원 이상 효과도 기대하고 있다. 문제는 지속가능성과 이런 정책이 제대로 효과를 내 산업구조를 바꿀지 여부다. 정부의 직접 지원으로 이들이 급격한 비용 증가에 적응하며 체질을 바꿀 시간을 벌어줄 순 있지만 무한정 계속될 순 없기 때문이다.

최저임금 인상은 '분수 효과'를 일으켜 소득주도 성장을 견인하고 소득 양극화를 줄이는 효과가 있다는 연구가 적잖다. 실제 이런 효과가 나려면 정부가 이번만큼은 상가임대차 공정화, 프랜차이즈 합리화 등 근본적 구조를 해결하겠다는 자세로 나서야 한다. 최저생계비의 객관적 산정과 업종별 차등지원 등 최저임금 산정 및 결정 방식에 대한 개선 논의도 시작할 때다.

최저임금에 대한 두 신문사의 사설 역시 매우 대조적입니다. 기본 사실 인식은 일치하지만 두 회사의 논조는 철저하게 다릅니다. 두 개의 주제에 대한 두 편의 사설을 각각 보면서 학생들이 공통적으로 느끼는 바는 신문사가 나름대로의 일관된 입장을 가졌다는 점입니다. 당연하지 않은

가요. 중앙일보는 대한민국 최고의 기업인 삼성의 계열사이니 당연히 자본가와 경영자의 입장을 반영하는 사설을 씁니다. 표면적으로는 영세자영업자와 소상공인을 배려하는 논조이나 결국은 노동시간단축을 반대하고 최저임금인상의 부정적 효과가 많으니 재고하라는 투지요. 반면에 한겨레는 시민주주들이 자발적으로 모금해서 만든 신문사답게 노동자들의 입장과 영세자영업자들을 고루 배려합니다. 양사 다 정부의 기능을 중시하고 정부가 주도적으로 역할을 해주기를 바라는 점은 일치합니다. 기대치와 비판의 정도가 다르기는 하지만 결국 정부의 재정적 뒷받침 없는 노동시간단축과 최저임금인상은 대한민국의 산업 구조가 커다란 지각변동을 하지 않는 한, 무리가 따르기 때문입니다.

최저임금 관련해서는 학생들과 〈카트(부지영 감독)〉 영화의 한 장면을 보았습니다.

집안이 어려운 주인공 학생이 편의점에서 일을 한 대가를 요구하는데, 편의점 점주는 후려치기로 학생의 알바비를 갈취하려 합니다. 보다 못한 여자 친구가 같이 따지지만 주인은 막무가내로 윽박지르며 부당노동행위를 일삼아 급여를 다 주지 않습니다.

최저임금도 못 받고 나온 남자친구를 보고 여자 친구가 편의점에 돌을 던져 유리를 깨자 점주는 다짜고짜 나와서 남학생을 폭행하고 파출소로 끌고 갑니다. 소식을 듣고 허겁지겁 달려온 엄마에게 편의점주는 '내가 자식같고 조카같아서 그동안 돌봐주었는데 오늘 장사를 접었으니 물건 값과 손해비를 보상하라'고 요구합니다.

보통 엄마라면 잔뜩 주눅이 들었을 상황이나 엄마는 당당하게 말합니다 '자식 같고 조카 같은 아이를 왜 때리냐고, 일을 했는데 왜 월급을 안 주냐고, 당장 내놓으라'고 당차게 반격합니다.

엄마도 사실은 마트에서 일을 하면서 고용불안과 정리해고 압박에 시달리다 노조에 가입하고 노동자로서의 주인의식과 정체성이 막 확립되어가던 시기라서 아들의 문제를 놓고 편의점주 앞에 그렇게 당당할 수 있었던 것입니다.

우리나라 청소년들의 노동과 고용, 임금의 실태는 생각보다 심각합니다. 청소년 인권 차원에서나 부당노동 행위 등 여러 측면에서 보아 해결해야 할 문제가 많습니다.

노동환경, 임금, 처우, 근로기준법 준수 등에 여러 문제가 많지요. 이런 문제들을 다루는 이유는 청소년의 자기 공부 시간 결정권과 청소년의 인간다운 삶에 대한 고민을 녹여서 화백회의를 하고자 함입니다. 물론 우리나라 고3에게 인권이나 휴식 등의 인간적인 삶은 사치라고 비난하는 사람이 있을지 모르겠지만 말입니다.

화백회의에 들어가기 위한 서론이 길었는데, 이런 배경지식 없이는 심도 깊은 화백회의를 하기가 어렵습니다. 어쩌면 초등학생들이 스스럼없이 하세서 자신들이 배운 바를 더 쉽고 자연스럽게 펼쳐놓을지도 모릅니다. 묘하게도(!) 화백회의는 모를수록, 순수하고 마음이 비어 있을수록 발언도 잘하고 다른 사람의 의견에 지지와 철회의 작동도 원활하게 일어납니다.

그런 점에서 고3이란 화백회의를 하기에는 최악의 조건입니다. 수능과 직접 관련이 없는, 주어진 자료에 대한 탐색이 어렵고 자신들의 삶의 문제를 다루기에는 벽이 너무 높습니다. 어느 고3이 지금 우리 사회에서 벌어지는 문제에 관심을 가질 것이며 또 자신들의 삶의 문제라야 입시와 성적, 경쟁 외에 무엇이 또 있을까요. 그럼에도 용기를 내어, 아니 좀 더 호기롭게 화백회의 안내를 하고 밀고나가기로 했습니다. 일말의 희망을 가진 것은 학생들은 말하기를 즐거워한다는 점이고(우리 또 짝토론 해요~) 화백이라는 낯설고도 기이한 회의에 대해서 호기심을 보인다는 점입니다. 그렇다면, 그리 어려운 것만도 아니지요! 비록 고3일지라도.

학생들에게 제시한 논제는 '고3에게 가장 적절한 공부(학습노동) 시간은 몇 시간인가'입니다. 공부와 학습을 노동으로 보는가 여부부터가 쟁점이고 사고의 기준이며 출발점입니다. 주체적으로 발표할 학생들에게 3~5분 정도의 발표 내용을 정리해오라고 주문했습니다. 발표 내용과 태도를 생활기록부에 교과세부특기사항으로 기록한다는 말도 잊지 않고요. 스펙과 상관없이 순수하게 준비해오기를 바라지만, 능동적으로 나선 친구에게 가산의 몇 마디를 적어주는 건 교사의 의무입니다. 마음을 얼마나 담아내는가 하는 발심의 힘까지를 순수하게 바라는 건 어쩌면 욕심일지도 모르니까요. 그리고 나서 설레는 마음으로 첫 화백회의 시간을 맞이했습니다.

6개 반에서 6번의 화백회의를 진행했습니다. 각 반마다 특성이 있습니다. 남녀 합반, 여자반, 남자반 각 2개반, 총 6개 반에서 화백회의를 실시했는데 묘하게도 남녀합반의 분위기가 가장 좋았습니다. 다음이 여자반 마지막으로 남자반 순서. 아마 선택과목과 성적과 비례할 것입니다. 그럼에도 불구하고 공통의 과정과 결말, 소감이 공존합니다.

남녀합반의 과정을 상세하게 소개하면서 다른 반의 하세 내용을 묶어서 안내하고자 합니다. 대동소이한 모습이라 한 반을 소개하면서 거기에 약간의 차이점을 드러내면 족합니다.

나름 꼼꼼하게 준비해온 친구가 상대적으로 많아 화백회의가 활발하게 진행되었습니다.

시작 전에 자리에서 일어나 두 손을 공손히 모은 뒤에 서로 합장배례를 했습니다. 화백회의의 원 취지는 디베이트가 아니라 집단지성을 모으는 과정이므로 굳이 논쟁하지 말고 최선의 지혜를 발휘해보자는 취지라고 하자 다들 어색하게 웃으면서도 고개를 숙입니다. 참고로 이 반 학생들 가운데는 디베이트 동아리에서 활동한 친구들이 많습니다.

"자 그럼 지금부터 화백회의 하세를 시작하겠습니다. 준비해온 하늘님께서는 앞으로 나와주시기 바랍니다."

학급별로 5~7명 정도의 학생들이 하세해서 자기 주장을 펼칩니다.

초등에서는 순서를 보여주었으므로 고교 현장에서는 몇 사람의 하세 스타일을 유형별로 정리해보겠습니다.

가. 논리형 : 철저하게 이성적인 계산을 통해 공부 시간을 정한 학생들. 교과서나 여타의 다른 이론을 근거로 공부 시간을 정함. 이 학생들의 특징은 공부 시간을 한 시간 혹은 분 단위까지 나누어 규정했다는 점입니다.

　저는 상급학교 진학을 목표로 하는 인문계 고등학교 3학년 학생이라는 가정 하에, 그 학생에게 적절한 공부시간은 몇 시간일지에 대해 얘기해보겠습니다.

　우선, 우리나라 주당 최대 노동 시간은 52시간입니다. 하루에 최대 약 7시간 30분 합법적으로 노동할 수 있는 것입니다. 그렇다면 적절한 공부 시간은 어느 정도일까요? 제가 이 주제에 대해 고민해보면서 가장 먼저 든 의문은, '왜 공부시간에 적정 노동시간을 적용할 수 없을까?'였습니다. 만약 공부와 노동이 별반 다르지 않다면 우리나라에서의 적절한 공부시간은 7시간 30분일 것입니다.

　그러나 공부와 노동은 매우 다른 특성을 갖고 있어 이렇게 간단히 적용할 수 없습니다. 노동은 노력의 결과로 수익 창출을 위한 물리적 결과물이 형성되는 반면, 공부는 노력의 결과로 무형의 결과물이 형성됩니다. 즉, 직장인들은 노동과 자신을 분리해 생각할 수 있으나, 학생들은 공부와 자신을 분리할 수 없습니다. 간단히 생각해보면 직장인들은 컴퓨터에 문서를 작성해두고 여가 생활을 즐길 수 있지만, 학생들은 집에 와도, 밥을 먹을 때에도 '공부'를 놓을 수 없습니다. 컴퓨터만 잘 관리하면 작업이 유지되는 직업인들과 달리, 학생들은 스스로가 공부를 위한 도구이자 결과물이기 때문입니다.

여기서 잔인한 것은, 인간의 망각입니다. 어빙하우스의 망각곡선에 의하면 사람은 학습 후 10분부터 망각이 시작 돼, 1시간 후에는 약 50%를 망각합니다. 하루가 지나면 70% 이상 망각하고, 한 달 후에는 약 80%를 망각하게 됩니다. 따라서 서류를 제출하면 작업 끝나는 직장인들과 달리 학생들의 학업에 끝이란 찾기 힘듭니다.

저는 처음에 그 끝을 찾기 위해 파지율(把持律)이라는 것에 주목했습니다. 파지(把持)는 정보를 기억하여 다음에 그 정보를 재현하게 하는 활동으로, 파지율 공식은 (처음 학습에 소요된 시간-복습에 소요된 시간)/처음학습에 소요된 시간 x 100(%)입니다. 파지율이 높을수록 공부 효율이 높은 것인데, 100% 효율을 위해서는 복습에 소요되는 시간이 0이 되어야 합니다. 따라서 저는 복습에 소요되는 시간은 횟수에 따라 줄어든다는 특징을 사용해 총 복습 시간의 수렴값을 구하려 했으나, 기억은 4차 복습을 통해 장기 기억 상태로 넘어간 후에도 여전히 망각이 일어나 유지될 수 없음을 알고 포기했습니다. 즉, 공부의 끝은 없고, 학생은 계속 공부를 해야 해요.

그렇다면 학생들에게 적절한 공부 시간이란 무엇일까요? 저는 이 질문의 답을 다른 각도에서 찾기로 했습니다. 적절한 공부 시간은 학생의 '인권'이 보장되는 상태에서 가장 효율적으로 생활했을 때의 공부시간입니다. 인권이란 사람이 개인 또는 나라의 구성원으로서 마땅히 누리고 행사하는 기본적인 자유와 권리인데, 현행헌법의 인권규정을 보면 ① 행복추구권, ② 평등권, ③ 자유권, ④ 사회권, ⑤ 청구권, ⑥ 참정권 등이 있습니다. 현재 학생들이 가장 누리지 못하고 있는 권리는 행복추구권과 자유권일 것입니다.

  미국수면의학회 공식 저널 '수면' 1월호를 보면 잠자리에 드는 시간이 늦은 청소년이 우울증에 걸릴 위험이 높다고 합니다. 수면시간 5시간 이하인 청소년들은 그렇지 않은 청소년들에 비해 우울증에 걸리는 비율이 71%, 자살 고려 비율이 48% 더 높다고 합니다. 부족한 수면 시간이 학생들의 행복추구권을 침해하는 것입니다. 미국에서 청소년 권장 수면시간은 하루 9시간인데, 저는 계산할 때 한국의 청소년 권장 수면시간인 8시간을 사용하겠습니다. 또, 보장받아야 할 권리인 자유권에는 종교의 자유와 예술의 자유가 있습니다. 1주일에 종교시간으로 예배시간 등에 사용될 2시간, 예술시간으로 세계평균 독서시간인 6시간 30분을 분배하겠습니다.

이제 하루 24시간을 인간적인 삶의 수준이 되도록 구성해보면
취침시간: 8시간
점심시간을 제외한 학교 시간: 5시간 = (8-1)시간x5일/7일
식사시간: 2시간 (점심시간, 저녁시간)
종교시간, 예술시간: 1시간 13분
그 외에 아침 준비시간 + 씻는 시간: 1시간 30분
통학시간: 30분 까지 빼면
남은 시간은: 5시간 47분입니다.

인간의 뇌 신경세포는 약 1000억 개 정도로 각 신경세포는 다시 1000 개에 이르는 시냅스와 연결돼 있습니다. 공부를 할 때 뇌는 무수히 많은 시냅스에서 빠른 속도로 신호가 전달되고 있어 쉽게 피로해지므로 학습 능률을 높이려면 1시간 공부할 때마다 10분의 휴식이 필요합니다. 따라서 남은 5시간 47분을 공부에 사용한다면, 순수 공부 시간은 5시간 정도가 가장 효율적입니다. 마지막으로 여기 학교에서의 5시간을 더 세분화 시키면 하루에

쉬는 시간: 43분
진로탐색과 체육시간: 14분
그리고 자습시간에 자습을 한다는 가정 하에 공부시간: 3시간 48.5분으로 구성되어있습니다.

따라서 대한민국 고3의 적절한 공부 시간은 총5시간과 3시간 48.5분을 합친 약 8시간 50분입니다. (309 차영현)

국가에서 학교교육과정을 정한 이유와 학원금지 시간을 정한 이유를 돌아봅시다.
하루 8시간, 밤에는 10시까지 학원수업 허용.
이는 아담 스미스의 보이지 않는 손의 원리를 국가가 그대로 적용한 사례로 보입니다. 최소한의 공부 시간을 정하고, 동시에 최대 학업 시간을 규정하여 노동자들이 스스로 휴식을 취하고 남은 시간에 공부해서 최대

한의 노동 생산성을 유지하도록 한 점 말입니다.

하루 학교 수업 8시간, 이후 4시부터 10시까지 6시간을 합치면 총 14시간입니다.

(박은지)

상당히 차분하고 논리적이고 이성적인 계산 속에서 청소년들의 학습노동 시간을 정리했고 설득력 있는 주장으로 많은 친구들의 지지표를 받았습니다.

나. 소신형 : 논리적 계산보다는 공부와 학습노동에 대한 자기 스스로의 정의를 기반으로 공부 시간에 대한 주장을 펼친 학생들입니다.

8반에서 '공부시간과 여가시간의 효율관계를 수요공급 곡선 그래프에 응용'해서 발표한 박준형 친구의 주장에 오류가 있어 2시간 정도를 더 낮추려고 나온 손예지 임금님은 다음과 같은 주장을 펼쳤습니다.

학생은 교육을 요구하는 수요자입니다. 학교는 교육의 공급자입니다. 그러나 교육에 경제적 개념을 접목시키면 큰 모순이 생깁니다. 학교가 아무리 더 많은 교육량을 제공해도 소수의 이해와 다수의 무지로 인해 결국 공부의 총량은 한계가 있습니다. 공교육은 사치품이 아니기 때문에 결국 시대에 맞는 일정한 공부량으로 돌아올 것입니다. 그러한 측면에서 보았을 때 학교는 영원히 같은 공부량을 제공하는 독점기업의 공급곡선을 그리며 작동합니다.

학생은 수요자입니다. 따라서 학생의 수요가 증가하면 공급도 증가하는 것이 상식입니다. 그러나 교육은 그렇게 작동하지 않습니다. 수요가 증가한다 해도 학교는 일정한 공급량을 유지할 수밖에 없습니다. 그 경우 학생의 선택은 두 가지입니다. 사교육으로 등을 돌리거나 학교 시스템을 따르거나. 제가 주장하고 싶은 올바른 선택은 후자입니다. 학교 교육은 일과를 마치고 3시간만 복습을 하면 충분하도록 설계되어 있습니다. 주말에는 학습을 하지 않고 주당55시간만 공부해도 주당 근로시간이 근로기준법상 규제 영역인 52시간을 넘어섭니다. 학생들은 그 시간에 무엇을 해야 할까요?

첫째 그들은 진로를 탐색해야 합니다. 고3이면 이제 학습을 그만두어야 합니다. 대신 자신이 하고 싶은 일과 열정을 가지고 할 일을 찾아야 합니다. 자기 인생을 새롭게 설계하고 실행 계획을 세운 뒤, 지역을 기반으로 한 프로그램을 만들어 참여해야 합니다. 직업 체험을 미리 해보는 일도 중요하고 이는 공교육 교육과정에도 포함되어야 합니다.

나아가 충분한 휴식은 새로운 에너지가 됩니다. 공부를 지나치게 많이 하면 다음 날 무리가 따릅니다. 12시간 이상 공부한 경우 신체적으로 부담스럽습니다. 고3들은 충분히 쉬어가면서 3시간 정도로 자기만의 공부시간을 가진 뒤 남은 시간을 자신들의 삶을 위한 새로운 준비에 힘써야 합니다. (손예지)

공부의 정의는 무엇일까요? 학교와 학원에서 보내는 시간들이 진정한 공부의 시간일까요? 객관적이고 물리적 시간이 아니라 자기가 주체적으로 참여한 자기주도학습시간만이 진정한 공부시간입니다.

물리적으로 학습시간이지만 주체적인 사고 없이 핸드폰이나 잡생각으로 보내는 시간은 허상입니다. 중요한 건 몰입도입니다. 나머지는 형식이고 껍데기입니다. 고3을 고려하면 최고의 몰입 시간은 최저 3시간 정도가 적절합니다. 스스로 목표를 세우고 몰입의 시간을 보낸다면 굳이 시간을 정하지 않아도 됩니다. 결국 몰입력이 최대의 효과를 낸다는 점에서 객관화된 시간 제시는 불가하고 각자의 자율에 맡겨야 합니다. (박규항)

일찍이 공부와 노동의 관계를 정의내리고 시작한 친구도 있습니다. '고3의 공부야말로 인간을 혹사시키는 절대 노동이라는 주장 속에서 공부는 시간의 규제없이 온전한 자율로 이루어져야 한다(신혜진)'는 주장도 많은 친구들의 호응을 얻었습니다.

다. 감각형, 실질형 : 이론적 배경 없이 감각적으로 적절한 시간 배분을 통해서 공부 시간을 정한 학생들. 실제 자기와 친구들의 고3 생활을 기반으로 주장한 점이 돋보입니다.

공부에 정해진 시간은 없습니다. 자기가 자율적으로 조절하는 것이 최선입니다. 세상 모든 사람이 동의하는 사상이 없듯이 모두에게 맞는 공부시간도 없습니다. 자율적으로 결정하면 됩니다. 과목의 선택 또한 자율적으로 이루어져야 합니다. 공부 시간은 전체 시간을 정하되 듣고 싶은 과목과 시간을 스스로 정하는 것입니다. 시험도 사탐과목 선택하듯이 맞게 시행하면 됩니다. (오승혁)

주로 예체능 친구들이나 공부를 많이 하든 안 하든 자율적으로 자기 시간을 주체적으로 보내는 친구들이 이런 주장을 했는데, 자기 이야기를 편

히 해서인지 유머가 넘치고 고3 생활에 대한 사실적인 묘사로 많은 친구들의 호응을 받았습니다.

후반부의 선양 과정에서는 양보가 많았습니다. 본인들의 삶이 담긴 주제이긴 하지만 이해관계가 얽힌 문제도 아니고 또 회의의 방식에 재미를 느끼다 보니 선양을 통한 과정이 어떤 느낌을 가져오는지 흥미롭게 진행해보고 싶어했습니다.

최종 의견 옮김을 하는 십자공수 후에 판정을 했습니다. 판정은 대체로 무난했는데, 특별히 진정성이 느껴지거나, 주장을 위한 준비의 공이 돋보이는 친구들에게 약간의 가산점을 주는 방식으로 판정했습니다.

학생들은 판정관의 역할과 가산점 부분에 대해 흥미를 보였습니다. 일반 회의와 달리 별도의 판정관이 있어서 독특하다는 표정을 보였는데, 더

군다나 판정관이 기존의 판정을 뒤집을 수 있는 권한을 가졌다는 점과 그런 판정관조차도 하늘님들의 뜻에 어긋나면 파면된다는 형식에 흥미를 보였습니다.

다음은 화백회의를 경험한 학생들의 소감입니다. 몇 명의 소감을 들어보겠습니다. 고3 학생들의 화백회의 소감은 놀라울 정도로 초등 6학년생들과 비슷합니다.

- 말로만 듣던 화백회의를 해보니 신기했다. 앞에 나와 말을 하면서 교육에 대한 가치관을 정비할 필요를 느낀다. 횡설수설 준비가 부족했다. 논리적 사고의 필요성을 절감한 시간이었다.

화백회의라는 것을 고전 시간에 처음 접했다. 처음에는 그저 낯설어 어렵게 느껴지고 꺼려졌다. 그러나 규칙을 이해하니 생각보다 간단했고 주

제도 흥미로워 준비하고 싶어졌다. 매일 공부 하는 일상을 보내는 학생들과 관련 있는 주제여서 열정적으로 준비할 수 있었다. 나의 주장은 학생들의 인권을 보장해줘야 한다는 것이었다. 아담스미스가 말했듯이 인간은 자신의 노력에 비례하는 무한의 성과급이 주어졌을 때 과로하게 된다. 학생들 또한 예외가 아니지만, 그들에게는 성과급이 주어졌을 뿐 아니라 과로하도록 강요하는 사회의 압박마저 있다. 고등학교 삼학년, 나아가 대한민국 학생들의 인권은 지켜지는가? 아침 8시까지 출근하고 밤 11시 30분에 퇴근하는 회사가 존재하는가? 나는 아니라고 단언한다. 일부 학생들의 살인적인 일과를 본다면 그것은 도저히 합법일 수 없다. 비참한 현실은 그런 학생들에게 박수를 보내는 어른들이다. 나는 언제나 일상적인 생활을 하며 죄책감을 느껴야하는 학생들이 불쌍하다고 느낀다.

돌이켜 생각하면, 나 또한 한 학생으로서 공부뿐인 삭막한 일상을 보낸다. 나의 일상은 자유롭지만 자유가 없다. 직접적으로 나를 구속하는 것은 없지만 사실상 자유는 허락되지 않기 때문이다. 그러한 상태에서 내가 나의 주인이라는 생각을 하기는 쉽지 않다. 자유 의지를 가진 인간이라지만 우리는 과연 그 삶을 이끌어가고 있을까? 궁금했다. 나는 몇 시간을 공부해야 하는 것일까? 나는 바람직한 생활을 하고 있는가? 하이데거와 같은 실존주의자들은 죽음이 스스로의 주인됨을 확인하는 장치라고 한다. 그런 의미에서 화백회의는 나의 삶과 주인됨을 고민해볼 수 있는 활동이었다. 적절한 공부 시간을 정하고 하루를 설계하는 등 화백회의를 준비하는 과정에서, 논리적으로 오류가 있든 없든, 내가 지키든 말든 주인으로서의 권한을 느낄 수 있었다.

화백회의의 실질적 진행은 즐거운 분위기 속에서 이뤄졌다. 진지하게 조사하고 준비해 온 나와 달리 다른 아이들은 즉석으로 발표를 했다. 오히려 그래서 자유롭게 발언할 수 있는 밝은 분위기가 형성된 것 같다. 토론과 비슷할 것이라 생각했지만, 실제로 화백회의를 해보자 다르다는 것을 느꼈다. 거의 아무도 반박은 하지 않았고, 발언자들은 자신의 주장을 펼칠 뿐이었다. 화백회의는 토론보다는 '소크라테스의 변명'에 나오는 변론에 가까웠다. 이 활동을 하며 아담스미스의 '국부론'과 플라톤의 '소크라테스의 변명'을 모두 거친 것 같아 신기했다. 또 지폐를 통해 청자들이 자신의 의사를 표현할 수 있어 효율적인 회의 방식인 것 같다.(차영현)

- 고3이 되고 나서도 적당한 공부시간에 대하여 생각해본 적이 없었는데 이번 기회를 통해 공부에 대하여 진지하게 고민해 볼 수 있었다. 특히 어빙하우스의 망각곡선을 찾아보며 효율적인 공부 방법에 대해서도 생각해보게 되었고 다른 친구들의 발언에 경청하며 다양한 생각을 들을 수 있어서 새로웠다. 학우들 앞에서 발표를 하며 호응을 받으니 뿌듯했다.

평소에 학교에서 수행평가라고 하면 보고서를 쓰거나 글짓기를 하거나 발표를 하는 것이었지만 이번에는 '화백회의'를 하게 되었다. 처음에 이를 접하게 되었을 때 매우 생소하다는 느낌이 들었다. 말발을 주고받는 것이며, 수시로 옮기는 과정에서 친구들의 생각변화를 읽는 것, 다른 사람에게 자기 의견을 양보하고 들어가는 활동 등이 매우 참신했다. 서로 대립하지 않고 전체의 의견을 모아가는 좋은 방식의 회의. 실제 우리 삶의 주제로 해보면 더욱 좋겠다는 생각이 든다.(예정원)

이렇듯 화백회의에 대한 반응들은 참신하다, 재미나다, 역동적이다 등 긍정적인 느낌으로 모아집니다.

※ 남은 과제들

화백회의를 수업 시간에 적용하면서 든 몇 가지 고민들이 있습니다.

일단 수업과의 연계에서 주제가 학생들의 삶의 문제에 어느 정도 다가가는가 하는 부분입니다. 수업의 내용을 이해하고 심화하기 위해서라면 도움이 되지만 화백의 진수는 진짜 자기 삶의 문제를 다룰 때 나타납니다.

독일의 보이텔스바흐 3원칙은 '교사가 학생들을 일방적으로 교화하거나 생각을 주입하지 않고, 논쟁을 치열하게 하되, 자신의 정치적 이익에 부합하여 논쟁한다'입니다. 이 3원칙은 서구식 토론 문화에 뿌리를 두면서 치열하게 논쟁하는 방식이라 나름 의미를 갖습니다. 화백회의에서도 몇 가지 대원칙 수립이 필요한데 삶의 문제에 대한 천착은 보이텔스바흐 협약으로부터도 배울 점이 있습니다. (최근 〈보이텔스바흐 합의와 민주시민교육(북멘토)〉이라는 책이 나왔습니다. 꼭 읽어보시기를 권합니다. 졸저 〈미래학교와 무지한 스승(한결하늘)〉에도 보이텔스바흐 합의를 소개해 놓았는데. 보이텔스바흐 합의는 민주시민교육을 위한 중요한 지침입니다.)

마침 수업을 들어가는 어느 반에서 체육대회를 앞두고 반티의 디자인과 색상을 정하는 과정에서 검은색과 파란색이 절묘하게 절반으로 나뉘고, 거기에 어느 한쪽으로 통일하자는 의견과 원하는 대로 2가지 색으로 하자는 의견이 다시 나뉘면서 학생들이 갈등의 양상을 보였습니다. 이 과정에서 흔히 나타나는 문제는 결론보다도 결정과정 그 자체입니다. 몇 번의 투표를 거치고, 중간 과정에 새로운 의견이 등장하면서 앞선 결정의 가치가 흔들리면 참가자들이 이성적 혼란과 함께 감정적 불편함을 느낍니다. 만약 이 문제를 화백회의로 풀었으면 어땠을까요? 학생들에게 제안을 했으나 모의고사를 하루 앞둔 고3인지라 학생들은 웃으면서, '저희들도 하고 싶지만 시간이 없어요'라며 간편한 투표 방식으로 결정했습니다.

화백회의는 최선의 방안을 찾아나가는 하세가 지속적으로 가능하기 때문에 당사자들의 문제를 갈등 방식이 아니라 화합 방식으로 풀어가는 최선의 회의 모형입니다.

또 하나의 풀리지 않는 문제는 의견의 충돌입니다.

회의나 토론의 주제 가운데는 극단적인 이념대립을 포함해서 이미 시작 단계부터 입장이 확연히 갈리는 주제들이 있습니다. 신고리 원전 폐기 문제에 대한 숙의민주주의의 공론화 과정의 주제가 그렇습니다.

폐기냐 건설이냐?

공론화 위원회에서도 숙려제도를 도입해 위원단을 조직, 교육하고 결국 투표방식으로 결정했습니다. 만약 극단적인 선택을 피하기 위한 화백회의 방식이었으면 어땠을까 상상해봅니다. 참가자들은 분명 극단의 선택을 요구받았습니다. 그 가운데서 중용의 지혜가 나왔을지 난상의 혼돈이 더해졌을지는 짐작하기 어렵지만, 화백의 본 취지를 살리는 회의가 원활히 이루어졌다면 결과는 비슷할지라도 과정 자체가 더욱 의미 있게 참가자들의 동의와 공감을 이끌어내지 않았을까요?

결국 화백회의에서 마지막 남은 몇 개의 의견에 대한 판단의 문제이기도 합니다. 판정관의 역량과 권한, 판정에 대한 현명한 선택 등의 문제는 지속적인 훈련과 교육을 통해서 풀어야할 과제입니다.

다음은 흥사단에서 화백회의 연구 과정에서 화백회의에 참가한 선생님의 소감문을 소개하고자 합니다. 철학적 탐구공동체에서 활동하시는 분이 화백회의와 철학적 탐구공동체의 유사성을 떠올리면서 쓴 글인데 화백회의의 수업 적용에 도움이 되겠다 싶어 선생님의 동의를 구해 전문을 싣습니다.

화백회의 참가 후기

2018. 2. 11. 흥사단본부
박 인 보 작성

후기를 쓰기에 앞서

화백회의에 직접 참여해보지 않으신 분들이 이 후기를 읽는 경우 화백회의 단톡방에 올려주신 '화백회의매뉴얼(밝은마을)', '화백회의–김치국 정리' 이 두 개의 텍스트를 먼저 읽어보시면 화백회의에 대한 전반적인 이해 및 제 후기 이해에 도움이 될 것 같습니다.

그리고 좌계 선생님께서 단톡방에 올려주신 내용들…. 솔직히 제 식견이 부족하여 올려주신 내용을 모두 이해하기는 어렵습니다만 내용을 알고 화백회의를 본다면 참 좋을 것 같습니다.

그 외 참고내용(인터넷 기사 : 갈등이 전혀 없는 화백회의를 아십니까?)
http://www.ohmynews.com/NWS_Web/view/at_pg.aspx?CNTN_
CD=A0000275616&CMPT_CD=A0289

화백회의에 참석하면서 제가 우리 역사에 참 무지하구나 하는 생각을 다시 한 번 했습니다. 우리에게도 이런 좋은 토론 모델이 있었는데 왜 지금껏 몰랐을까요? 배움의 기회를 주신 좌계선생님을 비롯한 참석하신 모든 분들께 감사의 인사를 드립니다.

이 후기는 화백회의를 직접 체험해본 것을 바탕으로 제가 하게 된 주관적인 생각들임을 감안해주시면 좋겠습니다.

1. 화백회의와 철학적 탐구공동체. 닮은 점이 많네?

화백회의에 참가하면서 '철학적 탐구공동체'와 닮은 점이 많다고 느꼈습니다. 이 날 어떤 분께서 화백회의를 그 절차나 방법이 아닌 철학으로 봐 달라는 이야기를 하셨는데 철학적 탐구공동체 역시 그렇기 때문입니다. 화백회의와 철학적 탐구공동체(이하 철탐공) 둘 다 교사가 관행적 패러다임을 깨고 새로운 철학을 가질 것을 요구합니다.

관행적 패러다임에서 교사는 지식을 전수하는 입장이지만 철탐공이나 화백회의에서는 교사도 논의에 참가하는 동등한 한 사람이며 더 나은 판단을 위한 조력자일 뿐입니다. 지식을 전달하는 교사가 아닌 지혜를 만들어가는 과정을 도와주는 교사가 되어야 철탐공이나 화백회의를 제대로 진행할 수 있습니다.

철탐공에서는 토론을 통해 얻게 된 어떤 판단을 절대적인 것으로 취급하지 않고 잠정적 참, 소문자 진리로서 언제든지 변화할 수 있는 것으로 보는데 화백회의 역시 이와 닮아 있습니다.

화백회의와 철탐공 둘 모두 오류가능주의를 바탕에 두고 있으며(화백회의 매뉴얼에서는 '집단의식의 오류'라는 표현을 쓰고 있으며 이의 보완을 위해 판정관을 두고 있다고 되어 있습니다) 단순히 너도 옳고 나도 옳고 모두가 옳다는 식의 상대주의로 빠지지 않고 사회적 합의의 과정을 통해 최선안을 찾아나간다는 점이 철탐공과 비슷합니다.

보다 나은 판단을 위해 사회적 논의의 과정, 숙고의 과정, 반성적 사고를 중요시 하는 점도 철탐공과 화백회의의 닮은 점입니다.(화백회의에서는 이를 위해 '사회적 명상'이라는 방법을 사용하고 있었습니다)

또한 철탐공에서 말하는 '합당성'을 화백회의에서도 느낄 수 있었습니다. 철탐공에서는 서구의 합리성을 중심으로 하는 판단이 가져온 문제들을 극복하기 위해 합리성을 넘어서는 판단, 즉 상황, 맥락, 감정 등 다양한 측면들이 고려되는 합당성을 추구하고 있고 아이들이 이러한 합당한 판단력을 갖추어 지혜로운 민주시민이 되는 것을 목표로 하는데 화백회의 역시 참가자들의 다양한 입장과 상황, 맥락, 감정 등이 고려되고 존중되는 민주적인 시스템이라는 생각이 들었습니다.

화백회의 만인만장일치라는 개념은 화백회의에 참가하기 전에는 모두가 다 찬성하는 만장일치를 떠올렸으나 화백회의에 참석하고 난 뒤에는 소통과 사회적 합의를 통해 적어도 모두가 반대하지는 않는 접점, 최선안을 찾아내는 과정임을 알게 되었습니다. 이 역시 철탐공의 합당성 개념에 가깝다는 생각이 듭니다.

화백회의의 논의 과정을 보면 철탐공에서 토론을 진행하는 것과 닮아 있는데 누구도 자신의 의견을 강요하지 않으며 다만 질문을 통해 궁금한 것을 묻고 답하며 보다 나은 결론을 향해 나아간다는 것입니다. 디베이트 토론처럼 서로 대립하여 상대방을 꺾는 방식이 아니며 상대방의 의사를 존중하고 동의를 얻어가면서 더 좋은 의견으로 수렴해나가는 과정, 그러나 최종적으로 수렴된 의견조차도 최종이 아니며 다시 시작하는 출발점이고 끊임없이 이어지는 사유의 여행이라는 점에서 둘은 닮아 있습니다.

이는 현대 철학자 들뢰즈가 말하는 유목민(nomad, 자유롭고 한 자리에 머물지 않음. 특정 가치와 삶의 방식에 얽매이지 않고 끊임없이 자기 자신을 바꾸어 나가며 창조적으로 사는 인간. 여러 학문과 지식의 분야를 넘나들며 새로운 앎을 모색하는 인간)의 개념을 떠올리게 했습니다.

화백회의에 참석하여 들은 바로는 화백회의의 기원이 유목민에게서 온 것이라고 하셨는데 유목민의 삶과 사고방식이 논의의 형식으로 표현된 것이 화백회의가 아닐까 싶습니다. 그리고 철탑공 역시 그 개념을 창안한 사람이 유대인임을 생각할 때, 나라 없이 떠돌던 이스라엘 민족의 유목민과도 같은 삶과 사고방식이 녹아 있을 거라는 생각이 듭니다. 이 둘

이 비슷하게 느껴지는 것은 어쩌면 자연스러운 것인지도 모르겠습니다.

화백회의나 철탐공 둘 다 유목민적 사고를 통해 기존의 위계질서, 고정 관념으로부터 해방될 수 있으며 각자가 가진 경험, 지평들을 가지고 이동하다가(화백회의에서는 말발을 옮기는 것에 해당합니다) 지평융합하기도 합니다. 지금까지의 판단을 바탕으로 최선안에 정착하지만 한 자리에 계속 머물지 않고 더 나은 판단을 지향하며, 각자가 가진 생각의 차이를 인정하고 보다 나은 가치를 찾아나가기 위한 반복의 여정을 거칩니다.

논의 과정에서 언제든지 자신이 내놓았던 의견을 바꿀 수도, 내려놓을 수도, 옮겨갈 수도 있으며 누구도 이에 간섭하거나 할 수 없다는 점에서 노마드적이라고 할 수 있습니다. 화백회의와 철탐공. 기본 철학이 비슷해서인지 정말 닮은 점이 많습니다.

2. 화백회의. 매우 감각적인데?

화백회의에 참가하고 난 뒤 느낀 것인데 제가 그 동안 경험했던 모든 토론 방식 중 가장 감각적이었습니다. 후각, 청각, 시각, 촉각, 미각이 모두 동원되는 토론 방식은 처음이네요. 서구의 철학에서는 우리의 감각, 감정을 불확실한 것으로 여기고 이성 중심주의를 내세웠지만 우리의 조상들은 감각이나 감정도 우리 안에 있는 것으로 생각하고 배척하지 않았구나 하는 생각이 들었습니다.

(1) 후각 : 화백회의를 시작하기 전 정화의식을 하는데 쑥을 태운 연기를

들이마셨습니다. 쑥이 타는 냄새가 코를 타고 후각을 강하게 자극했습니다. 보다 좋은 판단을 위해 우리의 오감을 일깨운다는 측면에서 교실에서 학생들과 좋은 향을 함께 나누면서 토론을 시작해보면 좋겠다는 아이디어를 얻었습니다.

(2) **청각** : 화백회의에 참석해 본 결과 경청 연습을 위한 좋은 회의 방식이라는 생각이 들었습니다. 화백회의 매뉴얼에도 있고 직접 참여하면서도 느꼈지만 말하는 것보다 듣는 것을 훨씬 더 중요시하고 있었습니다. 회의에서 내 생각을 말하는 것보다 타인의 생각을 듣는 것이 먼저이고 그래서 경청을 필요로 합니다. 학생들과 토론을 하면 할수록 그 중요성을 크게 느끼는 것이 경청입니다. 화백회의에서의 말발권은 그 경청을 할 수 있도록 도와주는 도구의 역할을 합니다. 말발권을 사용하기 위해서는 상대방의 발언을 귀담아 들어야 합니다. 그래야 하세(下世, 하늘에서 인간 세상으로 내려와 의견을 세움)를 할 수도 있고 말발을 세워줄 수도 있기 때문입니다.

(3) **시각** : 철학적 탐구공동체를 포함하여 일반적인 토론에서의 논의 과정은 눈에 보이지 않는 것임에 비해 화백회의는 시각적으로 도식화가 가능하다는 점이 상당히 매력적입니다. 십자공수라는 과정을 통해 수직수평으로 이동하면서 의견이 수렴되어 가는 과정을 눈으로 확인할 수 있는데 학교에서 토론할 때 활용해보면 좋겠다는 생각을 하였습니다. 화백회의에서는 말발권을 이동하고 쌓는 것으로 하고 있는데 교실수

업에서는 말발권을 자석을 활용하여 칠판에 붙이는 형태(또는 포스트 잇)로 나타내는 것이 좀 더 좋겠습니다. 그렇게 하면 어떤 의견에 누가 지지를 하고 있는지, 또 붙였다 떼었다 하면서 말발이 이동하는 과정이 학생들에게 시각적으로 좀 더 잘 보일 것입니다.

(4) **촉각** : 여기서 제가 말하는 촉각은 피부의 느낌이라기보다 몸을 움직일 때 느껴지는 감각을 말합니다. 화백회의에서는 말발권의 이동(각자가 가진 생각의 변화)을 머리로만 하지 않고 자신이 몸을 직접 움직여서 합니다. 그래서 회의를 하며 의견이 조율되어 가는 과정을 몸으로 체험할 수 있습니다.

(5) **미각** : 사실 원래 화백회의에 미각이 포함되는지는 잘 모르겠습니다. 하지만 제가 참여한 화백회의는 회의 중간에 자유롭게 음식(간식)을 먹으며 진행되었습니다. 원래 진정한 소통은 함께 무언가를 나누어 먹으면서 이루어지는 법입니다. 식구(食口)라는 말의 의미도, 곳곳에 카페가 자리 잡고 있는 이유도, 요즘 학교에서 월드카페토론(다과를 두고 진행하는 경우가 많음)이 유행하는 이유도 같은 의미라고 생각됩니다.

3. 화백회의를 교육 현장에 도입할 때 생각해봐야 할 것은?

(1) 실제 화백회의에 참가해본 결과 화백회의의 기본 철학이 제대로 공유
되지 않고 회의 참가자가 기본적인 자질(철탑공식으로 말하자면 배려
공동체, 다차원적 사고력, 합당성)을 갖추지 못한 채로 하면 회의가 제
대로 안 될 가능성이 높습니다. 매우 중요한 사안들을 결정했던 만큼
정말 공덕을 쌓은 자(지혜로운 자)들이 해야 할 것으로 생각됩니다. 이
날 뭔가 토론이 잘 안 된 것처럼 느껴진 것은 제가 진정성 없는 준비
되지 않은 참가자였기 때문이었을 겁니다. '화백회의는 누구나 할 수
는 있으나 아무나 할 수는 없다'고 했는데 이 날 저는 의제에 대한 공
부, 마음의 준비 모두 미흡하여 정말 '아무나'였고 그래서 함부로 발언
하기가 어려웠습니다.

화백회의를 교육 현장에 처음 도입할 때는 아직 준비되지 않은 아이
들과 함께 회의를 하게 되므로 화백회의의 기본 철학에 대해 함께 생
각해보는 시간이 반드시 필요할 것 같습니다. 왜 하는지, 어떤 마음가
짐으로 참여해야 하는지, 지켜야 할 것은 무엇인지 등.

(2) 회의 참가자는 하늘님처럼 모두 존귀한 존재라는 기본 철학이 매우 좋
습니다. 그러나 모든 것을 알고 있는 하늘님이라는 설정은 모든 것을
알고 있으므로 더 논의할 것이 없음을 의미한다는 오해를 받을 소지
가 있습니다. 따라서 모든 것을 다 알고 있다는 말의 의미를 가능성의
개념으로 이해하여 우리 안에 모든 것을 알고 이해할 수 있는 가능성
이 내재되어 있음으로 하늘님을 해석한다면 오해가 없을 것 같습니다.

(3) 의견을 표현하고 궁금한 것을 묻기 위해 화폐(말발권, 청문권)를 사용하는 점은 논란의 여지가 있습니다. 화백회의에 사용되는 화폐의 의미(화백에서 사용된 화폐가 소외된 자들을 위해 쓰인다는 점, 화폐를 쌓는다는 것이 공덕을 쌓아 올리는 것이라는 의미, 이미 모든 것을 아는 하늘님의 시간을 발언이나 질문을 통해 빼앗았다는 것에 대한 사죄의 의미 등)를 제대로 이해하지 못하는 사람들에 의해 본질이 왜곡될 가능성이 있습니다. 왜냐하면 보통의 사람들은 자신들이 가지고 있는 화폐의 개념을 가지고 화백회의를 바라보기 때문입니다.

게다가 화폐가 동등 배분이 아닌 차등 배분(청문권이라 하더라도)이므로 그것을 불공정과 불평등의 잣대를 가지고 바라보게 될 가능성이 높습니다. 실제로는 공동체에 기여한 자에게 좀 더 발언권을 준다는 의미이고, 공동체에 그 동안 높은 기여를 해 왔던 사람이 공동체에 도움이 되는 발언을 하게 될 가능성이 더 크기 때문에 그 가능성을 보고 발언권을 더 주었던 것(공동체를 위한 매우 중요한 의사결정을 해야 하므로)으로 생각됩니다.

좌계선생님 말씀으로는 원래는 공동체에 기여한 사람들에게 청문권을 더 많이 주어 각자가 가진 정보를 공유할 수 있도록 하는 의도가 있는 것이라고 하셨는데 교육적으로는 그러한 의미를 좀 더 살려 학교 현장에서는 화폐가 아닌 발언권, 청문권처럼 그 권리를 의미하는 증서를 사용하고, 차등 배분은 청문권에 한정하여 회의 구성원의 사전 동의를 구하고 배분하는 것이 좋겠습니다. 예를 들어 화백회의 전에 학급공동체의 발전에 기여한 학생이 누구인지 투표해보고, 나온 표수에 비례하여 청문권을 추가로 준다든지 하는 방법을 쓰면 어떨까 하고 생각해보았습니다.

(4) 화백회의는 경청을 매우 중시합니다. 그 의도는 알고 있으나 그렇게 되면 의사표현은 말발권으로만 하고 실제 자신의 생각을 말로 표현하는 일은 전혀 하지 못하는 경우가 발생할 수 있습니다. 또 학생들의 화백회의 의제에 대한 배경지식을 활성화하고, 의제와 관련된 각자의 생각을 끌어내는 과정을 거친 뒤 화백회의를 해야 좀 더 효과를 거둘 수 있습니다. 따라서 화백회의를 하기 전에 모둠토론(원탁토론, 월드카페토론 등 자유로운 의견 개진이 가능한 토론 방식)을 하여 자신의 생각을 충분히 꺼내어 보고 발언한 뒤, 전체토론 시에 화백회의를 활용하는 방안이 좋을 것으로 생각됩니다.

(5) 판정관의 가중치는 한 부족과 다른 부족이 가진 이질성을 극복하기 위한 장치이며 소수의견을 세워주는 배려의 의미로 사용될 수 있으나 실제 학교현장은 이질적인 부족들이 모인 공간이 아닌 오히려 동질적인 구성원에 가까운 인원들이 모인 곳입니다. 아마도 학교 현장에서 판정관은 교사 또는 현명한 학생이 맡아야 할 것인데 판정관이 가중치를 부여하는 순간 공정성의 문제가 등장할 수밖에 없습니다. 물론 판정관이 공정하게 가중치를 부여할 수도 있으나 판정관의 주관성이 개입될 수밖에 없고 여태껏 논의해온 것과 관계없이 누군가의 판단으로 가중치가 부여되는 상황은 학생들이 받아들이기 쉽지 않을 것

으로 보입니다.

만약 화백회의의 원안에 가깝게 판정관을 넣어 운영하고자 한다면 반드시 사전에 학생들에게 판정관이 어떤 역할을 하고 어떤 결정이 내려질 수 있는지 등에 대해 예시를 통한 설명을 해주고 그럼에도 불구하고 판정관을 활용할 것인지 학급구성원들의 동의가 필요합니다. 학교에서 화백회의를 하는 경우 판정관의 역할은 철탐공에서 교사의 역할처럼 논의의 진행자, 격려자이면서 질문을 통한 더 나은 사고 과정으로의 안내자, 스케폴더, 퍼실리테이터로서의 역할을 하는 것이 좋습니다. 논의에서 아이들이 놓친 것, 더 생각해봤어야 하는 것 등을 청문권을 통해 아이들에게 물으면서 더 깊게 생각해보도록 도와주는 역할을 하면 좋습니다.

(6) 교육계에서는 토론의 활성화를 위해 토론대회를 여는 경우가 많습니다. 화백회의를 기존 토론대회의 대안적 모델로 활용할 수 있지 않을까 하는 생각을 잠시 해보기도 하였으나 화백회의를 체험해본 결과 토론대회용 모델로는 부적합하다는 생각이 듭니다. 애초에 만들어진 기원 자체가 경쟁적 모델이 아니기 때문이기도 하며 화백회의에는 선양(타인에게 자신의 말발권을 양도하고 자신의 의견을 포기함)이라는 과정이 있는데 평가와 순위 매김을 전제로 하는 토론대회에서는 선양의 과정이 더 나은 의사결정을 위한 고뇌의 결과물로서보다는 상대방에게 논리적으로 진 것으로 평가될 가능성이 높기 때문입니다. 또한 말발권을 통해 언제든지 자신의 의견을 바꿀 수 있다는 자유로움은 논

의의 일관성을 중시하는 토론대회의 평가 특성 상 일관성 없는 것으로 치부될 가능성이 높습니다.

(7) 화백회의의 입정 과정에서 아이들에게 명상을 통해 논의 과정을 생각해보라고 하면 단순히 눈만 감고 화백회의의 내용을 떠올려 반성적으로 생각해보는 것은 잘 못할 가능성이 높습니다. 따라서 입정의 과정은 소리를 내지 않은 침묵 상태에서 칠판에 적힌 핵심 내용을 보며 마음속으로 내용 정리를 하거나 교사가 논의 과정을 정리해주는 것을 경청하며 진행하는 것이 좋지 않을까 싶습니다.

(8) 화백회의는 많은 인원이 동시에 참가할 수 있는 토론 방식으로 활용 범위가 넓을 것 같습니다. 전체 회의 진행 상황을 시각적으로 볼 수 있고 자신의 말발만 옮길 수 있는 스마트폰 앱(App)을 활용한다면 수천, 수만 명도 동시에 회의 진행이 가능할 것 같습니다. 직접 민주주의를 실현하는 방법의 하나가 될 수 있지 않을까 하는 생각이 듭니다. 교육 현장에서는 학급 전체나 전교 학생, 학부모, 교사들의 의견 수렴 과정에 화백회의를 활용한다면 직접 민주주의를 학생들이 체험할 수 있게 해주는 좋은 방법이 될 것 같습니다.

박인보 선생님께서는 이처럼 섬세한 눈과 마음으로 직접 체험한 화백회의 후기를 적어주셨습니다. 앞으로 화백회의 발전에 도움이 되는 귀한 말씀들입니다. 온라인 화백회의 및 토론 대회와 화백회의의 관계도 고민해주셨는데 다음은 그 부분에 대한 글들입니다. 코로나 시대를 맞이하면서 온라인 수업이나 활동이 늘어났는데 화백회의의 진화가 온라인에서 어떻게 펼쳐지는지 살펴보겠습니다.

화백회의와 토론대회,
토론의 심사와 평가

한국 사회에 '화백회의'는 아직 '도착'(arriaval)하지 않았습니다. 언제 오는 것일까요? 언젠가 오기는 할까요? 온다면 도대체 언제? 그리고 그것은 어떤 얼굴로 한국 사회 혹은 토론 문화 속에 들어오는 것일까요?

이 책의 초반, 토론에서 화백으로 패러다임의 전환을 요구하는 글을 썼습니다. 고대에서 근대에 이르는 길고 긴 문명의 진화와 흐름 속에서 '논리가 있는 투쟁'으로서의 '토론'(討論)은 분명 어떤 의미를 지닙니다.

이성, 과학, 변증법적 지양, 질문, 성찰, 민주주의 등 토론의 가치는 무한하며 이는 결코 폄훼될 수 없는 귀한 가치입니다. 비록 토론이 인간의 영적 승화와 깊은 정신의 고양에 이르는 데까지는 아직 나아가지 못했을지라도 말입니다. 그리고 토론의 그늘, 대립과 투쟁이 무한히 이어지고, 자본주의 사회 속에서 개인의 욕망과 이해관계를 충실히 대변하며, 상생보다는 일방향의 승리를 요구하는 제로섬 게임에 가깝다는 점에서 토론의 한계도 명확합니다.

그런 토론을 넘어서려는 하나의 시도, 문화, 흐름. 논리의 혁명과 파격과 개벽을 추구해보려는 일단의 시도 혹은 작은 화두가 화백회의입니다. 아직 실체가 잡히지 않는 무한대의 정신, 실험, 문화 혁명. 안타깝게도 아직 도착하지 못했으나 서서히 다가오는 그 무엇.

21세기 들어 화백회의는 작은 공동체의 실험으로 이어져왔습니다. 창안자인 좌계 김영래와 영적인 시민활동가 윤중 황선진 두 분의 노력과 전희식, 이무열, 김치국 등등 화백을 체험하고 그 가치를 인정한 여러 사람들의 노력으로 그 씨앗은 황무지에 뿌려지고 작은 싹을 틔워왔습니다.

화백회의가 마리학교와 같은 대안학교가 아닌 공교육 현장에서 최초로 시행된 때는 2018년으로 영동일고와 왕곡초에서 시행된 사례입니다.

토론이 그러하듯 화백회의도 그 자체로서의 회의적 기능이나 시민운동, 교육 문화 운동 등 다양한 의미가 있는데 교육으로서의 화백회의의 가치는 무궁합니다.

화백회의는 원천적으로 '토론 금지'가 원칙입니다. 여기서 토론이라 함은 논쟁을 통해서 상대를 공격하고 상대 논리의 허점을 찾으려는 시도를 말합니다. 독일의 '보이텔스바흐 협약'이 추구하는 바대로 토론과 논쟁을 통해서 민주시민교육을 확산하려는 지금의 추세에서 논쟁 금지라니! 어떤 의미에서 화백회의는 비민주적이고 비합리적이며 근대 과학과 자본이 이성이 추구해온 가치와는 다소 거리가 있어 보입니다.

오해는 말기 바랍니다. 화백에서도 청문권을 통한 질의와 응답 과정이 있으며 충분히 그리고 철저하게 주장과 근거, 오류 등을 논의하는 자리가 있습니다. 단, 목적이 상대를 공격해서 흠집을 내고 깎아내리려는 것이 아니라 미진한 부분이나 오류를 수정하고 보완하고, 한 단계 더 나아가려는 성장과 성숙에 있다는 점에서 기존의 논쟁과 다릅니다.

그런 의미에서 화백회의의 토론 금지 혹은 논쟁 금지 원칙이 근대 이성의 합리성을 부정하거나 외면하는 것이 아니라 합리성의 가면 뒤에 숨은 대립성과 공격성을 뛰어넘으려는 초이성적, 초과학적, 초합리적 시도입니다. 토론의 대전제가 '너는 너고 나는 나다'라는 개체주의에 있다면 화백회의에 대전제는 '나는 미처 몰랐네, 그대가 나였다는 것(무위당 장일순)'에 있습니다.

우주는 원래 하나입니다. 당신도 나도 나무도 풀도 공기도, 무릇 생명을 지닌 모든 것은 커다란 그릇에 담긴 한 식구입니다. 원래 보이지 않는 인연으로 맺어진 한 생명의 뿌리를 기반으로 하며 서구의 과학과 이성이 도달하지 못한 심원하고 현묘의 마음을 바탕으로 합니다.

이러한 차이는 화백의 전제인 회의 취지, 참가자의 자세, 서로를 향한 마음, 화백회의의 용어와 명칭, 방식 등에서 고스란히 나타납니다. 비록 현실에서 실현하기는 어렵지만 서로의 마음을 하나로 모아 만장일치를 지향했던 고대의 정신과도 일치합니다. 우주 생명이 갈가리 찢겨 인간의 마음조차도 온전히 개체화된 현대 사회에서 만장일치란 아득한 꿈같은 이야기고 '이상한 나라의 폴'처럼 오히려 생소한 문화입니다.

그럼 화백회의와 토론의 관계는 어떠해야 할까요? 토론은 사라지고 화백 실현을 위한 노력만 있어야 하는가? 모르겠습니다. 심보선 시인의 시처럼 '오늘 나는 모르겠고', 이제니 시인의 시처럼 '우리는 아직 우리를 모른다'고 고백할 밖에요. 다만 둘이 공존하는 시기는 당연히 필요하고 현재의 문명을 이루는 근간으로서의 토론이 존재하는 한, 토론은 하루 아침에 사라지지 않을 것이고 온전히 성화하지 못한 인류가 존재하는 한 토론 또한 인류와 더불어 지속될 것입니다. 토론에서 화백으로 이행이 지속되겠지만, 그 완성은 언제일지 아무도 모를 테니까요.

그렇다면 이 둘의 공존 혹은 결합은 어떻게 가능할까요? 그 무늬는 어떠하며 과연 이 둘은 서로의 화학적 결합을 통해 새로운 가능성을 꽃피울 수 있을까요?

궁극적으로는 둘이 다를지라도 교육 목표 달성을 위한 어느 정도의 유기적 공존 혹은 결합은 충분히 가능합니다. 2019년 영동일고에서 시행한 독서토론광장은 아마도, 논쟁적인 토론과 공생하는 화합적인 화백회의가 같이 어우러진 최초의 형태일 것입니다. 그 진행과정과 성과가 어떠할지는 자세히 살펴봐야겠지만, 그 둘의 결합이라는 점만으로도 그 의의는 충분합니다.

그 과정을 살펴보면서 토론과 화백회의의 차이와 조화 그 의미를 살펴보고자 합니다.

그에 앞서 화백회의의 정의, 개념, 범주를 어떻게 설정할지를 고민해야 합니다.

기존의 교육 개념을 토대로 설정한다면 넓은 의미의 토론에는 토의와 토론이 있고 화백회의는 토론보다는 토의에 가까우므로 화백회의도 토의의 성격이 강한 토론의 한 형태로 설정할 수 있습니다. 최근에 등장하고 소개된 월드 카페, 오픈 스페이스, 소크라틱 세미나 등의 비경쟁적인 토론 방식들이 있는데 화백회의도 그런 비경쟁 토론의 한 방식으로 볼 수 있다는 뜻입니다.

화백회의의 토의적 성격을 감안한다면 이런 설정 자체가 아주 불가능하지 않으며 크게 무리는 아닙니다. 아마도 토론이라는 그릇 안에 모든 것을 담는다면 이런 설정도 가능합니다. 하지만 화백회의를 기존의 토의나 토론과 다른 완전히 새로운 개념과 의미, 방식의 회의로 인정하고 존중하면 이야기는 달라집니다. 화백회의는 토론이라는 그릇에 담기 힘든 새로운 개념의 문화이기도 합니다. 마치 시인 김지하가 대설(大說)이라는 실험적인 판소리 장르의 글을 썼을 때 대설은 기존의 '소설'(小說)이라는 그릇으로 담기 힘든 새로운 장르로 혁명적이고 개벽적인 시도였던 것처럼 말입니다.

소설과 대설. 둘은 이야기라는 공통점을 지니지만 대설은 소설이 가진 요소들, 주제, 구성, 문체라거나 혹은 소설 구성의 3요소인 배경, 인물, 사건 등의 요소를 형식적으로 갖출 필요가 없고, 그런 설정 자체를 뛰어넘는 새로운 호흡과 정신과 형식을 갖추고 있습니다. 그런 의미에서 굳이 비유를 하자면 토론은 소설, 화백회의는 대설에 비유할 수 있습니다. 화백회의도 근대적 관점으로 보면 일종의 (토의를 포함하는) 토론이지만 그 자체를 독자적인 의미체이자 형식으로 보면 기존의 토론이 담지 못하는 새로운 그릇으로 볼 수 있다는 말입니다.

〈토론의 전사〉 시리즈 중 3권에서 드라마 〈성균관 스캔들〉들의 한 장면을 소개하면서 거기에 나오는 공자의 '군자불기'(君子不器-군자는 한정된 그릇의 틀 속에 갇히지 않는다)를 변용하여 저는 토론불기(討論不器)를 종종 언급해오곤 했습니다. 토론이라는 개념을 디베이트나 원탁 토론 등 특정 토론의 틀 속에 가두지 말라는 저 자신 특유의 불기(不器) 정신을 -기존의 체제나 인습에 저항, 독립, 탈주하라는! - 종종 주장하곤 했는데 어찌 보면 화백회의야말로 토론의 그릇의 외연을 넓히는 수준이 아니라 토론이라는 그릇 자체를 깨뜨리고 넘어서서 새롭게 창조되는 새로운 그릇으로 봐야 한다는 뜻입니다.

그럼에도 불구하고 헌 술과 새 술은 종종 섞이고, 그것은 헌 부대나 새부대 어디에든 담길 수 있습니다. 예수의 말처럼 '새 술은 새 부대'에 담아야 하므로 화백회의를 토론이라는 좁은 그릇에 담아서는 안 된다고 봅니다. 다만 둘의 공존이 가능하고 그 가능성의 실험이라는 측면에서 토론의 가장 강한 대립성을 드러내는 토론 대회와 화백회의의 결합을 통해서 그 둘의 관계와 조화를 성찰해보고자 합니다.

제가 근무해온 영동일고는 2005년부터 교내 토론대회를 운영해왔습니다. 초반에는 원탁 토론을 주요 방식으로 설정해서 '원탁토론광장'으로 출발했다가 2013년 독서와 결합을 통해 '독서토론광장'으로 명칭을 변경합니다. 토론 방식도 원탁 토론을 예선으로, 디베이트(한국 사회에 많이 알려진 세다 토론이나 퍼블릭포럼 디베이트)를 결선방식으로 채택해서 원탁이라는 이름만으로는 정체성을 표현하기 힘들어, 거기에 '독서'를 강조하면서 독서토론광장이라는 이름을 써왔습니다.

2019년. 어느 덧 교내 행사로서는 꽤 역사성을 자랑할 만한 전통으로 자리 잡아 '2019학년도 제 14회 영동일 독서토론광장'으로 명명하며 행사를 진행했습니다. 그 전체의 개요를 드러내는 안내문을 보면 약 한 달 정도의 일정으로 개막식과 예선을 거쳐 최종 결선을 치릅니다. 특기할 만한 점은 아마도 우리나라 토론대회 사상 처음으로 결선에 화백회의를 적용했다는 점입니다.

독후 에세이를 통해서 32팀을 뽑고 그 팀들이 8개 모둠으로 나뉘어 원탁 토론을 진행한 뒤에 상위 6개 팀을 뽑아서 화백회의 방식으로 결선을 진행합니다.

이런 시도가 화백회의의 정신에 맞는지, 앞에서 언급한대로 토론을 넘어서는 새로운 차원의 문화이자 혁명이라 할 수 있을지는 의문입니다. 다만, 대회라는 형식으로서의 토론과 화백회의를 결합해봄으로써 화백회의가 과연 제로섬 게임으로서의 경쟁성을 어떻게 극복하고 새로운 결과를 도출하는지 그 과정을 면밀히 살펴보고자 합니다.

제14회 영동일고등학교 독서토론광장 개최 (계획)

1. 필요성

가. 독서를 통해 다양한 분야의 지식 및 문화를 직·간접적으로 접하며 책에서 얻은 바를 자신의 삶과 연계하여 사고의 폭을 넓힘

나. 독서를 통해 독해력을 향상시키고 토론을 통해 회의문화 및 토론문화를 활성화함으로써 올바른 시민문화를 함양하기 위함

다. 청소년들에게 창의적 사고력과 판단력을 기를 수 있는 기회를 부여하며, 인터넷 등 다양한 정보망을 통한 정보 사냥을 통해 청소년 스스로가 갈등 해결을 지향하는 정책을 제시하는 능력을 제고하도록 함

2. 목적

가. 바람직한 학교 공동체 문화 창달

나. 창조적이고 공동체적인 인간 육성 및 포용적 리더십 구현

다. 독해력, 사고력, 문제해결력을 갖춘 인재로 성장하는 기회 부여

3. 방침

가. 프로그램의 내용

1) 지원한 학생들이 주제에 대해 탐구학습 결과물을 근거로 토론 예선에 참가할 학생들을 선발함

2) 선발된 학생들을 중심으로 모둠토론의 방식을 지도하고, 훈련 과정을

통해 디스커션 및 화백회의 등의 토론방식에 익숙하게 함

3) 최종토론은 대표단 공개토론 방식으로 진행함

나. 실시방법

1) 대회 진행방식

- 서류심사(에세이)를 통해 토론광장에 참여할 대상자를 선발

- 대화, 협상, 조정, 중재의 능력과 회의 진행 능력 향상을 목적으로 모둠
  토론

- 전체 정리 회의, 공개토론 등 다양한 토론 방식의 연수

- 심사 및 평가는 모둠토론과 원탁 토론 방식 등으로 함

- 최종토론은 대표단 공개토론 방식으로 진행함

2) 지원 및 본선 진출 방식

- 지원자들은 2인 1팀으로 팀을 구성하여 토론광장에 지원

- 각 개인은 주제탐구 에세이를 제출하며 본선 지원 자격을 획득
  (2인 중 1인이라도 제출하지 않는 경우, 2명 모두 예선에 진출할 수 없음)

- 제출과제의 개인점수의 합산이 높은 28팀(56명)을 선발. 예선진출권
  획득

- 본선에 각 개인이 참가하여 개인점수의 합산이 높은 6팀(12명)을 선발.
  결선진출권 획득

3) 시상 내역 (예정) : 금상 1팀, 은상 2팀, 동상 3팀, 장려상 22팀

4. 토론 주제

가. 논제 : 우리나라의 난민 수용 어떻게 할 것인가?

나. 필독서 : 내 이름은 욤비 (욤비 토나, 이후 출판사)

　　　　　희망을 향한 끝없는 행진, 난민 (하영식, 사계절 출판사)

다. 참고 사항

- 주제와 관련된 참고 자료는 우리학교 홈페이지의 독서토론광장 커뮤니티에 탑재 예정

- 참고 도서는 추후 다양하게 제시함

5. 진행 일정(학생용)

시기	진행과정		유의 사항
준비	참가 희망자 공모 8월 28일	–	• 참가 희망자는 독서토론광장 안내문을 확인하고 　참가 신청서를 담당 교사에게 제출
	개막식 9월 11일	–	• 개막식 – 진행자 · 전년도 수상자 등 소개 – 동영상 시청 • 입론서 작성법 및 토론방식에 대한 설명회 – 토론 대회의 전반적인 진행 절차 설명 – 원탁토론과 화백회의에 대해 설명
개별 탐구	주제탐구 9월 9일	–	• 논제에 대하여 심화학습한 뒤 각자 A4 1~2매 　(1200자 이상) 에세이를 담당교사에게 제출
개별 탐구	본선 팀 발표 9월 11일	–	• 본선 진출 팀 발표 (28팀, 56명)
토론 광장	본선(원탁토론) 9월 18일	–	• 모둠 토론 • 소감문, 녹취록 작성 탑재
토론 광장	결선(화백회의) 10월 2일	–	• 모둠 토론을 바탕으로 한 대표 토론 • 토론 방식 : 화백회의 • 소감문, 녹취록 작성 탑재

화백회의가 여느 토론과 어떻게 다른지 그 진행과정의 차이는 다른 글에서 자세히 언급한 바 있으므로 여기서 따로 언급하지는 않겠습니다. 실제 결선에서 치러지는 화백회의의 내용과 결과, 심사 과정 등은 자세히 언급하겠지만 아마도 가장 고심이 되고 어려운 문제가 심사와 시상 그리고 심사 기준입니다.

우리학교의 영동일 독서토론 광장을 지난 수년간 맡아온 선생님이 잡은 심사표 초안은 다음과 같습니다. 아직 화백회의를 직접 경험은 못해보고 화백회의 자료를 통해서 취지에 대한 설명과 방식 정도를 이해한 상태에서 작성한 것입니다. 논쟁적 디베이트와 달리 대안을 제시하는 주제인지라 상대에 대한 공격보다는 본인 스스로 주제를 어떻게 파악하고 현실적이면서 창의적인 대안을 제시하는가(화백으로 말하자면 '하세'(下世), 토론으로 말하자면 '입론'(立論))에 상당히 무게를 두었고 그 뒤로 질의 응답(화백으로 말하면 '청문'(聽聞) 절차, 토론으로 말하면 '교차 조사'나 '교차 질의')에서의 논리적 공방에도 의미를 부여했습니다. 그리고 토론에서의 기본적인 자세인 예절과 기타 화법적 요소들.

저는 일찍이 광주 5.18 재단에서 시행한 전국고등학생토론대회에서 심사위원장을 맡으면서 토론에서의 평가와 심사에 대한 고민을 글로 정리한 바 있습니다. 좀 길지만 기존의 토론 대회 심사나 앞으로 화백에서의 평가, 판정 등을 고민한다는 취지에서 그 글을 먼저 읽어주기 바랍니다.

원탁 토론의 판정

토론의 판정은 어렵습니다.

첫째 순간순간 지나가기 때문에

둘째 표준화된 기준이 없기 때문에

셋째 기준이 있어도 지나가는 순간의 상황과 기준이 서로 어느 정도 적
    합한지 판단하기 쉽지 않아서.

결국 토론의 판정은 판정관의 역량과 판단에 전적으로 의존합니다.

디베이트의 경우 토론 종류에 따라 다르지만 찬성 측만 입론하는 고전
식 토론은 찬성측의 논제 해석과 입증 책임, 반대측의 반박 부담을 비교
해서 판정합니다. 세다나 퍼블릭 포럼 디베이트는 각각의 입론과 교차조
사, 반박, 최종변론 등 단계별로 비교 우위를 판단하고 종합합니다. 비교
우위를 판단하는 기준은 주로 자료의 신뢰성과 전문성, 논리 전개와 순발
력, 팀워크, 표현력 등을 참고합니다. 판정관을 많이 둘수록 객관성이 확
보되고 판정관 토론을 통해서 결정의 신뢰성을 높이는 것도 한 가지 방
법입니다.

원탁 토론의 경우 어떨까요? 토론 대회로서의 원탁 토론이라면 디베이
트 판정과 유사할 수도 있고 토론의 취지나 방법, 운영에 따라 약간의 변
화를 줄 수도 있습니다. 한국형 원탁 토론의 틀을 만들어 보급하고 시행
한 강치원 교수는 다섯 가지 기준을 제시한 바 있습니다.

전문성, 논리성, 창조성, 공동체성, 실천성.

일반적으로 논리에 초점을 맞추는 디베이트보다 폭넓게 토론을 판정하는 안목이 있지만 공동체성, 실천성을 합리적으로 판단하는 기준을 설정하기란 매우 어렵습니다. 판정관의 역량에 맡겨야 할까요? 일단 여기서도 자료의 객관성과 전문성은 늘 들어가고 논리 전개 능력도 마찬가지입니다. 창조성의 경우 낯선 기준인데 원탁 토론이 지향하는 화이부동과 대안 제시 등을 고려하다면 어느 정도 수긍할 수 있는 기준입니다.

원탁이 디베이트와 다른 몇 가지 토론의 특징을 고려한다면 설정할 수 있는 기준들은 다음과 같습니다. 토론에 관한 영상이나 자료 등을 통해서 그 기준들을 짚어나가 보지요.

1. 영화 〈더 그레이트 디베이터스〉 1차 흑백대결

누가 봐도 찬성측의 압도적인 승리. 자료제시와 논리전개에서의 반박까지 상대방을 압도합니다.

2. 영화 〈더 그레이트 디베이터스〉 2차 흑백대결

토론이 끝난 뒤 사회자가 승자를 발표합니다. 잠깐, 어느 쪽이 이겼을까요?
찬성 승리 - 근거는? 논리, 감동, 상황(실천적 의지)
반대 승리 - 논리적 반박, 청중의 반응, 심사위원의 성향(백인들).

결과는 찬성 승리! 이유는? 심사위원들은 백인이지만 영화 제작자와 감독이 흑인입니다. 의미하는 바는?

결국 토론이란 그 토론을 구성하는 주체의 의식으로부터 자유롭기 힘들지요. 5.18 토론이라면 5.18의 정신을 가장 잘 구현하는 토론자가 승자입니다. 5.18의 정신이란 무엇인가요? 5.18 재단은 좌파 단체고 심사위원들이 좌파가 많아서 그 성향 때문에 불이익을 당했다는 이야기를 들은 바 있습니다. 웃기는 소리입니다. 5.18 재단은 민주단체입니다. 5.18 정신은 이념적 편향성이 아닙니다. 민주주의와 평등을 지향하는 토론과 5.18 정신은 다르지 않습니다.

민족, 민주, 민중, 자주, 평등, 평화, 나눔 등등 그 어느 것도 5.18 정신이 아닌 것이 없습니다. 그렇다면 토론의 승자는 이런 정신 가운데 그 어느 것이든 가장 설득력 있게 잘 드러낸 사람입니다.

3. 메르켈과 승리의 비결

독일 보수정당인 기민당의 당수 메르켈은 어떻게 해서 3선에 성공하면서 국민적 지지를 한껏 받을 수 있었을까요? 자기를 버리는 용기를 보여주었기 때문입니다. 아니 작은 나를 버리고 더 큰 나를 만들었기 때문입니다. 방법은? 여당의 대표로서 야당의 인재를 3분의 1정도 장관에 임명합니다. 사전 자기당의 공약이 아니었지만 상황이 달라지면 야당의 정책이라도 적극 수용합니다. 예를 들면 후쿠시마 원전사고 이후 원자력 발전소 건설을 중단한 사례가 대표적인 예입니다. 승자로서 패배한 야당의 정책을 수용하는 일은, 야당을 지지하는 국민들을 좌절감으로 몰아넣지 않고 존중받는 느낌을 갖게 해주는 힘입니다. 이는 원탁 토론에서 중간에 입장을 바꾸어서 기존의 자기를 버리고 상대방을 수용하는 원리와 상통합니다. 꼭 입장을 바꾸라는 것은 아니지만 기존의 자기를 부정하고 새로운,

더 넓고 멋진 자기를 찾을 수 있다면 이는 그 어떤 훌륭한 논리 전개보다 값진 토론의 교훈이고 모습입니다.

4. 〈댄싱 퀸〉과 디베이트 킹

황정민, 엄정화 주연의 〈댄싱 퀸〉에는 서울시장경선후보초청 토론 장면이 나옵니다. 순수하지만 현실감각이 떨어져 어리바리한 황정민이 1차 토론에서는 서울특별시의 특별조차 발음을 잘 하지 못해 '턱별시'라 하면서 애를 먹고 내용 측면에서도 제대로 준비를 못해 사람들의 빈축을 삽니다. 좌절한 황정민을 불러일으켜 세우는 건 짜장면집 총각입니다. '짜장면 외상값은 언제까지 받으러 가는가?' 끝까지 포기하지 않고 받을 때까지 간다! 그 열정과 끈기를 가르칩니다. 집에서는 춤을 좋아하는 아내가 야한 옷을 입고 실의에 빠진 주인공을 반기지요.(물론 착각입니다) 힘이 납니다!

다음 날 2차 토론 장면. 겉으로는 그럴싸 하지만 상투적이고 현실성 없는 두 후보의 발언에 대해서 황정민은 솔직한 태도로 '잘 모르겠다'를 연발하며 머리를 맞대고 지혜를 모으자는 제안을 합니다. 물론 논리적으로도 설득과 공감을 불러일으키는 주장과 반론을 펼치고 최선을 다한 대안을 제시합니다. 무엇보다 그에게는 순수한 열정과 뜨거운 가슴이 있습니다. 논리는 부족하지만 열정과 진정성이 충만하다면 심사를 어떻게 할 것인가? 토론은 논리의 싸움입니다. 논리와 열정, 로고스와 파토스 만약 이 둘이 서로 충돌하면 어느 쪽에 손들 들어줄 것인가요? 당신들의 몫입니다.

이상 네 편의 영상을 통해서 토론에 대한 평가 기준을 제시해보았습니다. 1차 논리. 2차 주최 측의 의도와 공정성. 3차 진정성. 4차 상대 수용성 그리고 마지막으로 보이지 않는 자기 삶의 역사성. 물론 그밖에도 무수히 많은 기준이 존재합니다. 가장 기초적인 토론의 태도나 자세에서부터 전체를 아우르는 포용력까지. 글이 그렇듯 말도 곧 그 사람입니다. 한 마디로 그 사람을 읽어내는 능력을 심사위원들로부터 기대합니다. 불가능할까요? 저는 믿습니다. 그 불가능성을!

하지만 현실은 믿음을 배반할 때가 많습니다.

성인들도 하나같이 입을 모아 '남을 심판하지 말라' 했는데, 인간으로서 타인의 역량을 판단하기가 여간 어려운 일이 아닙니다. 자기 마음을 온전히 비우고 대의를 존중하는 심지를 가지고 상황을 종합적으로 판단하면서 최선의 판단을 내린다는 게 우리 같은 범인(凡人)들에게 얼마나 어려운 일인가는 그 자리에 서본 사람이라면 누구나 잘 압니다. 그럼에도 인간의 일이니까, 결정을 해야 하고 순위를 매겨야 하니까 일련의 기준을 정해서 판정을 하는데, 실상 모두가 합의하는 완전한 판정 기준의 존재도 불가하고 그 기준을 완벽하게 적용하여 결정하기는 더 더욱 어렵습니다. 그냥 서로 합의한 상식의 수준에서의 판단과 이해, 그 정도지요.

화백회의는 다를까요? 다르거나 달라야 합니다. 형식과 과정 속에서 이미 결과를 담아내기 때문에 사실은 심사가 따로 필요하지 않을지도 모릅니다. 수시로 참가자들의 주권과 의견이 제시되면서 실시간으로 결과를 보는 회의가 바로 화백회의기 때문입니다.

학교에서 오랜 세월 진행되어온 토론 대회의 틀을 바꾸기란 쉽지 않습니다. 여느 일과 마찬가지로 변화란 보이지 않는 노력과 수고를 동반하기 마련입니다. 화백회의를 알고 난 뒤 학교 독서토론광장의 형식을, 특히 결선 방식을 디베이트에서 화백회의로 변경하자고 제안했을 때 담당 선생님과 연구부장님, 저 이렇게 셋이서 그 의의와 과정에 대해 가볍게 논의한 적이 있습니다. 절차나 형식에 대한 설명을 듣고 흥미를 보이면서 방식 변화가 충분히 의미가 있다고 공감하면서도 부장 선생님이 가장 고민하고 우려한 바는 심사 방식과 결과입니다. 1인당 3표 정도로 말발권(의결권)을 주고 화백회의를 진행할 경우 그 결과가 회의 종료와 동시에 바로 나타나는데 행여 학생들이 공정하지 못한 판단으로(자기 동아리 친구를 무조건적으로 지지하는 사례 등) 결과에 대한 공정성 시비가 나타나면 어쩌나 하는 걱정이었습니다.

화백회의의 취지나 참가자의 자세를 고려할 때 있을 수 없는 일이지만 역시, 인간의 일이고, 더군다나 시상에 매우 민감한 학생들이라 만에 하나라도 그런 일이 발생할까 걱정이 된다는 말씀이셨습니다. 그 취지를 모르지 않으나 저 역시 토론의 무수히 좋은 취지에도 불구하고 시상이라는 욕망 앞에서 인간이 얼마나 비굴해지거나 마음이 흔들리는지 많이 보아왔습니다. 우리 학교의 경우 대안으로 화백회의 자체의 결과를 30프로 정도 반영하고 별도로 교사들의 심사 결과를 70프로 반영하는 선에서 협의를 해서 심사에 대한 우려를 잠재우고 일단 화백회의를 진행하기로 결정해서 위의 일정표와 아래의 심사표가 등장한 것입니다.

다음 심사표를 보면서 토론에서의 판정과 화백에의 적용 문제 등을 논의해보고 싶습니다.

화백회의 심사표

일시	2019. 10. 2.						
논제	우리나라의 난민 수용 어떻게 할 것인가?		토론장소 : 소극장				
			심사위원 : (서명)				

토론자	1조	1: 2:					
	2조	1: 2:					
	3조	1: 2:					
	4조	1: 2:					
	5조	1: 2:					
	6조	1: 2:					

구분	평가기준	점수 (각 칸 만점 10점을 기준으로 채점)					
1차 발언	〈배경지식 이해 및 근거의 논리성〉 • 개념 정의와 논제가 등장한 배경이나 역사, 논제의 현상 및 문제에 관한 분석을 이 과정에서 명시하고, 자신의 주장을 펼쳐나가고 있는가? • 토론의 쟁점을 잘 포착하고 명확하게 표현했는가? • 주장에 대한 적절한 논거를 제시했는가? • 주장에 대한 논거가 다양하고 참신한가?						
	〈해결방안 및 대안의 현실성과 창의성〉 • 해결방안 및 대안으로 제시한 정책이 현실성이 있는가? • 해결방안 및 대안으로 제시한 정책이 창의적인가?						
답변1	• 질문자의 답변에 논리적으로 대응하고 논거를 적절하게 제시하고 있는가?						
2차 발언	토론의 쟁점을 잘 포착하고 명확하게 표현했는가? • 주장에 대한 적절한 논거를 제시했는가? • 주장에 대한 논거가 다양하고 참신한가?						
답변2	• 질문자의 답변에 논리적으로 대응하고 논거를 적절하게 제시하고 있는가?						
질문	• 상대방 논리의 문제점을 잘 비판했는가? • 상대방이 제시한 대안의 문제점을 잘 비판했는가?						
토의 예절	• 토의 진행 중 예의를 갖춰 말하고 대답했는가? • 토의 진행 중 상대방의 말을 진지한 자세로 경청했는가? • 토론규칙(발언시간포함)을 잘 준수했는가? • 발언 시 명료하게 표현했는가?(목소리 크기, 속도, 어조 등)						
최종 점수(순위)							

다년간 토론 대회를 운영해온 선생님은 기존의 디베이트 심사 기준을 화백회의에 이렇게 적용했습니다.

아직 화백회의의 전 과정을 잘 모르는 입장에서의 초안인데 눈여겨 볼 부분은 1차 발언과 2차 발언입니다. 앞에 나와 하세 후 발언을 2번까지 할 수 있는 규정 때문입니다. 자기보다 더 좋은 의견이 있을 때 선양하고 들어가서 다시 하세하는 경우 2차 발언이 가능하다는 규정 때문인데(이런 상황이 발생할 가능성은 지극히 희박하지만 화백의 릴레이적인 성격을 고려해서 가능하도록 설정했습니다.) 그걸 염두에 둔 규정으로 보면 됩니다. 개인적으로는 한 번으로 묶어서 더 잘한 경우를 판정해주면 좋다고 생각합니다.

답변과 질문도 디베이트의 교차조사나 교차질의 심사 규정을 적용해서 질문자나 답변자로서 최선을 다하고 적절한 능력발휘를 했는지 묻는 규정입니다. 이 부분에 대해서는 얼마든지 세부적인 조건을 덧붙일 수 있으나 여기서는 그 의미 정도만 이해하면 좋겠네요. 그리고 토론에서 기본이 되는 예절과 화법적 요소로 소통에 어려움이나 불편함이 없었는지를 파악하면 어느 정도 기본 심사 기준이 됩니다.

화백회의를 조금 일찍, 자주 경험해본 입장에서 그 취지와 방식에 맞게 재구성해본 심사표는 다음과 같습니다.

일시	2019. 10. 2.						
논제	우리나라의 난민 수용 어떻게 할 것인가?		토론장소 : 소극장				
			심사위원 : (서명)				

토론자	1조	1: 2:					
	2조	1: 2:					
	3조	1: 2:					
	4조	1: 2:					
	5조	1: 2:					
	6조	1: 2:					

구분	평가기준	점수 (각 칸 만점 10점을 기준으로 5~10 사이로 채점)				
		최상	상	보통	하	부족
취지 (10점)	화백회의의 취지와 의미를 충분히 알고 상대방을 공경하며 공동체를 위한 최선을 방안을 찾는 자세로 화백회의에 임하는가?	10	8	6	4	2
하세 (입안)	〈배경지식 이해 및 근거의 논리성〉 • 개념 정의와 논제가 등장한 배경이나 역사, 논제의 현상 및 문제에 관한 분석을 이 과정에서 명시하고, 자신의 주장을 펼쳐나가고 있는가? • 회의의 쟁점을 잘 포착하고 명확하게 표현했는가? • 본인의 주장에 대한 적절한 근거를 제시했는가? • 주장에 대한 근거가 다양하고 참신한가? 〈해결방안 및 대안의 현실성과 창의성〉 • 해결방안 및 대안으로 제시한 정책이 현실성이 있는가? • 해결방안 및 대안으로 제시한 정책이 창의적인가?	30	27	24	21	18
청문 답변 질문	• 질문자의 답변에 본인의 원래 발언 취지를 충분히 설명하고 이해를 높였는가? • 질문자의 답변에 논리적으로 대응하고 논거를 적절하게 제시하고 있는가? • 답변을 통해서 기존에 본인이 생각하지 못했던 새로운 깨달음의 내용을 창출했는가? • 본인이 이해하지 못한 내용을 모두가 이해할 수 있도록 적절한 질문을 던졌는가? • 상대방이 제시한 방안의 부족한 점이나 문제점을 잘 드러냈는가? • 모두에게 새로운 통찰을 주는 취지의 질문을 했는가?	30	27	24	21	18
선양 화백 회의 예절	• 선양의 취지를 잘 알고 적절한 때에 최선의 입장 변경을 했는가? • 선양을 통해서 화백회의가 더 큰 취지의 뜻을 실현하는데 기여했는가? • 입장을 바꾸면서 참가자들(하느님)들께 그 취지와 이견, 선양 절차를 제대로 시행했는가? • 회의 진행 중 예의를 갖춰 말하고 대답했는가? • 회의 진행 중 상대방의 말을 진지한 자세로 경청했는가? • 규칙(발언시간포함)을 잘 준수했는가? • 발언 시 명료하게 표현했는가?(목소리 크기, 속도, 어조 등)	30	27	24	21	18
최종 점수(순위)						

일단 취지 요소를 넣었습니다. 화백회의가 디베이트와 달리 공동체성과 화합, 대안 등을 중시한다는 점에서 그 의미를 살리는 회의를 하는가 아니면 대립과 경쟁의 틀 속에 갇힌 토론을 하는가가 가장 큰 차이라고 보기 때문입니다. 화백회의 전체적인 과정에서 발언이나 행동 등 여느 요소에서라도 이런 점이 드러난다면 평가할 가치가 있다고 봅니다.

1차 발언은 화백의 용어인 하세와 퍼블릭 포럼 디베이트의 입안이 그 의미상 적정해 보입니다. 1차 발언은 원탁 토론에서 사용하는 말이고 일반적으로 디베이트에서는 입론이라는 개념을 사용합니다. 하늘의 뜻을 인간 세상에 내려와 펼친다는 점에서 하세가 가장 적정하고 최선의 좋은 방안을 제시한다는 취지에서는 입안이라는 개념이 어느 정도 그 의미를 담는다고 보여집니다.

1차, 2차를 통합해서 하나로 묶었습니다. 2번 발언할 사람들이 많지 않으리라 예상되고 두 번 발언을 한다 해도 굳이 그 차이를 두어 반복 평가할 필요가 크지 않기 때문입니다.

청문답변과 질문은 교차조사의 방식을 대체로 따랐습니다. 세분화해서 수정한다면 공격적인 논쟁형 질문보다 내용의 이해와 깊이, 발전과 성숙을 위한 질문의 취지를 담는다면 더 좋겠습니다.

다른 토론에서 찾아볼 수 없는 선양도 화백회의의 중요 요소라고 생각합니다. 원탁토론에서 입장을 바꾸는 경우가 허용되는데 선양은 한 걸음 더 나아가 기존의 자기 입장을 철회하고 자기를 철저히 부정하는(비우는) 과정입니다. 커다란 용기가 필요하고 양보와 호혜, 대의의 정신이 발휘됩니다. 마땅히 주요하게 평가를 받아야 합니다. (단 선양이 필수 요소는 아니기 때문에 별도 점수화는 어려워 태도 부분에 포함시킵니다.)

마지막으로 일반적인 회의 예절은 같습니다. 역시 마찬가지로 더 공대하고 존중하며 수용하는 태도 등을 강조하는 선에서 수정이 가능하지 않을까요?

이런 저런 요소를 고려하면 아마 영동일고에서 치러지는 독서토론광장에서 최초의 화백회의 심사는 다음과 같이 결정될 것입니다.

비중 : 교사 70%, 학생들 30%.
교사들도 1인 3표, 학생들도 1인 3표로 한 뒤 나중에 점수 비율만 환산하여 결정.

위에서 심사표를 작성했으나 심사표에 따른 점수 방식을 따를지, 실제 화백회의 진행과 결과에 나타나는 표결을 따를지는 논의 사항입니다. 둘다 가능하겠으나 원 취지를 고려하면 교사들에게 약간 더 많은 표를 주고 표결 결과를 따라 결정하는 것이 가장 좋은 방안이 아닐까 싶습니다.

학생들의 의사나 화백회의 결과와 상관 없이 교사들의 심사결과만을 따른다면 이도 학생들의 의견을 무시하는 처사가 되고, 반대로 교사들의 심사 활동과 무관하게 학생들만의 회의 결정을 따른다면 그것도 전문가의 견해가 부정된다는 시비에 오를 수 있으므로 양자를 절충하여 방안을 결정합니다.

일찍이 신영복 선생님은 다음과 같은 일화를 소개해서 참가자 전원의 직접 민주주의 가치를 전달하신 바 있습니다.

골턴은 여행하던 중 우연히 가축 품평회 행사를 구경할 수 있었다. 때마침 그 행사에서는 소의 무게를 알아맞히는 대회가 열리고 있었다. 사람들이 표를 사서 자기가 생각하는 소의 무게를 적어 투표함에 넣고, 나중에 소의 무게를 달아 가장 근접한 무게를 써넣은 사람에게 소를 상품으로 주는 행사였다. 골턴은 사람들의 어리석음을 확인할 수 있는 기회라 생각하고 이를 흥미롭게 지켜보기로 했다. 물론 결과적으로 참가자 누구도 소의 무게였던 1,198파운드를 정확하게 맞추지 못했다. 그런데 이후 골턴을 놀라게 한 일이 있었다. 800장의 표 중 숫자를 판독하기 어려운 13장을 제외한 787장의 표에 적힌 소의 무게를 평균하니 놀랍게도 1,197파운드가 나왔던 것이다. 개인으로는 누구도 정확하게 근접하지 않았으나 군중을 하나의 집단지성, 단일한 인격체로 볼 때는 놀라운 통찰력을 발휘할 수 있다는 것이 골턴에게는 대단히 충격적인 일이었다.

당신이 돌아가시기 두해 전 저도 성공회대에서 한 학기동안 선생님의 마지막 인문학 강좌를 청강했습니다. 골턴에 대한 말씀을 듣고 신선한 충격을 받은 기억이 지금도 새록한데, 저 역시 참가자들을 믿고 위에서 골턴이 언급한 내용의 취지를 따르는 것이 바람직하다는 입장입니다. 어느 자리든지 그 자리에 참가한 모두가 동일하게 3표를 받아서 화백회의의 표결 결과를 그대로 심사 결과에 반영하는 것이 최선이 아닐까요?

집단 지성과 대중의 지혜를 믿는다면 학생들 스스로에게 맡겨놓아도 충분합니다. 저는 이 결과가 교사 한두 명의 심사보다는 탁월하리라고 믿습니다. 물론 화백의 정신과 마음을 오롯이 몸에 새겼을 때 가능합니다. 그런 믿음의 세계를 지향하는 것이 토론의 심사이고 화백회의의 의결과 판정입니다. 그런 세계를 지향하고 교육하며 실천하지 못한다면 토론이나 화백회의에 매달려 공부하고 노력할 이유가 달리 어디에 있을까요!

온라인 토론대회, 온라인 화백회의

코로나 시대를 건너면서 온라인 삶이 일상화 되었습니다. 화상회의나 교육이 줌(zoom)을 통해서 이루어지고 학교에서의 수업은 원격으로 상당 부분 대체되었습니다. 언택트(비대면, 비접촉)와 뉴 노멀(새로운 정상)이라는 말이 낯설지 않은 세상에서 토론과 회의는 어떻게 이루어질까요? 직접 만나서 얼굴을 맞대고 하는 토론, 회의와 어떤 차이가 있을까요? 비대면에서 잘 안 되던 회의가 오히려 잘 될 수도 있을까요?

코로나로 현장에서의 만남이 쉽지 않았던 2020년도 청주, 부여, 포항, 김해 등 전국 각지에서의 토론 강의 요청이 있어 대면, 비대면의 만남을 이어갔습니다. 인상적인 곳은 부여교육지원청에서의 요청이었는데, 대면과 비대면을 결합한 토론 연수, 즉 현장에도 소수 참가자가 있고 온라인에도 다수의 참가자가 있는 상황에서 이원화된 환경을 아우르는 토론 연수를 진행했던 일이 기억에 남습니다.

다양한 토론 양식으로 참가자들과 대화를 나누면서 토론 실습을 하는 일은 그다지 어렵지 않습니다. 저에게는 십년 넘게 해온 일이라 눈 감고도 토론 연수 몇 시간은 진행할 수 있으니까요. 하지만 온라인에서, '다수의 학생들과 효율적으로 잘 할 수 있는가'라는 질문에는 조금 고민이 필요합니다. 그리고 토론보다 좀 더 유연하고 활발하게 화백회의를 진행할 수 있는가도 역시 경험에 기반한 답이 필요합니다.

온라인 토론은, 토론의 방법들이 하도 다양해 그 자체로 대면 현장처럼 진행하면 큰 무리는 없습니다. 달리 새로울 것이 별로 없습니다. 어떤 토론이든 토론이란 주제, 참가자와 역할, 진행 방식 이 삼박자를 갖추면 이루어지기 때문입니다. 하지만 직접 민주주의인 화백회의는 좀 다릅니다. 조금 더 복잡하고 매번 의사결정의 변화가 이루어지기 때문에 온라인에서는 구현이 좀 더 어렵습니다. 특히 실시간으로 말발권을 주고받는 의결 과정이 힘듭니다. 하루 확진자가 천 명을 오르내리던 2020년 12월의 끝자락에서 학생들과 함께 한 온라인 화백회의를 소개하면서 온라인 시대, 화백회의의 가능성을 탐색해보고자 합니다.

결과는 한 마디로 '원더풀'하고 '뷰티풀'했습니다. 지구상 최초의 온라인 화백회의라는 자부심 속에서 학생들의 화백회의를 지켜본 소감입니다. 온라인으로 지구상에 생중계했어도 외국인들의 반응이 이렇지 않았을까 살짝 과도한 자신감을 가져 봅니다.

화백회의가 직접 민주주의를 지향하는 까닭에 일반적으로 한 공간, 대략 오십 명에서 백 명 정도가 차지하는 공간에서의 회의는 무난하게 진행할 수 있습니다. 하지만 보통 100명 이상의 다수가 참여하는 회의를 단일하게 진행하기란 쉽지 않습니다. 일반적으로 100인 이상 회의는 500인 원탁회의나 1000인 원탁회의 방식으로 진행하여 10명 한 모둠 정도의 여러 모둠 토론을 총화하는 경우로 진행합니다. 하지만 화백회의는 다릅니다. 500이든 1000인이든 단일 회의로 진행합니다. 다만 사람이 많아서 마무리까지는 시간이 걸리는데 이게 직접 민주주의의 대의와 원칙을 이루는 힘입니다. 비록 자본주의가 추구하는 효율성의 원리와 배치되지만 주권자 한 사람 한 사람의 목소리를 존중하는 취지의 회의이기 때문에 화백회의는 수천의 참여자라도 끝까지 갑니다.

100명 넘는 화백회의를 진행하는 경우는 드뭅니다. 2019년 3월 1일, 기미년 독립만세 100주년을 맞는 취지로 한반도 평화통일에 대한 화백회의를 진행한 적이 있습니다. 이때 온라인 의결방식에 대한 고민을 했고, 현장과 온라인을 이원화해서 의견을 수렴하는 과정을 거쳤습니다. 100인이 넘으면 아무래도 의결권을 즉석에서 행사하기가 쉽지 않은 까닭입니다. 그럼 온라인 상으로는 의결권, 즉 말발의 적용과 이동을 어떻게 원활하게 진행할 수 있을까요?

온라인 회의는 일단 화상회의가 가능한 프로그램이 필요합니다. 코로나 이후 가장 뜨겁고 대세가 된 줌(zoom)이나 구글 클래스룸에서 가능합니다. 앱을 설치해서 프로그램 실행이 가능하게 만든 뒤 참가자들을 초대하거나 링크를 안내해서 회의에 참여하게 합니다. 그 뒤로 한 사람씩 하세하고 청문하고 선양하고 마지막에는 십자공수를 거친 뒤에 회의를 마무리하면 되는데 문제는 의결의 절차를 어떻게 진행할 것인가가 문제입니다. 이 문제의 해결을 위해 구글 설문을 사용해서 실시간으로 의견을 반영하거나 패들렛(padlet)을 사용하는 방법이 있습니다.

2020년 영동일고 독서토론광장 마지막 결승을 온라인 화백회의로 진행했는데 그 내용과 방식을 자세히 소개합니다. 주제는 한국 사회의 오래된 숙원, '부동산 문제의 해법'입니다. 2019년에 처음으로 학교 토론대회에 화백회의를 도입해서 난민 문제의 해법을 찾아보았는데 일반적인 디베이트보다 다양하고 좋은 의견이 많이 나온 회의이고 토론이라는 반응이 많았습니다. 격렬한 논쟁은 없지만 차분한 질문과 대답, 대안 찾기의 노력이 돋보였다는 평가가 좋았습니다. 그래서 2020년도에도 화백회의로 토론대회 결승을 해보기로 했습니다.

과연 부동산 문제에 대한 10대들의 고민과 답은 어떠한지 현장으로 가볼까요. 그에 앞서 예선은 온라인 원탁 토론으로 치렀는데 학생들은 사전에 3권의 책 중에 한 권을 읽고 '집의 의미와 가치'에 대한 자기 나름의 에세이를 제출했습니다. 그 중 두세 명의 학생이 쓴 글 중 일부를 소개합니다. 본격적인 부동산 문제 회의를 이해하는데 도움이 될 것입니다.

한윤정 작가의 〈집이 사람이다〉라는 책에서는 다양한 집과 그 집이 품고 있는 특유의 분위기를 소개해주어 나로 하여금 진정한 의미의 '집'에 대해 생각해보게 해주었다. 최근, 사람들이 집을 선택할 때 재산으로서의 가치가 중시되는 듯한 느낌을 강하게 받았는데, 이 책에서는 그런 느낌보다는, 진정한 안식처로서의 집의 가치가 느껴졌다. 사람마다 살아온 인생이 다르고, 앞으로 살아갈 인생이 다르며, 따라서 성격과, 가치관, 생활 습관 등 모든 부분에 있어서 다르기에 같은 형태의 집이라도 내부의 느낌은 확연히 다를 수밖에 없다. 개개인의 개성이 가득 담겨 있는 집을 이 책에선 '자신의 삶을 담는 그릇'이라고 표현하고 있다. 그렇다면 집 주변의 동네는 찬장에 비유할 수 있을 것 같다. 자신의 개성을 가득 담은 예쁜 찬장과 예쁜 그릇, 둘 다 있으면 정말 좋겠지만 둘 중 하나만을 선택해야 한다면 나는 무엇을 선택할까.(208김*민)

'집'이라는 단어를 들었을 때, 대부분의 사람들이 편안하고 안락한 느낌을 받는다. 그렇다면 '집'은 우리 마음속에 어떠한 존재로 자리를 잡고 있길래 한 글자만으로도 우리에게 사막의 오아시스 같이 반가운 느낌을 안겨주는 것일까? 나는 이 질문에 대한 답을 〈집이 사람이다〉라는 책을 읽으면서 발견하였다. 여러 사람들이 자신의 가족사와 취미 또는 가치관과 같은 개인적 특성을 담아 집을 짓고 넓혀가는 사연을 담은 이 책은 집을 단순히 거주공간이 아니라 그 집에 사는 사람이 어떤 사람인지 알려주는 '자신의 삶을 담는 그릇'이라고 표현한다. 나는 이 책을 읽으면서 집, 즉 자신의 삶을 담는 그 그릇이 꼭 반듯한 그릇이어야 아름다운 것은 아니라는 점을 깨달았다. 이 책을 읽기 전에 나에게 '좋은 집'은 새로 지어진 신도시의 아파트였지만 '추억도 물건도 다시 태어나는 일러스트레이터 이담, 김근희 부부의 속초 작업실'이라는 사연을 읽으며 생각이 변화하는 계기가 되었다. 버려진 1인용 침대에 플라스틱 상자로 바닥을 보강해 2인용으로 늘리고, 헌 식탁 의자 2개를 맞붙여 재봉틀 받침과 다림질대로 재탄생 시키는 등 재활용의 미학을 몸소 실천한 부부는 '일일이 열거하기 힘들 만큼 변신의 마술을 거듭하는 게 이 집의 질서'라고 말한다. 집을 지을 때 새 재료로 지어야만 좋은 집이 되는 것이 아니라, 재활용이라는 순환의 과정을 거쳤을 때 가족만의 특별한 역사가 담긴 유일한 개성을 지닌 공간이 된다는 것이다. 가족의 기억이 물건을 통해 순환하게끔 한다는 점은 '집'에 대한 아름다움의 기준을 '새 것'이라고 여겼던 나 자신의 과거 모습을 반성하게 만들었다. 보기 좋은 장식용 새 그릇보다, 매일 사용하는 밥그릇이 보기에는 반듯하지 않아도 없어서는 안 되는 소중한 존재인 것처럼 부부의 집은 어떠한 것과도 바꿀 수 없는 가치를 지니고 있다는 생각이 들었다. 검소한 삶에 대해 자부심을 갖고 있는 부부의 가치관이 고스란히 담긴 이 집은 이담, 김근희 부부의 둘도 없는 인생의 동반자라고 생각한다.(204 박*서)

전체적으로 제시된 책을 읽고 감명 받았으며 (부동산이 아닌) 집에 대해서 몇 가지 생각을 새로 한 점이 두드러집니다. 이런 내용을 위주로 원탁 토론을 했는데(원탁 토론이 일종의 덕장 회의 역할을 한 셈입니다), 화백회의에서는 정책적인 주제를 다룹니다. 대한민국에서 현재를 살아가는 한국인들에게 가장 민감하고 첨예한 문제에 대해 과연 학생들의 목소리는 어떠했을까요?

학생들의 경험이 전무한지라, 실제 화백회의에 앞서 '코로나19 백신을 누가 먼저 맞아야 하는가?'를 주제로 시연을 해보기로 했습니다. 방역 현장의 첨단에 선 의료진을 1순위로 하고 나머지 2, 3 순위를 결정하는 주제입니다. 하세의 시간은 간단히 2분 정도로 해서 화백회의에 처음 참여하는 학생들이 실제 대회 때 혼란을 느끼거나 당황하지 않기 위한 배려였습니다.

하세가 준비된 임금님보다 말발권을 가지고 의결에 참가하는 하늘님들을 위한 준비 모임이었는데 참여자가 예상보다 많지 않았습니다. 하지만 임금님들이 온라인으로 자기 컴퓨터의 파일을 화면공유하여 발표하는 연습은 충분히 되어서 의미가 있었습니다. 가볍게 한 번 연습해본 경험이 실전에 긴장하지 않고 말할 수 있는 큰 도움이 되었을 테니까요.

자 이제 서설을 마치고 본격적인 화백회의 현장으로 들어가보겠습니다.
앞서 언급했지만 대면 회의에서 말발권을 나누어주는 과정 대신 온라인에서는 패들렛(https://padlet.com/y77744571/qdvhhur0d7kk96su 이 사이트에 들어오면 그날 회의의 결과를 볼 수 있습니다) 사용법을 설명해야 합니다. 패들렛은 일반적인 회의나 토론 과정에서 자주 사용되는 포스트잇을 온라인에서 다양하게 활용하도록 만들어준 인터넷 사이트입니다.

padlet

유동걸 · 1분
2020영동일화백회의
한국사회 부동산 해법을 말한다

사전에 하세할 임금님들의 명단과 주장할 내용들을 간략히 정리해서 올려놓은 것입니다. 원활한 진행을 위해서 미리 정리해본 것인데, 이 내용들은 미리 올려놓지 않고 하세하고 난 뒤에 올려놓아도 됩니다.

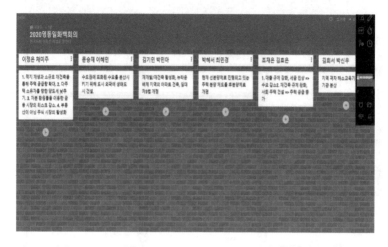

일부 부분만 크게 확대하면 다음과 같습니다.

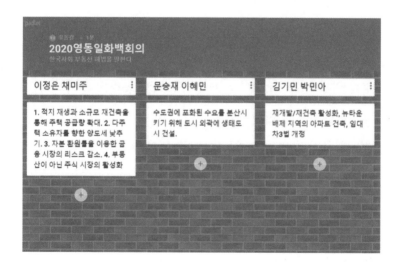

각자의 주장 밑에 더하기 표시를 누르면 누구나 여기에다 자기의
지지의사를 표시할 수 있습니다.

이처럼 자기 이름과 함께 지지의사를 표할 수 있는데 한 사람이 최대 5
를 초과하지 못하도록 사전 규정을 해둡니다. 즉 여러 사람에게 다 지지
의 의사 표시를 할 수 있지만 한 사람이 지지한 총합의 숫자는 5를 넘지
못한다는 말입니다. 또 화백회의의 특성상 이 숫자는 새로운 임금님이 하
세할 때마다 수시로 변경이 가능하며 임금님들이 선양하고 승천하면 그
임금님의 이름은 사라지므로 거기에 지지의사를 표한 하늘님들은 다른
임금님에게 표를 주어야 합니다. 이날 화백회의를 마칠 무렵 이루어진 표
결의 결과를 보면 다음과 같습니다. 화면이 좁아 7번째 팀은 보이지 않아
아쉽지만 이해하기에 어렵지는 않을 것입니다.

회의에 앞서 화백의 정신과 마음가짐을 간단히 일러둡니다. 이에 대해서는 사전에 준비한 또 하나의 자료, 화백회의 녹취록에 간단히 적어두었는데, 녹취록을 소개하면 다음과 같습니다. 실제 크기는 훨씬 넓지만 지면의 특성을 위해 줄여놓았습니다. 앞서 다른 글들에서도 화백회의의 취지와 의미를 여러 번 설명했는데 압축하자면 다음과 같습니다.

공동체의 문제 해결을 위해, 거룩한 뜻을 지닌 소중한 주체들이 마음과 지성을 모아 해법을 제시하는 직접 민주주주의 회의입니다. 의견을 듣고 질문을 하거나 의견에 대한 지지 뜻을 밝히며 참여자의 주체적인 생각과 판단은 언제든지 변화가 가능합니다. (최대 5표 가능)

참가자들은 미리 이 녹취록을 준비해서, 실제 회의가 진행되는 동안 기록을 하고 기록 내용을 바탕으로 청문과 대답을 합니다. 모든 토론과 회의에서 기록의 중요성은 잘 알 것입니다. 화백회의도 예외가 아니며 공부의 측면에서라면 마땅히 모든 참가자들이 기록을 훈련해야 합니다.

2020 영동일독서토론광장 화백회의 녹취록

작성자 학번 이름:

회의 주제	대한민국 부동산 문제 해법을 찾아라	말발권집계			선양
		1차	2차	3차	
회의 안내	공동체의 문제 해결을 위해, 거룩한 뜻을 지닌 소중한 주체들이 마음과 지성을 모아 해법을 제시하는 직접 민주주의 회의입니다. 의견을 듣고 질문을 하거나 의견에 대한 지지 뜻을 밝히며 참여자의 주체적인 생각과 판단은 언제든지 변화가 가능합니다. (최대5표 가능)				
하세1 이정은 채미주					
추가 설명 청문 및 대답					
하세2 이혜민 문승재					
추가 설명 청문 및 대답					
하세3 박민아 김기민					
추가 설명 청문 및 대답					
하세4 최민경 박혜서					
추가 설명 청문 및 대답					
하세5 조재은 김효은					
추가 설명 청문 및 대답					
하세6 김희서 박신우					
추가 설명 청문 및 대답					
하세7 양소민 김예빈					
추가 설명 청문 및 대답					
십자공수 후 최종 의결					
회의 참관 후 주제에 대한 나의 생각					
화백회의 소감					

위의 취지에 맞춰 안내를 하고, 코로나 시대라 온라인 화백회의를 하지만 우리가 진정 세계 최초라는 자부심을 잊지 말자고 격려하며 다 같이 두 손을 모아 가볍게 인사하는 걸로 회의의 시작을 알렸습니다.

준비된 순서대로 이정은, 채미주 임금님이 피피티를 띄워 하세를 시작했고 둘이서 역할 분담을 하면서 적절하게 부동산 문제의 해법에 대해서 준비된 의견을 제시하였습니다. 한 분 한 분의 소중한 의견들을 다 정리해두고 싶지만 지면 관계상 전체의 과정을 정리한 한 학생의 녹취록을 공개하는 것으로 대신하고자 합니다.

2020 영동일독서토론광장 화백회의 녹취록

작성자 학번 이름: 20412 박혜서, 20625 최민경

회의 주제	대한민국 부동산 문제 해법을 찾아라	말발권집계			선양
		1차	2차	3차	
회의 안내	공동체의 문제 해결을 위해, 거룩한 뜻을 지닌 소중한 주체들이 마음과 지성을 모아 해법을 제시하는 직접 민주주주의 회의입니다. 의견을 듣고 질문을 하거나 의견에 대한 지지 뜻을 밝히며 참여자의 주체적인 생각과 판단은 언제든지 변화가 가능합니다. (최대5표 가능)				
하세1 이정은 채미주	1. 주택 공급량 확대 2. 능동적인 세금 조정 3. 국가 전체의 고른 발전 4. 부동산 정책의 일관성				
추가 설명 청문 및 대답	지방에도 안 쓰이는 주택이 많아 주택공급확대는 해결책이 될 수 없습니다 – 서울의 집값 상승을 중심적으로 제시한 것임 공급이 적절한 목적으로 이루어지지 않으면 주택가격안정으로 이루어질 수 없음– 수요공급곡선에 따라서 공급량 늘어나면 가격이 줄어들 것입니다.				
하세2 이혜민 문승재	주거복지 확대 강화하기 위해 친환경 미래도시 건설				
추가 설명 청문 및 대답	저밀도 공간 만들면 분양가가 올라감 – 외부적 효과 때문에 값 상승. 장기적으로 볼 때 코로나 아닐 때도 이점 존재하나? – 코로나는 단순히 끝날 상황이 아님 나라 전체 가격이 불균형해질 수 있습니다 – 생태도시를 점점 확산할 예정입니다.				

하세3 박민아 김기민	1. 재개발, 재건축 활성화 2. 뉴타운 배제 지역에 아파트 건축 추진 3. 임대차3법 개정				
추가 설명 청문 및 대답	재건축을 활성화하면 집값이 오른다 – 강남구는 집값 상승 문제의 전체를 대변할 수 없습니다.				
하세4 최민경 박혜서	주택 분양 제도를 후분양제로 개편				
추가 설명 청문 및 대답	주택 분양가가 상승할 수 있습니다 – 분양가는 현재에도 시세에 기초하여 결정되고 있으므로 후분양 시행이 분양가격에 미치는 직접적인 영향은 크지 않을 것				
하세5 조재은 김효은	1. 수요를 감소하기 위해서 대출 규제 강화, 세금 인상 2.주택공급을 늘리기 위해서 재건축 규제를 완화, 사회 주택 건설				
추가 설명 청문 및 대답	현재에도 세금 인상 정책이 시행되고 있는데 집값이 상승하고 있습니다–실제로 정책을 실시했을 때 잠시 집값이 안정되었다. 재건축 규제를 완화하면 수택 가격이 급능할 수 있습니다.				
하세6 김희서 박신우	지역간 격차를 줄이기 위해서 교육기관을 지방으로 이전, 지방에 신도시 개발				
추가 설명 청문 및 대답	신도시 개발은 현재에도 집값 안정에 기여를 하지 않는다. – 신도시의 경쟁력을 키울 수 있는 것으로 보완 가능 대학 옮기는 10년의 기간은 어떻게 하나? – 장기적 관점으로 집값을 안정시킬 수 있습니다.				
하세7 양소민 김예빈	1. 서울형 리인벤터 파리 2. 비거주자 외국인 투기 규제				
추가 설명 청문 및 대답	외국인 투기 규제가 무역에 악영향을 끼칠 수 있습니다. – 선별적으로 규제하면 악영향은 최소한으로 할 수 있을 것입니다. 현재에도 외국인 규제는 사각지대에 놓여있습니다– 사각지대에 놓인 부분을 더 강화해야 합니다.				
십자공수 후 최종 의결					
회의 참관 후 주제에 대한 나의 생각	회의 전에는 부동산 해법이 다양하게 제시될지 의문이었는데 모든 조가 다양한 의견을 제시해서 전에는 몰랐던 부동산 정책 등에 대해 자세히 알게 되었다. 가장 인상 깊었던 의견은 서울형 리인벤터 파리를 건설하자는 의견이었다. 용어를 처음 들어봐서 생소했지만 의미를 알고 보니 매우 참신했다. 회의 참관 후에 부동산 해법은 단 하나가 있는 것이 아니라 경제, 사회적 맥락을 고려해 그 때 그 때마다 다른 정책을 시행해야 한다는 생각이 들었다. 항상 좋은 의견은 많이 있기 마련이지만 현 부동산 흐름에 적용해 보았을 때 현실성이 없는 정책이기 때문이다.				

| 화백회의의 소감 | '화백회의'라는 형식의 토론을 처음 해봐서 익숙하지 않았던 만큼 더 열심히 준비할 수 있었다. 집값의 불안정이라는 공동체 문제를 해결하기 위해 다양한 해법이 제시되어 그 과정에서 직접 지지하는 뜻을 밝히는 것이 흥미진진했고 모두의 해법이 타당해 그 중 한 개를 뽑아보는 게 매우 어려웠다. 다음에 화백회의를 할 수 있는 기회가 온다면 청문을 하기 위해 내 의견뿐만 아니라 다른 의견들에 대한 자료조사를 더 철저히 해서 토론에 임하고 싶다. 두 명이서 한 팀을 이뤄서 그런지 자료조사를 하는 과정에서 힘들지 않고 즐거웠고, 고등학교 3년 중 손에 꼽히는 의미 있는 경험이 될 것 같다. (박혜서) |
| | 처음에는 토론 주제를 듣고 나의 관심사와는 거리가 멀어서 준비하기 쉽지 않았는데 열심히 책도 찾아보고 논문도 찾아보면서 열심히 토론을 준비했다. 오히려 나의 관심사와 가까운 주제 였다면 너무 흔한 의견들만 많았을 거 같은데 모두에게 생소하고 쉽지 않은 주제에 관련된 토론을 하다 보니 다양하고 참신한 의견들이 많이 나왔다. 요즘 집값 때문에 국토부 장관께서도 여러 정책들을 개편하려고 하시는데, 이런 나라와 관련된 이슈를 학생들끼리 열심히 토론해본 다는 거 자체에서 매우 의미 있던 시간이었다. 수상 결과와 무관하게 나의 경제 상식도 키울 수 있었고 최선을 다해서 토론에 임했기 때문에 뜻깊은 경험이었다.(최민경) |

대회로 이루어져 선양이 없는 점이 아쉬웠지만 그래도 다양하고 참신한 의견들이 독자성을 띠며 팽팽하게 대결하는 모습이 충분히 좋았습니다. 회의 중간에 최근 임명된 국토부 장관 인사청문회 장면이 떠올랐습니다. 정말 온 국민이 바라는 부동산 문제 해법은 안중에도 없고 오로지 당리당략에만 치우쳐서 청문회를 준비하고 결국 국민들을 실망시키는 장면은 이미 익숙히 보아온 터가 아니었던가요. 정책보다 정쟁에 골몰하는 국회의원들과 신임 장관에게 학생들의 이 회의 장면을 보여주고 싶다는 생각이 중간에 들었습니다.

열띤 하세와 청문이 첨예하게 이루어졌습니다. 때로 디베이트처럼 날카롭고 격렬하게 진행되는 상황도 나왔으나 전반적으로는 물 흐르듯 유려하게 90분의 시간이 흘러갔습니다. 초반부의 회의 진행 안내와 정리, 소감을 포함하면 거의 100분. 이 정도로 완벽한 백분 토론이 어디 있으랴 싶습니다, 우리나라 티브이 토론에서도 이런 식의 화백회의를 진행한다면 전 국민이 공부하고 참여하고 직접 민주주의를 체험하는 소중한 마당이 되지 않을까 싶습니다. 대회만 아니었다면 승천하고 다시 하세하고 끝없이 릴레이 화백을 이어가면서 최선의 방안을 찾아낼 수 있을 것입니다. 정부 부처나 기업에서도 이런 제도를 도입하면 정책 발전의 효과가 남다르지 않을까요.

교육 현장에서의 학생들 성장 효과는 말할 것도 없습니다. 위의 학생도 고교 생활에 손꼽히는 의미 있는 경험이 될 거라고 했는데, 입에 발린 소리가 아닙니다. 실제로 화백회의 참여자들의 만족도는 상상을 초월할 정도로 높습니다. 온몸으로 참여하고 지적으로 내용에 충실히 접근한다면 그 만족도는 더더욱 높아질 것이고요.

십자공수를 거친 뒤 학생들의 최종 집계 결과는 다음과 같다.

	학년	반	번호	이름	학생	유	서	순위
1	2	4	12	박혜서	33			
	2	6	25	최민경				
2	2	6	23	조재은	19			
	2	9	6	김효은				
3	2	8	22	이혜민	67			
	2	11	10	문승재				
4	2	7	9	박민아	22			
	2	8	4	김기민				
5	2	2	21	이정은	17			
	2	2	26	채미주				
6	2	1	12	양소민	20			
	2	4	5	김예빈				
7	1	12	11	김희서	16			
	1	12	15	박신우				

언택트 시대를 언급하면서 서울 외곽에 미래형 생태도시 건설을 주장한 이혜민, 문승재 임금님 팀이 주장의 참신성 때문인지 압도적인 지지를 받았습니다. 이 팀의 학생들이 사전에 준비한 핵심 포인트는 다음과 같은데 잘 짜여진 피피티를 적절히 활용하여 하세한 점이 높은 평가를 받았다고 보입니다.

- 지역의 주거 복지 확대 및 강화를 하여 서울 외곽의 공급을 증가시킬 계획입니다.
- 실제로 최근 시행된 임대차 3법에 의거하면 전세, 임대 값이 상승할 것입니다. 이에 따라 살짝 외곽의 집값 매매값이랑 임대료의 값이 비슷해지게 된다면, 이전의 전세가 판치던 흐름에서 많은 사람들이 자신의 집을 사려고 할 것입니다.
- 교육, 직장, 교통, 주변환경 및 여가
- 코로나 19로 사람들의 일상에 큰 변화가 나타나면서 '코로나19 이전으로 다시 돌아갈 수 없습니다'
- '언택트 트랜드'
- 코로나 이후 대두되는 가장 혁신적인 사회구조의 변화입니다.
- 집값은 결국 사회의 구조 안에서 결정되는 부분이기 때문에, 미래의 집값 안정화 정책들을 고려할 때 이러한 사회적 패러다임의 변화를 꼭 고려해야 한다고 생각합니다. 언택트 도시는 안전한 '저밀도 공간'을 필요로 하고 이를 통해 공간의 다핵화를 추구합니다. 즉, 친환경 미래 도시에 아주 적합한 환경이죠. 이러한 언택트 트랜드를 적용시켜 훨씬 미래

적인 도시를 건축할 것입니다.

화백회의는 찬반 토론이 아닌 까닭에 다른 의견들이 틀렸을 리는 만무하며 이 모든 의견들을 종합해서 정책을 수립한다면 한 단계 더 발전한 방안이 될 것입니다. 물론 도시, 건설 전문가는 아니기 때문에 허점과 문제점이 적지 않겠지만, 자라나는 새싹들의 공부 수준치고는 매우 훌륭했다는 점을 강조하고 싶네요.

심사의원들은 의견이 다를 수 있습니다. 학생 점수와 심사 의원들의 의견을 종합해서 순위를 결정합니다. 시상은 있지만 학생들은 그 과정 자체만으로도 만족할 것입니다. 아쉬움과 부족함의 자각과 성찰, 이게 바로 우리 젊은이들이 토론을 하고 토론을 공부하는 최대한의 목적이니까요. 모쪼록 화백회의가 랜선을 타고 전국적으로 퍼져 공격적인 토론인 디베이트를 포용하고 세상에 평화로운 대화 문화를 창조하며 집단지성의 산실이 되는 날이 속히 오기를 기대하며 온라인 화백회의 참관기를 마칩니다.

맺음말

오래된 미래의 토론과 화백회의의 미래

지금은 2020년을 마무리 하는 시기입니다.

2020년은 코로나 19와 검찰개혁 문제로 하루도 고요한 날이 없던 시절이었습니다. 저로서는 2000년에 시작한 토론에 대한 공부가 한 획을 긋는 해이기도 합니다.

토론 공부의 끝에서 화백을 만난 지도 어언 3년. 이제 토론에서 화백으로 전환을 맞고 새로운 미래를 꿈꾸는 한 해이기도 했습니다.

온라인 수업의 증가와 함께 미래의 교육은 어떻게 흘러갈지. 다들 새로운 패러다임, 뉴 노멀이라는 신 개념 앞에서 주춤하고 멈칫거린 한 해였습니다.

앞서 소개한 화백회의에 대한 많은 글들을 만나면서 독자들은 어떤 생각들을 하셨는지 궁금합니다. 그냥 약간 별난 형식을 갖춘 하나의 토론 모형으로 받아들이는 분도 계시고 색다른 만큼 토론의 한계를 뛰어넘는 통찰이 담긴 혁신 모델이라고 엄지를 치켜세워줄 분도 계시겠지요. 그 정도면 보람을 느낄 만합니다.

기나긴 토론 여정을 마무리하고 화백회의에 대한 책을 어떻게 마무리할까 고민하다가, 제가 화백회의에서 처음으로 사회를 맡아 진행했던 순간을 떠올려봅니다.

기대, 설렘, 걱정, 어려움, 미묘함, 한계, 가능성에 대한 발견.

그러나 결론은 역시 '모르겠다'로 마침표.

그렇습니다. 그 모름을 깨닫는 경험, 새로운 무지에 도전하는 경이로운 체험, 그게 바로 화백회의의 한계이자 매력이고 가능성입니다.

그날 겪은 체험과 화백회의를 마친 단상으로 이 긴 책의 끝을 매듭짓겠습니다. 모두 화백의 벗, 화백의 전도사가 되어 우리 교육을 변화시키는 도반이 되길 기원합니다.

오전에 노란테이블과 월드카페, 오후에 화백회의로 하루 일정도 만만치 않았다. 의제 찾기부터 화백 실연 혹은 시연까지를 총괄 기획 준비했다.

시연이다보니 참가할 사람이 많지 않으리라는 예측은 했다.

주제도 명확히 정해지지 않은 까닭에 참가단위도 막연했다.

사실 막막하기 그지없는 기획, 그러나 열사의 사막에 나무를 심고, 먼 바다에 나가 그물을 던지는 심정으로 갈 데까지 가보기로 했다. 어차피 미완의 화백, 삶이 미생이고 미완성이듯 화백회의 역시 아직은 미완의 혁명아 같은 그런 회의가 아니던가!

그랬다. 왜 화백회의가 그동안 존재하지 못했는지, 지난 긴 시간 동안 윤중과 좌계 선생님께서 수십 차례 화백회의를 해오셨으면서도 하나의 매뉴얼을 통일시키지 못했는지 비로소 깨달았다. 그건 불가능한 작업이고 무모한 도전, 무리한 기획이기 때문이다. 그러나 나는 그 근저에 도착하고자 한다. 외계인 헵타포드와 만나 새로운 차원의 언어로 소통하는 영화 〈컨택트〉의 원제가 바로 '도착', 영어로 'ARRIVAL'이 아니던가! 토론 공부 15년 만에 나는 비로소 내가 찾아헤매던, 가장 바람직하고 이상적인 토론의 원형에 도착했다! 이제야 '도착'의 의미를 조금 알겠다. 아니 영원히 모를 것이다. 도착(到着)은 곧 도착(倒錯)이기에. 우리가 기존에 가지고 있던 관념, 철학, 의식 심지어 무의식까지 뒤집지 않으면 다가가기 힘든 심연, 그 언저리에 화백회의의 정수가 또아리를 틀고 그 고갱이를 숨기고 있다. 구라가 너무 세지만, 어쩔 수 없다. 그러지 않고서는 풀 수 없고 말할 수 없는 게 바로 화백회의이기 때문이다. 독자들께서도 모쪼록 상상력의 문을 활짝 열어주시기 바란다.

화백회의의 정체성이나 의미를 말하려니 비로소 떠오르는 사람들이 있다. 노자, 붓다, 모리스 블랑쇼, 프란츠 카프카, 쿠사누스 등등

결론부터 말하자.
화백회의를 마치고 나오면서, '아~ 이제야 화백회의가 뭔지 알 것 같아' 이런 말을 한다면 그 사람은 화백회의를 잘 모르는 것이다. '아, 화백회의가 뭐야. 화백회의가 뭔지 잘 모르겠어.' 그러면 화백회의를 조금 아는 것이다.
무슨 귀신 씨나락 까먹는 소리인가.
다시 결론을 말하자. 화백회의는 실체가 없다!

단언컨대, 동서고금을 막론하고 지금 이 세상에서 고대 시대 화백회의의 실체를 아는 사람은 없다. 한국인 가운데 화백회의라는 단어를 모르는 사람은 거의 없다.

그러나 세상에 어느 선생님이 화백회의의 어원 혹은 기원과 방법을 가르친 적이 있는가? 없다.

화백회의는 아무도 모른다. 화백회의의 주체로서의 실체가 없다.

신라 때의 귀족? 화백회의를 만들었다는 이가 없다. 화백회의를 시행한 이야기는 아주 희미하고 가늘게 남아있으나 화백회의가 당대에 남긴 의미에 대해서 남기거나 전수한 이가 없다. 왜? 모르니까, 없으니까.

현대에 와서 화백회의를 연구하고, 화백회의를 복원하고, 화백회의를 시행한 아주 소수의 사람들이 있다. 그들이 남긴 자료와 매뉴얼과 흔적들이 곳곳에 있다. 그러나 그들이 화백회의의 주인이거나 실체가 아니다. 유령이라는 뜻이 아니라, 약간의 화백적 주체라고는 할 수 있으나 지금 이 글을 쓰는 나 자신을 포함해서 화백회의의 일부를 맛보았을 뿐이다. 장님이 코끼리 다리 만지는 격의 실체. 그게 첫 번째 없음이다.

두 번째 없음은 보다 심각하다. 화백회의는 형식이 없다.

형식이 없다고? 농담이 진짜 심하군!

농담이 아니다. 하지만 오해는 풀자. 형식이 없다는 말이 일체의 없음을 의미하지 않는다. 마치 공즉시색(空卽是色)의 공(空)이 그냥 아무 것도 없음, 그 자체가 아니듯이.

그럼 형식이 없다는 말은 무엇이냐? 흔히 동서양의 토론 방식, 아니 최근에 유행하는 대부분의 토론은 일정한 규칙과 형식이 있다.

예를 들면 서구식 디베이트는 찬반 양측이 존재하고 각각의 역할에 따라 입론, 반박, 교차조사, 마무리 발언 등의 절차를 거치는 식으로 형식을 갖추고 있다. 하지만 화백회의에는 이런 단순한 형태의 형식이 없다.

서로에게 큰 절을 하며 상대를 공대하는 예식부터 마지막 마무리 예식까지 일련의 흐름은 존재하지만 어떤 순서에 의해서 그대로 따라야 한다는 죽은 매뉴얼이 없다.

늘 살아 움직이면서 변형생성하기 때문에 고정된 형식이 없다.

100회 이상 화백회의를 운영해오신 윤중 황선진 선생님께서 화백이 '토론 없는 토론'이라는 표현을 하셨는데, 적확한 표현은 아니지만, 약간의 함의는 있다. 단순한 역설적 표현이 아니라 화백회의에서는 토론이 존재하지 않는 경우도 있고 피가 튀기는 살벌한 토론이 벌어질 수도 있다. 정해지지 않았다.

그럼 그 실체없는 화백회의를 어떻게 이해하고 공부하고 활용한단 말인가?

재귀적(再歸的)이고 환원적인 표현으로 들리겠지만 화백회의를 몸소 체험해보면 안다. 안다고? 알면 모르는 것이라고 하지 않았나? 그렇다. 그 '모름을 알 수 있다'.

아마도 예감이었을까?

이날 화백회의에 대한 설명 자료를 만들면서 제일 앞에 두 편의 시를 소개하고 싶었다. 하나는 김선우의 '나의 무한한 혁명에게'. 다른 하나는 심보선의 '오늘은 잘 모르겠어'. 그러므로, 이 글을 읽고 '아, 알겠네'라고 한다면 역시 당신은 화백회의를 아직 모르는 것이다. 글쎄 잘 모르겠네, 한다면 역시 화백을 잘 모르는 것이다.

조세희 선생님이 쓰신 〈난장이가 쏘아올린 작은 공〉의 '뫼비우스의 띠'. 제일 처음에 나오는 선생님의 뚱딴지 같은 질문을 상기하자. 굴뚝에 들어갔다 얼굴이 검어져나온 사람들 가운데 누가 세수를 하는가 묻는 질문 말이다. 화백회의식의 정답은 '아무도 없다'이다.

'나의 무한한 혁명에게'는 마지막에 소개하기로 하고, 심보선 시인의 시를 읽어보자. 역시, 시는 어렵다. 일단, 오늘은 잘 모르는 걸로 하고,

당신의 눈동자
내가 오래 바라보면 한 쌍의 신(神)이 됐었지
당신의 무릎
내가 그 아래 누우면 두 마리 새가 됐었지

지지난밤에는 사랑을 나눴고
지난밤에는 눈물을 흘렸던 것으로 볼 때

어제까지 나는 인간이 확실했었으나

오늘은 잘 모르겠어

눈꺼풀은 지그시 닫히고
무릎은 가만히 펴졌지

거기까지는 알겠으나

새는 다시 날아오나

신은 언제 죽나

그나저나 당신은….
- 〈오늘은 잘 모르겠어〉 /심보선 시집 중에서.

　이 시를 서두로 해서 당일 화백회의에 대한 안내를 시작했다. 부디, 화백회의의 과정이 낯설고 어려워도, 꼭 알아야겠다는 마음을 비우고, 그래 아직은, 오늘은 잘 모르겠어. 신(神)과 같은 당신, 한때 우리는 모두 신과 같은 거룩한 인간으로 사랑을 나누었으나, 지금은 누구인지, 어떠한지 잘 모르겠는 존재로서의 자신을 조금은 느끼고 돌아가기를 바랐다. 너무

문학적인가? 그렇다. 화백회의는 서구의 단단한 이성적 논리로는 그 알 짬을 다 이해하기 어렵다. 그런 사람들에게 화백회의는 매우 회의적(懷疑的)일지도 모른다.

물이 꽉 찬 잔에는 물을 더 채울 수가 없다. 독자들에게 약간의 인내와 비움을 요청한다. 나 자신을 낮추어 겸손히 무릎을 꿇고.

화백회의의 마무리 과정, 더 이상 앞에 나와서 발언할 사람이 없는지를 물을 때, 의장은 무릎을 꿇고 하늘님들의 하세를 기다린다. 1분 동안의 침묵과 기다림. 그리고 나서야 화백회의가 끝났음을 참여한 하늘님들에게 선포한다. 이 글을 쓰는 마음도 그럴 수밖에 없다. 물론 침묵보다는 마음 속에 궁금한 점들이 많다는 것이 그때와 지금 이 순간의 차이겠지만.

이날 화백회의의 의제는 '분단극복과 통일방안'이었다.

참여자가 많지 않은 오전 회의. 노란테이블과 월드 카페를 시행한 결과 이 주제에 대한 제안이 가장 많았다. 그밖에 '전쟁 없는 한반도'와 '새로운 철학과 세계관의 탐색'이라는 다른 주제들도 있었다. 하지만 이때만큼 한반도에 전쟁을 막아야 한다는 절실한 목소리들이 공감대를 이룬 적이 드물기에 이 주제를 바탕으로 화백회의를 진행했다. 기나긴 회의의 내용은 생략한다. 약간의 변형은 있었으나 본문에서 만난 화백회의의 진행 과정과 크게 다르지는 않으니까. 회의를 진행하면서 회의를 밖에서 보듯 관찰하고 기록했다. 마치 에셔의 그림 속 주인공처럼.

(에셔의 그림이다. 나는 미술관에 가서 그림을 바라보는 하나의 관객이지만, 그 그림을 보는 나 자신이 그림의 일부이다. 화백은 이렇게 완성된다. 내가 어느 자리에 서서 그림을 보느냐에 따라 그림 자체의 존재성, 실재성이 달라진다.

마치 무대에서 배우들이 연기하다가 객석으로 내려와 즉석에서 연기에 참여시키면서 그날만의 연극을 만들어가는 풍경과 비슷하다. 그 연극은 과연 형식이 있는 것인가, 없는 것인가? 기획된 연출이 없다고는 할 수 없지만, 그렇다고 정해진 연출대로만 연극이 진행되지도 않는다. 화백회의는 '관객 모독'의 회의이면서 관객이 하늘인 회의다.)

내가 처음 의장을 맡았고, 두 번의 화백체험과 두 번의 매뉴얼 작업을 하고 화백회의를 진행했음에도 내적으로 조금 어렵거나 아쉬운 부분이 있다. 하지만 몸으로 체험해보니 화백회의의 특징과 한계를 체감하고 체득할 수 있었다.

이 글의 서두를 조금 무모하고 과감하게 서술한 것도 체험 덕분이다. 물론 누가 또다시 이 화백의 철학과 가치와 방법과 의미를 다르게 서술할지 모르지만, 적어도 내가 아는 한 현 시점 화백회의의 최전선은 이렇다.

토론은 보편화되고 화백회의는 말 자체가 생소한 현대 사회에서 화백회의 자체의 완벽한 형상을 체계화하기에는 아직 갈 길이 멀다. 하지만 그의미와 방법을 여러 차례 체화했으므로 앞으로는 더 많은 임상실험만 남았다. 앞서 언급한대로 살아 움직이는 생명체와 같은 회의이기에 어쩌면 그때그때 다른 빛깔을 내는 혼돈에 시달릴지도 모른다.

하지만 나는 혼돈을 사랑한다. 내가 지향하는 민주주의와 통일의 철학, 그 바탕 위에서라면 화백회의는 그다지 어렵지 않다. 그 통일(通一)의 철학에 다가가는 지난한 과정이 오히려 더 어려울지도 모른다.

다시 두 가지를 상기하며 글을 마친다.

첫째는 강자들, 아니 꼰대, 흔히 빅마우스라고 하는 사람들에게 발언권이 제한된다는 점이다. 주어진 말발권을 다 사용하고 나면 아무리 목소리 큰 사람도 입을 다물어야 한다. 나아가 약자라고 여겨왔던 침묵의 다수들이 소리 없이 말한다. 말발권의 사용으로 직접 민주주의의 살아있는 공론장이 자연스럽게 이루어진다.

둘째는 화백회의의 의미와 방법을 모르는 사람들이 화백회의를 더 잘 한다. 왜? 앎에 대한 집착, 결과에 대한 욕망이 없기 때문이다. 그냥 순수하게 어린 아이의 마음으로 즐기기 때문이다. 교사나 학생들이 일반 시민보다 화백회의를 잘 하는 데는 이런 특성이 작용되기 때문이다.

시인 김지하가 〈밥〉이라는 책에서 말했다.

"사람들, 특히 지식인들은 생명에 대해서 말하면 알아듣지 못한다. 어미닭이 병아리를 품듯 품어주는 그 마음, 그 마음 속에 담긴, 그 마음 아래 깔린 살아 있는 그 무엇이 생명이다. 이 말을 시골에서 농사짓고 닭을 치는 농민들이나 어린이들에게 이야기하면 다 알아듣는다."

아마 화백회의도 그럴 것이다. 자기 안에 신념과 지식으로 가득 찬 사람에게 화백회의는 도저히 이해도 안 되고 받아들이기 힘든 관념이다. 그렇다면 다행이다. 화백회의가 아직 살아있고 이해불가능과 미완의 존재이며 오늘, 내일 늘 새롭게 다듬어갈 오래된 미래의 희망이라는 뜻이니까.

마지막으로 앞서 말한 김선우 시를 읽는다. 김선우가 말하는 '나의 무한한 혁명', 그 정신이야말로 화백회의의 의미를 가장 깊이 담고 있다. '지금 마주본 우리가 서로의 신이 되어, 마음을 다해 당신이 되고자 하는 무한의 혁명.'

나의 무한한 혁명에게
 ―2011년을 기억함

김선우

그 풍경을 나는 이렇게 읽었다
신을 만들 시간이 없었으므로 우리는 서로를 의지했다
가녀린 떨림들이 서로의 요람이 되었다
구해야 할 것은 모두 안에 있었다
뜨거운 심장을 구근으로 묻은 철골의 크레인
세상 모든 종교의 구도행은 아마도
맨 끝 회랑에 이르러 우리가 서로의 신이 되는 길

흔들리는 계절들의 성장을 나는 이렇게 읽었다
사랑합니다 그 길밖에
마른 옥수숫대 끝에 날개를 펴고 앉은 가벼운 한 주검을
그대의 손길이 쓰다듬고 간 후에 알았다
세상 모든 돈을 끌어 모으면
여기 이 잠자리 한 마리 만들어낼 수 있나요?
옥수수밭을 지나온 바람이 크레인 위에서 함께 속삭였다
돈으로 여기 이 방울토마토 꽃 한 송이 피울 수 있나요?
오래 흔들린 풀들의 향기가 지평선을 끌어당기며 그윽해졌다

햇빛의 목소리를 엮어 짠 그물을 하늘로 펼쳐 던지는 그대여
밤이 더러워지는 것을 바라본 지 너무나 오래 되었으나
가장 낮은 곳으로부터 번져온 수많은 눈물방울이
그대와 함께 크레인 끝에 앉아서 말라갔다
내 목소리는 그대의 손금 끝에 멈추었다
햇살의 천둥번개가 치는 그 오후의 음악을 나는 이렇게 기록했다
우리는 다만 마음을 다해 당신이 되고자 합니다

받아줄 바닥이 없는 참혹으로부터 튕겨져 떠오르며
별들의 집이 여전히 거기에 있고
온몸에 얼음이 박힌 채 살아온 한 여자의 일생에 대해
빈 그릇에 담기는 어혈의 투명한 슬픔에 대해
세상을 유지하는 노동하는 몸과 탐욕한 자본의 폭력에 대해
마음의 오목하게 들어간 망명지에 대해 골몰하는 시간입니다
사랑을 잃지 않겠습니다 그 길밖에
인생이란 것의 품위를 지켜갈 다른 방도가 없음을 압니다
가냘프지만 함께 우는 손들
자신의 이익과 상관없는 일을 위해 눈물 흘리는
그 손들이 서로의 체온을 엮어 짠 그물을 검은 하늘로 던져 올릴 때
하나씩의 그물코,
기약 없는 사랑에 의지해 띄워졌던 종이배들이
지상이라는 포구로 돌아온다 생생히 울리는 뱃고동

그 순간에 나는 고대의 악기처럼 고개를 끄덕인다
태어난 모든 것은 실은 죽어가는 것이지만
우리는 말합니다
살아가고 있습니다!
이 눈부신 착란의 찬란,
이토록 혁명적인 낙관에 대하여
사랑합니다 그 길밖에

온갖 정교한 논리를 가졌으나 아무 일도 하지 않은 채
옛 파르티잔들의 도시가 무겁게 가라앉아 가는 동안
수 만 개의 그물코를 가진 하나의 그물이 경쾌하게 띄워 올려졌다
공중천막처럼 펼쳐진 하나의 그물이
무한 하늘 한 녘에서 하나의 그물코가 되는 그 순간
별들이 움직였다
창문이 조금 더 열리고
두근거리는 심장이 뾰족한 흰 싹을 공기 중으로 내밀었다
그 순간의 가녀린 입술이 이렇게 말하는 것을
나는 들었다 처음과 같이
지금 마주본 우리가 서로의 신입니다

나의 혁명은 지금 여기서 이렇게
　　　　　　　　—김선우 시집 『나의 무한한 혁명에게』(창비, 2012)

부록

세월호와 노란테이블

– 원탁 토론의 꽃 노란테이블을 만나고

> 토론 공부 하시는 분들을 위해 화백 회의의 덕장회의나 정리 회의로서 가장 유용하고 유의미한 노란테이블 토론을 소개하고자 합니다. 이 글 역시 〈강자들은 토론하지 않는다〉에 실린 글을 조금 손보아 화백의 정신과 연결해서 다듬었음을 미리 알려드립니다.

행동하는 토론

인류의 고전 성경은 '행위가 없는 믿음은 죽은 믿음'이라고 단호하게 말합니다. 세계를 뒤흔든 경제학자 마르크스는 철학의 역할을 '세계의 해석이 아닌 변화'에 두었습니다. 토론의 의미도 그러하지 않을까요? 치열한 토론이 행동과 실천적 변화 없는 말만의 성찬으로 끝난다면? 그건 죽은 토론이거나 사명과 역할을 제대로 다 하지 못한 빈껍데기 토론입니다. 그러므로! 모든 토론의 결실은 무언가 행위로 이어져야 합니다. 성찰이든, 반항이든 혹은 창조이든.

유명한 언어철학자 비트겐슈타인은 언어의 의미를 '용법'에 두었습니다. 쉽게 말하면 모든 언어는 '명령어'라는 말입니다. 다시 말해 누군가에게 변화를 추동하지 않는 언어란 없다는 뜻입니다. 지금 쓰고 있는 이 글이 토론의 행동성을 촉구하듯 말이지요. 실상 벌어지는 많은 토론은 그런 점에서 명령어이지만 사람들에게는 명령을 거부할 권리가 있습니다. 토론의 내용이 마음과 몸을 움직일만한 힘이나 의미가 없다면 말입니다. 그래서 좋은 토론은 중요하고도 어렵습니다.

지금 한국 사회에는 수많은 토론이 있습니다. 100분 토론을 비롯한 다양한 방송토론. 대통령이나 시장 등 주요 공직자를 선택하는데 판단의 도움을 주기 위해서 선거철마다 벌어지는 후보초청 토론. 그밖에 정책을 구상하고 마련하고 시행하기 위한 수많은 공청회와 토론회가 있습니다. 교육현장에서 벌어지는 소소한 토론까지 합친다면 대한민국은 가히 토론공화국입니다. 그 가운데 가장 의미 있는 토론을 하나 꼽으라면? 단연코 〈노란테이블〉입니다.

2014년 4월 16일. 세월호 참사 이후 대한민국은 혼돈에 빠져듭니다. 새삼스러운 일도 아니지만, 국가의 정체성과 역할 등을 잘 몰랐던 국민들이 그 실체와 민낯을 한 번에 알아버린 사건이 발생한 까닭입니다. 탐욕스런 자본의 욕망과 무한경쟁에 휩쓸려 같이 굴러가던 일상의 한 조각이 깨져나가면서 정신이 번쩍 들었습니다.

세월호 참사의 문제점과 해결책을 시민들은 어떻게 찾아야 할까요? 일상에서 실천적으로 국가재난과 자기보호라는 단순소박한 문제점을 어떻게 풀어야 할까요? 시민운동단체 희망제작소의 노란테이블은 이런 단순하고도 평범한 질문에서 시작되었습니다. 이른바 '한국을 바꾸는 천개의 행동', 이것이 노란테이블의 출발점입니다.

　우문현답(愚問賢答)이라는 말이 있습니다. 어리석은 질문에 대응하는 현명한 대답이라는 말입니다. 이 말이 요즘 우리 사회에서는 우문'현'답(愚問'現'答)으로 통용됩니다. 현명한 대답이 아니라 '현장', '현재'에 답이 있다는 말로 변형되어 쓰입니다. 노란테이블을 시작하는 정신도 그렇지요. 박노해의 시 한 편을 보겠습니다.

> 다 아는 이야기
>
> 　　　　박노해
>
>
> 바닷가 마을 백사장을 산책하던
> 젊은 사업가들이 두런거렸다
> 이렇게 아름다운 마을인데
> 사람들이 너무 게을러 탈이죠
>
> 고깃배 옆에서 느긋하게 누워서 담배를 물고
> 차를 마시며 담소하고 있는 어부들에게
> 한심하다는 듯 사업가 한 명이 물었다
> 왜 고기를 안 잡는 거요?
> 오늘 잡을 만큼은 다 잡았소

날씨도 좋은데 더 열심히 잡지 않나요

열심히 더 잡아서 뭐 하게요

돈을 벌어야지요. 그래야 모터 달린 배를 사서 더 먼 바다로 나가

고기를 더 많이 잡을 수 있잖소

그러면 당신은 돈을 모아 큰 배를 두 척, 세 척, 열 척, 선단을 거느

리는 부자가 될 수 있을 거요

그런 다음엔 뭘 하죠

우리처럼 비행기를 타고 이렇게 멋진 곳을 찾아 인생을 즐기는 거

지요

지금 우리가 뭘 하고 있다고 생각하시오?

누군가 나에게 질문을 던져온다면 역으로 질문해야지요.

질문이 아무리 어리석어도 답은 그 현장 안에서 찾을 수 있습니다. 현

장이 답입니다. '지금 여기'가 답입니다. 그게 좋은 질문입니다. 아마 박노

해의 문제의식도 여기서 출발했습니다. 노란테이블을 만든 희망제작소의

문제의식도 다르지 않습니다.

해답은 현장에 있습니다.

그리고 현장에는 시민이 있습니다.

책상이 아닌 삶의 현장에서 움튼 지혜로 대안을 찾아야 합니다.

한국 사회의 시민들과 함께 희망을 만들어내려는 희망제작소의 고민의 출발점입니다. 그래서, 희망제작소는 무엇을 할 수 있을까요?

바로 시민과 토론이 만나는 자리를 만들어보자. 시민이 국가와 역사의 주인이고 그들이 직접 나서서 토론하고 행동한다면 한국 사회가 더 좋아지지 않을까요?

시민 + 토론
또 다시 같은 참사가 반복되지 않는 것
1아닌 30을 감지하고 예방하고 준비하는 것
지속적인 사회 변화를 만들어가고 준비하는 것

전 국민의 기억 속에서 사라지지 않은 대형 참사들을 떠올려봅니다. 기억하기도 싫은 현대 사회의 비상식적인 비극들입니다. 와우 아파트 붕괴, 성수대교와 삼풍백화점 붕괴, 대구 지하철의 지옥같은 화마, 태안반도를 비롯해 바다 곳곳에 뿌려지는 기름띠, 경주 리조트의 학생 사망 사고와 세월호에 이르기까지 한국인의 안전 불감증은 그 도를 넘습니다. 이게 단순히 안전과 불감의 문제만일까요? 그 뒤에 가려진 자본의 작동과 한국사회를 쥐고 흔드는 온갖 마피아들. 공안 마피아를 비롯한 관피아, 법피아와 기레기까지 헤아릴 수 없는 비리와 부패의 사슬이 고르디우스의 매듭처럼 얽힌 이곳이 지금의 한국사회입니다. 최소한의 양식과 이성을 가진 일반 시민이라면 누가 이 나라를 이렇게 만들었고 앞으로 이 세계가 어디로 끌려갈지 짐작할 수 있습니다. 다만, 행동하고 나서서 막지 못할 뿐이지요.

그렇다고 빅 브라더가 지배하는 어두운 세계의 도래를 기다리면서 막연하게 넋 놓고 있을 수만은 없습니다. 메시아나 영웅 따위가 우리를 구원해주지 않는다는 것은 이미 상식입니다. 결국 한 사람 한 사람의 시민들이 손을 잡고 나서서 이 거대한 죽음의 쓰나미를 막지 않으면 공멸하리라는 문제의식을 가지고 자기 삶의 일상적 행동에 변화를 가져오는 수밖에 달리 길이 있을까요?

현실을 과장하고 미래를 비관하는 게 아니냐고 타박할 독자가 있으실지 모르겠습니다. 그래서 1과 29와 300이라고 하는 하인리히 법칙을 소개합니다. 이번 세월호 사건을 통해 널리 알려진 끔찍한 법칙입니다.

하인리히 법칙

대형사고 1건이 발생하기 전에는
관련된 소형 사고가 29회 발생하고
이 소형 사고 이전에는 같은 원인의
사소한 징후들이 300회 나타난다.

보험회사에 다니던 하인리히는 왜 세상에 이런 사건 사고들이 많이 벌어질까를 고민하다가 사고가 나는 징후의 관련성에 주목합니다. 세상에 어느 날 갑자기 그냥 벌어지는 대형 사고는 없습니다! 하인리히의 결론입니다. 수많은 소형 예고편들이 살아있는 존재들에게 위험의 신호를 보냅니다. 보내고, 보내고, 보내고 또 보냅니다. 쥐나 코끼리 같은 동물들도 지진이나 화산 폭발로 자신들에게 닥치는 위험의 신호를 감지하면 어디론가 이동을 해서 살아갈 궁리를 하는데, 인간은 그런 감지력을 잃었습니다. 돈 때문에 이성도 감각도 감정도 다 마비된 까닭입니다. 보내오는 수많은 신호를 못 느끼고 알아도 애써 외면합니다. 심지어 감추기도 하고 아예 조작하기에 이릅니다. 때론 위험을 스스로 만들어내기도 하는 인간들의 괴이한 창조성!

삼풍백화점이나 세월호를 보면 위험을 알면서도, 방치하는 수준이 아니라 오히려 키우고 그 댓가로 더 큰 이익을 노리는, 인간으로서는 인식 불가능한 새로운 세계가 있다는 놀라운 사실을 깨닫습니다.

세월호 참사가 있던 날, 30년의 수명을 다한 고리 핵발전소를 연장시키자는 법안이 통과되었습니다. 제2의 체르노빌, 제2의 후쿠시마를 만들자는 망동이 아니고 과연 무엇인가요? 관피아, 교피아, 수피아 등등 한국 사회의 온갖 마피아들보다 더 무서운 핵피아의 힘이 한국 사회에 점점 어두운 죽음의 그림자를 드리웁니다.

핵발전소 사고 하나면 300명의 목숨이 문제일까요? 그보다 천 배는 많은 30만 명에서 80만 명의 목숨이 순식간에 사라집니다. 그리고 대한민국은 전역이 핵그늘에 싸여 방사능으로 인한 거대한 암 병동이 될 것입니다. 그런데도 지금까지 크고 작은 수만 건의 사고가 발생한 핵발전소를 폐기하지 않고, 오히려 낡고 노후한 시설물의 수명을 연장하는 법안을 통과시켜 국민들을 사지로 몰아넣는 위험한 도박이 멈추질 않습니다. 과연

이 죽음의 행렬을 누가 어떻게 막을까요.

안타까운 학생들. 안에서는 어떤 일이 벌어졌을까요? 왜 학생들은 스스로를 구조하지 못하고 꽃다운 청춘을 그렇게 속절없이 물속에서 잃어야만 했을까요? 슬픈 영혼들에 대한 눈물도 말라가는 지금, 우리가 잊지 말아야 할 무서운 명령 하나를 끄집어 올려야 합니다. 바로 '가만히 있으라'는 말입니다. 말씀이 율법이 되어 지배해온 인간의 역사가 이리도 참담한 사고를 불러온 사례가 또 있었던가요. 순진한 학생들의 목숨을 앗아간 그말, 가만히 있으라는 말. 이 말의 뿌리와 현실을 직시하지 않는다면 이런 비극은 어김없이 반복되지 않을까요.

동영상, 교육방송의 지식 채널 〈가만히 있으라〉 편을 봅니다. 조용히 흐르는 눈물을 닦으며 왜, 우리 사회는 어린 학생들에게 침묵과 복종을 강요해 왔는가 생각해봅니다. 그 뿌리는 어디인가 돌이켜보면서.
그 영상에 소개된 학생들의 생각 몇 마디를 돌아보고자 합니다.

반복되는 '가만히 있으라'는 안내 방송을 다 따랐을 거예요. 우리는 그렇게 배웠고 그게 옳다고 믿었으니까. 지OO(18)

'가만히 있으라'는 말은 세월호에만이 아니라, 청소년들은 꾸준히 들어왔던 말이에요. 양OO(18)

학교라는 그 자체가 '가만히 있으라'는 곳 아닌가요? 엉겁결에 왜요?라고 물어봤다가 엄청 혼난 적도 있어요. 최OO(18)

큰 여객선 안에서 다 같이 모여 있다 누군가 혼자 나가려 하면, 다른 아이들이 혼자 튀려고 한다, 싫어했을 거예요. 만약에 학교에서부터 가만히 있지 않고 토론하고 문제를 제기할 수 있다면 어땠을까…. 세월호가 과적이나 무리한 개조를 할 때, 선원들 간에 충분히 이야기하고 토론할 수 있는 사회였다면 어땠을까. 최OO(19)

어떤 분들은 우리에게 말씀하셨습니다. 이 사건에 동요하지 말고 공부에 집중하라. 그냥 아는 동생일 뿐인데 왜 분향소까지 가냐. 가만히 있는 게 도와주는 거다. 조OO(17)

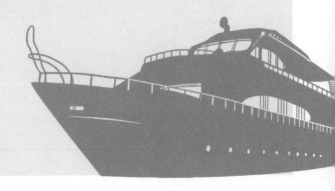

이 아이들을 죽음으로 몰아간 것은 무서운 말이었습니다. 그 말. 가만히 있으라! 어른들의, 권력자의, 전문가의 이 말 한마디가 수백 명의 목숨을 앗아갔습니다.

"살고 싶으면 입을 다물라!"

몇 년 전 개봉한 영화 〈궁녀〉의 포스터에 나온 핵심 광고 구절입니다. 혀를 함부로 놀리면 죽인다는 이 살벌한 구호는 조선 시대 양반 치하에서뿐만 아니라 일제시대와 군사독재시대를 거쳐 지금도 횡행하고 있습니다.

탁월한 철학자 도올 김용옥 선생님도 이를 느꼈던지 대한민국 새로운 교육을 걱정하는 마음으로 쓴 글에 다음 같은 구절이 가슴을 칩니다.

세월호 안에서 무기력하게 스러져간 어린 생령들의 행동은 주어진 상황에서 누구라도 취할 수밖에 없었던 최선의 방도였다는 것을 우리는 공감하고 가슴 아프게 생각한다. 그 학생들의 상당수가 애절하게 부모님들과 카톡을 했다. 그 덕분에 귀중한 자료가 많이 남았다. 그래서 국가 시스템의 무능의 실상이 백일하에 드러났다. 그러나 우리가 교육적 차원에서 안타깝게 반추해볼 수도 있는 또 하나의 가설은 카톡이 아닌 생존의 방법의 모색을 위한 진지한 호상적 토론이 우선되었을 수도 있었다는 것이다. 선중의 마이크에서 울려퍼지는 "가만히 있으라"는 절대명령이 있었다 할지라도 생사의 기로에서는 생존을 향한 본능적 욕구가 있게 마련이다. 그리고 충분한 토론의 시간적 여유가 있었다. 그럼에도 그들의 시공간은 카톡과 더불어 개별화될 수밖에 없었던 문명의 구조적 현실태에 종속되어 있었고, 절대적 권위에 대한 물리적 순응만이 그들의 행위를 지배했다. 앞서 지방선거를 예견한 언론인이 헌법 수호를 운운했지만, 헌법이라 하는 것도 필요에 따라서는 개정될 수 있는 것이다. 미국의 민주주의 역사는 헌법 수정의 역사라 할 수 있다. 헌법도 수정될 수 있는 것이어늘 "가만히 있으라"는 마이크 소리가 개정의 대상일 수는 없겠는가? 생존의 최선의 방법을 모색하기 위하여 탐색대를 밖으로 내보내면서 긴밀한 상황연락을 취했더라면 어떠했을까? 요번 6·4 지방선거는 "가만히 있으라" 교육에 대한 국민들의 분노가 표출된, 기존 세력의 역사몰이 전체에 대한 응징이라는 것을 깨달아야 한다. 순결한 단원고 학생들은 우리 시대의 교육이 저지른 죄업의 희생양이었다. (김용옥, 교육입국론, 한겨레신문사)

이제 더 이상 가만히 있어서는 살아갈 수 없는 시대가 되었습니다. 국가, 권력, 자본, 언론 등 막강한 힘을 가진 세력들이 보이지 않는 손을 꽉 잡고 국민들을 억압하는 시대에 가만히 있으라는 말은 주는 대로 먹고, 때리는 대로 맞고, 죽으라면 죽는 노예의 삶을 상징적으로 아니 사실적으로 웅변합니다. 세월호가 그 명명백백한 증거가 아닌가요!

〈희망 제작소〉가 가만히 있을 수 없다는 반성과 참회의 마음으로 나선 활동이 바로 노란테이블입니다. 이대로 국가의 억압과 명령을 지켜볼 수 없습니다. 우리는 우리가 나서서 우리의 권리를 찾고 활로를 모색해야 합니다. 폭력이나 불법이 아닌 시민적 이성과 지혜를 모아서! 그게 노란테이블이 만들어진 배경이고 정신입니다.

이런 노란테이블이 지닌 의미를 먼저 살펴보겠습니다.

노란테이블의 의미는

1. 세월호 참사로 촉발된 시민들의 사회적 문제에 대한 관심을 구체적으로 고민할 수 있는 기회 제공
2. 남녀노소 누구나 참여할 수 있는 토론문화 확산을 통해 시민으로부터의 사회혁신운동 실현
3. 우리 사회의 안녕과 안전을 지키기 위한 행동에 관심 있는 시민들이 함께 네트워킹 할 수 있는 기회를 제공
4. 정부 기관 등과 함께 시민의 의견을 전달하고 실현시키는 협업과 협치 구현

이 네 가지를 기본 취지로 삼습니다.

첫째. 세월호의 역사적, 사회적 가치는 앞서 언급한 대로 결코 작지 않으며 지속적인 진행형으로 한국인들의 의식과 정서를 흔들어놓을 것입니다. 세월호는 단지 자기 혼자만의 팔랑거림이 아니라 나비효과의 작은 나비 날갯짓처럼 한국 사회의 현재와 미래를 흔들어놓을 초대형 태풍의 눈이기 때문입니다.

둘째, 토론이 없는 한국 사회에 건강하고 의미 있는 토론 문화를 조성합니다. 토론이라고 하면 갑론을박이나 중구난방 수준을 넘어서지 못하는

게 우리네 토론 문화입니다. 청와대를 비롯한 사회 곳곳에 지록위마와 어불성설이 횡행하고 대다수 사람들은 마이동풍에 우이독경입니다. 대화는 커녕 멱살잡이와 주먹 다툼을 하지 않는 게 다행이다 싶을 만큼 경청과 수용이 안 되는 사회입니다.

하지만 건강한 민주사회는 역지사지(易地思之)와 화이부동(和而不同)의 세계입니다. 상대의 의견을 들으면서 그 처지를 이해해주고 동일자의 논리로 자기 생각을 상대에게 강요하기보다는 각자 다른 의식과 문화 속에서 화평하게 공존하는 삶의 논리와 실천. 그게 바람직한 민주주의가 아니던가요. 언제부터인지 모르게 잃어버린 대화와 토론의 감각 그 정신을 문화적으로 새로 만들자, 그게 두 번째 의미입니다.

세 번째. 가만히 있으라 윽박지르는 뒤켠에 절대 가만히 있지 못하는 깨어 있는 시민과 학생들도 있는 법입니다. 사회가 워낙 원자처럼 쪼개져 있다 보니 분열된 다중으로만 존재할 뿐이라서 그 힘이 미약하지만 이들도 뭉치면 권력을 감시하고 통제하고 나아가 정권을 바꿀 힘을 충분히 가지고 있습니다. 그러한 깨어있는 시민들을 연결하고 키우고 넓히는 작업. 그게 노란테이블의 세 번째 목적입니다.

네 번째. 그렇다고 노란테이블이 저항만을 일삼는 조직을 꿈꾸는 것은 아닙니다. 정부와 지방자치 단체 등을 배제하거나 무시하는 것이 아니라 깨우고 살리고 키우는 큰어머니를 꿈꿉니다. 한 사람의 작은 목소리를 들어주지 않는 권력 집단에게 모여진 큰 소리를 전달하고 일방적인 피지배자의 입장에서 벗어나 함께 일하고 함께 다스려 나가는 협업과 협치를 실현합니다. 형식적 민주주의를 깨고 실질적 민주주의를 현장에서 이루어나가려는 몸짓입니다.

노란테이블 툴킷(toolkit)

그럼 노란테이블을 어떻게 진행해 나갈지 이제 그 실제 방법을 살펴보 겠습니다. 먼저 노란테이블을 진행하는 데 꼭 필요한 '툴킷'을 소개합니 다. 툴킷(toolkit)이란 목수나 일꾼들의 연장을 모아놓은 도구 상자를 말 하는데, 노란테이블의 툴킷은 7가지로 이루어져 있습니다.

토론을 하는데 그냥 말하면 되지 왜 툴킷을 활용할까요? 토론의 도구는 분위기를 밝게 하며 토론자들이 입을 여는데 유용한 사고의 길잡이 역할 을 합니다. 이런 툴킷의 활용은 전체적인 과정을 시각화하여 빠르고 쉽게 공유할 수 있습니다. 또 승자 패자를 가르는 끝장토론이나 디베이트형 토 론이 아니라 서로 협의하는 토론을 만들어가는 데 유용합니다. 일직선적 인 목표지향 토론이 아니라 나선형으로 사고를 확산시켜나가면서 구체적 인 요구안과 행동 약속으로 나아갑니다. 노란테이블의 취지나 방법이 화 백회의와 상통하는 지점이기도 합니다.

툴킷은 노란색 테이블보, 토론 카드 삼종 세트, 요구와 약속 보드, 스티 커 세트, 토론 가이드와 토론자료집 그리고 소통 벽보로 이루어져 있습니 다. 토론의 과정은 이 툴킷을 활용해서 차례대로 진행을 하면 됩니다. 하 나씩 설명을 하면서 토론과정을 같이 살펴보겠습니다.

먼저 노란색 테이블보.

왜 노란테이블일까요? 빨강이나 파랑도 아니고 노란색? 세월호의 아픔을 같이 나누자는 취지의 노란 리본 때문입니다. 사람이 죽으면 검은색이나 하얀색 리본을 다는데 세월호 참사 뒤에는 왜 노란 리본이 유행했을까요?

노무현 대통령 서거 당시 유행했던 노란 리본의 기원은 미국으로 건너갑니다. 감옥에서 출소한 사람이 귀향하면서 아직도 자기를 사랑한다면 나무에 노란 리본을 매달아달라고 부인에게 부탁했습니다. 리본이 달려 있지 않다면 그냥 그 마을을 지나가겠다고. 가슴 졸이며 버스를 타고 나무 아래를 지나가려던 사내가 나무에 달린 수백 개의 리본을 보고 감동했다는 이야기는 널리 알려져 있고, 한때 이 이야기를 바탕으로 만들어진 '노란 리본을 오크 나무에 달아주세요'라는 노래가 유행한 적도 있습니다. 그 후 노란 리본은 멀리 길을 떠난 사랑하는 사람이 무사히 돌아오기를 바라는 마음의 상징이 되었습니다. 아직도 배 안 혹은 바다 밑 어딘가를 떠도는 시신과 영혼. 그리고 육신은 돌아왔지만 생명은 끝내 건지지 못한 아픈 영령들의 귀환을 바라는 염원으로 노란 리본이 시작되었습니다. 그래서 노란테이블 역시 노란 리본에서 유래한 안타까운 기도의 마음을 담은 상징성을 갖습니다.

토론 카드는 실질적인 토론을 이끌어나가는 가장 핵심적인 도구입니다. 토론에서 도구의 힘은 막강하고 엄청납니다. 어떤 도구를 사용하는가 여부가 토론을 재미있고 활발하게 이끌어가는 힘에 결정적인 영향을 끼

칩니다. 그런 점에서 노란테이블의 토론 카드는 매우 유용하고 필수적인 도구입니다. 처음에는 색깔 없이 네모난 카드를 활용했으나 그냥 단순하게 카드를 늘어놓은 모양이 아이디어를 창의적으로 공유하기에 적절하지 않습니다. 그래서 보드게임 아이디어를 활용해 6각형 벌집 모양을 만들고 색상도 넣어서 활동마다 개념을 구분하고 진행 과정을 잘 알아보게 배치했습니다.

노란테이블의 토론 카드는 세 종류입니다.

첫 번째 카드는 검은색으로 된 우리 사회 문제 카드. 이슈 카드라고도 부릅니다.

해상 사고와 분단국가, 원전사고, 고령화 저출산, 등등 현재 한국 사회가 직면하고 있는 문제들을 만든 32장의 카드입니다. 물론 빈 카드도 충분히 마련하여 더 중요한 문제가 있다면 참가자들이 각각 기록할 수 있습니다.

두 번째 카드는 문제 원인 카드로 노란색입니다. 사회 이슈를 유발하는 원인이 되는 항목들이 적혀 있습니다. 각종 사회 문제가 발생하는 원인은 무엇인가를 다양하게 적어놓은 카드입니다. 돈, 중요성을 몰라서, 무관심 등등

세 번째는 주황색 상상 카드로 이러한 문제들을 해결하기 위한 가치와 방안을 제시한 카드들입니다. 사람, 마을, 이웃, 등 공동체적이고 생산적인 가치들이 적힌 카드로 24장이 만들어져 있습니다.

위의 모든 카드들 외에 여백만 있는 여분의 카드를 여러 장 준비해놓았

는데 창의적으로 참가자들이 채워서 넣고 이야기를 풀어나갈 수 있도록 하기 위한 조치입니다.

'요구와 약속' 보드가 노란테이블에서 아주 매력적인 회심의 도구입니다.

이글 서두에서 언급한 대로 진정한 토론은 주제에 대한 해석이나 분석, 제안 등의 말잔치에 그치지 않고 작은 일이라도 내가 다짐하고 실천하겠다는 의지의 결실이 중요합니다. 요구는 이 사회의 책임 있는 사람들과 단체에게 보내는 요구사항을 적는 판이고 그 아래 요구만 하지 않고 나도 실천한다는 의미의 다짐을 적습니다.

이 도구들을 사용해서 이루어지는 토론의 과정을 하나의 흐름으로 보면 다음과 같습니다. 토론자들은 이 과정을 통해서 생각이 점점 자라고 깊어지는 경험을 합니다.

소개하기/기억하기(15분) ⇒ 발견하기(25분) ⇒ 논의하기(20분) ⇒ 공유하기(10분) ⇒ 상상하기(25분) ⇒ 약속하기(25분) ⇒ 공유하기(10분)

시간은 10명 정도를 기준으로 했기 때문에 인원수와 사람들의 친숙도에 따라 어느 정도 융통성 있게 진행할 수 있습니다.

첫 단계인 소개하기와 기억하기는 만남의 중요성을 나누는 자리입니다. 세상 어떤 일도 사람살이에서 사람만큼 중요한 것은 없습니다.(물론 우주 자연과 뭇 생명 가운데 소중하지 않은 것도 없지만) 더군다나 같이 발 디디고 살아가는 이 사회의 문제를 같이 머리 맞대고 고민하는 일이라면 더더욱 그렇겠지요.

소개하기의 방법은 여러 가지 방법으로 널리 알려져 있습니다. 명패를 활용해서 몇 가지를 적은 다음 그 내용을 토대로 이야기를 나누는 방법도 있고, 자기만의 고유 단어를 하나 정도 생각한 뒤에 풀어나가는 방법이 있습니다. '나에게 세월호는 ○○ 입니다. 왜냐하면~' 의 방식으로 말하는 것도 하나의 방법입니다.

진행자는 이 과정에서 모인 사람들의 말하기 특징들을 눈여겨봅니다. 남들보다 더 많은 말을 오래하기를 좋아하는 사람이 있는가 하면 나서기를 꺼려하고 소극적으로 듣기만 하려는 사람도 있을 수 있습니다. 노란테이블의 원탁 토론은 기계적으로 발언 시간과 횟수를 정하지는 않지만, 한두 사람이 발언을 독점한다든지 최소한의 발언 기회마저 외면하면 노란테이블의 정신과 취지를 살리기 어렵습니다.

'기억하기'는 세월호의 아픔과 원인을 마음 깊이 새겨보면서 돌아가신 영혼의 넋을 기리고 묵념하는 시간입니다. 참가자들은 무겁고 짧은 음악을 들으면서 잠시 눈을 감고 명상에 잠기거나, 세월호 관련 샌드 애니메이션을 보는 것으로 대체해도 좋습니다.

소개하기를 마치면 '발견하기'로 들어갑니다. 모든 토론은 몸으로 하는 공부입니다. 아무리 자세한 설명도 실제로 해보는 활동보다 생생하게 기억되지 않습니다. 노란테이블에 관심을 가진 분들도 실질적인 토론 진행을 해보거나 토론과정에 참여하지 않고서는 흐름의 어려움이나 혹 발생할지 모르는 문제점을 찾기가 쉽지 않을 터입니다. 그래서 저도 직접 교육과정에 참여해보았고 그 과정을 간략하게 요약 기록하면서 앞서 이야기한 흐름들을 정리해보겠습니다.

노란테이블 실습

세월호 사고가 5개월을 지나가는 2014년 9월 17일. 저녁 7시 희망제작소 사무실을 찾았습니다.

1. 소개하기

전체 사회자 : 자 모둠 사회자를 알려드릴게요. 음~ 일단 머리가 가장 긴 분으로 할게요. 모둠별로 자기소개를 이끌어주세요.

지명받은 모둠 사회자는 소개하기부터 시작합니다. 소개하기는 자기소개, 참여 동기와 목적 등을 말하고 전체 발언 시간은 15분 이내. 모둠 활동을 마치면 전원이 함께 손뼉을 치는 것으로 마칩니다.

우리 모둠에는 4.16 참사 희생자 유가족들의 전문적 심리지원과 통합적 서비스지원을 위한 기관인 온마음센터 지역사회지원팀 사회복지사 최미정님, 원주시 청소년 수련관에서 일하는 이장형님, 은평구 청소년 문화의 집에서 일하는 구태희님, 한국글로벌코칭교육원 대표 장은영님 그리고 저 이렇게 다섯 명이 있었습니다.

이 가운데 머리가 가장 긴 분은 단원고가 있는 안산에서 오신 최미정님. 사회자가 먼저 자기소개를 하고, 한 분씩 돌아가면서 발언을 하도록 독려합니다.

최 : 저는 안산에서 사회복지사를 하는 최미정입니다. 광명에서 일하다가 안산으로 이직해서 일합니다. 27일 안산에서도 노란테이블이 열리는데 미리 공부하러 왔습니다.

이 : 저는 원주에서 일합니다. 저도 사회복지사입니다.

(최, 저도 원주가 고향인데)

구 : 은평구 신나는 애프터 센터에서 일합니다. 애프터 서비스, 에이에스 (AS) 아니고요. 은평구는 연대와 네트워크가 활발한 곳입니다.

장 : 전남 광주에서 왔어요. 프리랜서입니다. 노란테이블이 마인드맵이나 전지로 하는 활동과 달리 프로그램 모듈로 어떤 가치 있는지 공부하러 왔어요.

유 : 저는 토론을 공부하는 사람이고, 〈토론의 전사〉라는 책을 썼으며 이 과정을 통해 노란테이블에 대한 글을 쓰고자 왔습니다.

전체 사회자가 다음 과정을 주문합니다. 이번에는 토론 카드를 활용한 본격적인 논의하기입니다. 기억하기는 시간 관계상 따로 하지 않았습니다. 장소와 시간, 여건에 따라서 다양하게 짚고 넘어갈 수 있습니다.

2. 발견하기

전체사회자 : "툴킷에서 토론 카드를 꺼내보세요. 세 가지 종류가 있죠? 그 가운데 이슈 카드와 문제 카드를 확인하고 연결하기로 진행합니다.

검은색(이슈) 카드와 노란색(문제 원인) 카드를 정렬할 때, 가운데를 비워서 해주셔야 합니다. 거기에 참가자들이 선택한 카드를 배치해야 하니까요. 한 사람당 각각 한 장씩을 선택합니다.

내려놓은 카드 가운데 상대방이 내가 선택한 것과 같으면 같이 입장을 정하셔도 됩니다. 내려놓은 카드 가운데 공통적으로 선택되는 것은 2중 혹은 3중으로도 사용이 가능하다는 거죠. 그리고 문제 발견이나 원인을 다른 곳에서 찾고 싶으시면 빈 칸을 활용하시면 됩니다. 빈 카드에다 직접 써넣으시면 돼요.

시간이 25분 정도인데 내려놓으면서 간단한 설명을 하시면 됩니다. 전체가 두 바퀴를 돌아도 되고 한 바퀴 돌면서 전원 1차 발언을 하시고 남은 시간은 2차로 희망자만 하셔도 됩니다. 적절하게 안배하셔요."

내려놓는 과정은 브레인 라이팅 활동과 비슷합니다. 앞 사람이 내려놓은 것과 연계하되 범주화하는 대신 유사성과 인접성을 띤 것들을 고려하면서 배치하는 것이 조금 다를 뿐.

카드에 너무 집착할 필요가 없다는 뜻입니다. 카드와 규칙은 활동을 원활하게 하기 위한 도구이지 사람들의 말과 사고를 제한하는 도구가 아닙니다.

최 : 제가 고른 카드는 '해상 사고'와 '양심이 없다' 입니다. 아무래도 안산에서 직접 세월호 관련 일을 하다 보니 이 일이 가장 크게 와 닿습니다. 원인으로는 우리 사회 곳곳에 스며든 '양심이 없다'를 뽑았습니다.

오른쪽으로 돌아 다음은 코칭 활동을 하는 장씨.

장 : 저는 '고령화 저출산'을 문제로 삼고 싶어요. 원인으로는 '관련 법규가
　　없다'입니다. 회사를 다니다가 프리랜서로 전향했는데 그 이유 중의
　　하나가 육아휴직 문제 때문이었습니다. 등등

　다음 차례인 저는 분단국가를 뽑았습니다. 그리고 원인 카드는 직접 쓰
기로 했습니다.

나 : 제가 '분단국가'를 뽑은 이유는 한국 사회의 모든 갈등이 분단에 원인
　　을 두고 있다고 보기 때문입니다. 그래서 원인을 '한국 사회 갈등의
　　역사적 뿌리'로 정했고요. 한국 사회를 뒤흔든 주요 사건의 배후에는
　　남과 북의 갈등 혹은 남북분단을 핑계 삼은 이념적 정치적 공작이 있
　　었습니다. 그만큼 분단은 아직 진행 중이고 다른 어느 문제보다 뿌리
　　가 깊은 문제라고 생각해서 골랐습니다. 이상입니다.

　구태희 님도 저와 같은 '분단국가'를 뽑았고 원인으로는 '중요성을 인식
못한다'로 선택했습니다. 저와 비슷한 문제의식 속에서 분단 문제를 깊이
바라보는듯 했습니다. 그리고 이장형님은 '어린이안전'과 '근시안적이다'
를 뽑았습니다. 이유를 들어보니 청소년 수련관에서 일하면서 느낀 삶의
고민이 담겨 있는 말이었습니다. 안전 불감증. 이 역시 세월호 문제와 무
관할 수 없는 문제지요.

이렇게 해서 모두가 돌아가면서 자기의 문제의식을 드러내고 다른 참가자들과 의견을 나눕니다. 고민을 담은 속 깊은 이야기들을 하다 보니 의외로 시간이 모자랐는데, 시간이 조금 남는다면 질의응답을 하거나 추가로 보충 발언을 희망자 중심으로 들어도 좋습니다.

3. 1차 공유하기

공유하기는 각 모둠에서 나온 핵심 문제들을 정리해서 중앙으로 알려주는 과정입니다. 커다란 판을 만들어서 포스트잇에 붙여 알려주거나 한 모둠씩 돌아가면서 발표를 합니다. 스마트폰으로 자기 모둠의 상황을 정리해서 중앙 의견 수렴자에게 보내면 그걸 정리해서 총괄적으로 발표하는 방안도 있습니다. 현재 우리 사회의 문제점에 대한 진단을 참가자들이 전체적으로 어떻게 하는지 개괄적으로 정리하는 단계입니다.

4. 상상하기

그다음은 상상하기. 대안을 찾아가는 희망의 시간입니다.

테이블마다 앞 과정에서 내려놓은 이슈 카드를 조망합니다. 전체적으로 지도를 보면서 진행자가 연결고리를 같이 만들어 보거나 그 가운데 우선순위를 정해서 논의하기를 진행해도 됩니다.

진행자는 발언하기 시간에 적절히 메모를 해서 말을 못하는 분들의 입을 열도록 합니다. 자연스럽게 질문을 던지거나 다른 사람 의견에 자기 의견을 덧붙이게 하는 방식으로 참여를 이끌어냅니다.

상상하기 시간에 발언을 하는 것은 꼭 앞서 자기가 제시한 문제에 대해서만 이야기를 할 필요는 없습니다. 다른 사람이 제기한 문제도 얼마든지 상상하기가 가능합니다.

전체 사회자 : "상상하기 카드는 주황색입니다. 노란색과 검정색 카드는 정리를 해도 좋고 혹 더 이야기하고 싶은 과제가 있다면 참고하셔도 좋습니다. 카드를 활용하실 때는 규칙에 너무 얽매이지 마세요. 일단 상상하기 카드는 발견하기 카드 사이에 배치를 합니다. 그러면서 벌집 모양을 만들어가는 것이고요. 주변이 꽉 차서 더 이상 놓을 곳이 없습니다. 그러시면 위에다 살짝 올려놓으셔도 됩니다".

다시 모둠 활동이 진행됩니다.

저는 먼저 분단국가의 문제를 극복하기 위한 대안으로 '상생'을 뽑았습니다. 더불어 사는 삶의 가치를 배울 때 북한의 우리 민족을 적이 아닌 친구와 동반자로 인식할 수 있으리라는 판단에서입니다.

장은정 님은 '배려'. 우리나라 육아를 위한 OECD 최하위 고령화 저출산 문제 해결에 필요한 가치라고 이야기합니다.

저와 같은 분단국가를 문제 제기한 구태희 님은 '평화적 감수성'을 제시합니다. 카드 주변에 빈 공간이 없어 카드를 살짝 위에 올려놓습니다. 인권을 넓은 범위로 인식하고 북한 주민과 더불어 살기 위해 평화의 마음을 기르는 것이 중요하다는 말입니다.

이장형 님은 '사람'. 모든 운동은 사람에서 시작합니다.

최미정 님은 '지역'을 핵심 가치로 제시합니다. 안산 지역에서 가족들을 치유하고 돌보는 일을 하는 입장이라 지역이 끌린다고. 현수막 걸고 지역에서부터 운동을 펼쳐나가는 모습이 좋아서라고 합니다.

이렇게 각자가 내려놓은 상상적 가치를 나누면서 희망적인 사회의 모습에 대한 상을 그려나갑니다. 아직, 우리 사회가 어둠의 그늘에만 가려 있지 않다는 환상(?)과 함께 의지도 불끈 솟습니다.

5. 약속하기와 행동하기

가장 어려운 시간이 돌아왔습니다. 앞서 논의하기 시간을 넘어 실천적인 자기 결단이 필요한 시간이기 때문입니다.

논의는 거창하지만 실천은 소박하게. 이상은 높아도 발은 현실에 디뎌야하듯 몸과 마음, 이론과 실천이 잘 조화를 이루어야 하기 때문에 더욱 어렵습니다.

전체 사회자분도 이 대목을 쉽게 설명하지는 못하셨습니다. 상상하기에서 요구하고 약속하고 실천하는 것으로 넘어가기가 그리 만만치는 않은 듯 말입니다.

사람과 지역, 평화적 감수성, 배려, 상생을 아우를 수 있는 요구와 실천이 가능한 약속에는 무엇이 있을까요? 요구는 특정 인물이나 정책 기관 등에게 할 수 있고 실천의 약속과 다짐은 자기 스스로에게 혹은 모둠 차원에서도 가능합니다.

한 사람씩 요구와 실천의 다짐을 하고 모둠별로 사진을 찍어 남겨둡니다.

노란테이블의 특징과 의의

1. 우리 사회의 여러 분야의 문제들에 대해서 가지고 있던 생각을 빠르고 쉽게 공유할 수 있습니다.
2. 문제의식을 시각화하는 과정을 통해 논의 내용에 대한 공유와 확인이 매우 쉽습니다.
3. 누군가 이기고 지는 끝장 토론 형식이 아니라 상대방의 이야기를 듣고 자신의 생각을 덧붙이며 나아가는 확산형 토론과정입니다.
4. 논의 내용을 구체적인 요구안과 행동과 약속으로 정리합니다.

저는 2000년에 원탁 토론을 처음 만났습니다. 강치원 교수님께 원탁 토론을 처음 배웠을 때 접한 심사의 6가지 기준이 생각납니다. 교수님이 강조하시던 내용을 요약 정리해서 전달하면 이렇습니다.

1) 전문성

토론의 전문성은 전문적 용어 사용과 내용의 구사에 있다. 누에가 뽕잎을 먹고 소화해서 실을 뽑아내듯이 많이 읽고 공부하고 경험하고 고민하는 데서 전문성이 찾아진다. 누에가 뽕잎을 먹지 못하면 실을 뽑아내지 못하듯이 철저한 준비와 공부를 하지 못하면 토론의 전문성을 기르기 어렵다. 책만, 교과서나 성경책이나 법전처럼 꽉 막혀 있고 정답 같은 책만 많이 보아서는 전문성을 기르지 못한다. 세상 공부를 많이 해서 약하고 어려운 사람 처지도 알고, 전쟁이나 부당행위나 이런 현실에 대해서도 눈을 떠야한다.

2) 논리성

앞뒤 말은 바뀌더라도 논리적 일관성이 있어야 하며 토론의 흐름을 깨고 있지 않나를 항상 염두에 두어야 한다. 논리의 칼은 예민해야 한다. 말씀은 날이 선 검이며 뼈와 골수와 살을 쪼개는 치밀한 논리성이 필요하다. 법정 영화를 보면 치열한 논리 싸움 끝에 극적으로 문제를 해결해가는 과정이 멋있게 그려진다.

3) 인성

인성은 한마디로 겸손함과 담대함이다. 무조건 자기 주장을 펼치면서 설득하기 전에 진정으로 옳은 이야기를 인정하고 설득당할 용기와 아량을 갖고 있어야 한다. 겸손함과 담대함은 민주적 카리스마를 키워낸다. 부드러움을 통한 세력화가 가능하다. 그 부드러움 속에서도 마음의 심지는 강해야 하며 논자가 말하는 물처럼 부드러운 겸손함 속에 태산의 무게로 어떤 바람에도 흔들리지 않는 강인함이 겸비되어야 한다.

4) 창조성

토론자는 환상(독창성)과 이성(보편성)의 절묘한 조화 속에서 토론을 해야 합니다. 피카소는 엄청난 데생 연습을 통해 추상화의 최고 자리에 올랐다. 독창성은 사회의 보편성을 바탕으로 생겨난다. 사회의 보편성이 인정해주는 환상 즉 창조성이 있어야 한다. 부싯돌이 서로 부딪힐 때 빛난다고 볼테르가 말한 것처럼, 진리의 섬광은 서로 다른 견해들이 부딪힐 때 튀어나오므로 토론자들의 토론 안에서 새롭고 창조적인 인식이 창출되어야 한다.

5) 공동체성(객관성)

원탁토론의 교육목표에서의 공동체성은 사회적 객관성과 역사적 객관성을 포함한다. 사회적 객관성은 사회 구성원들의 지지를 얼마나 받고 있느냐를 의미하며 역사적 객관성은 과거와 미래의 후손까지 포함하는 의미에서의 객관성이다. 내가 한 발언은 현재 함께 살아가는 사람들에게 얼마나 공감대를 형성할 수 있으며 몇십 년 뒤 어떻게 평가받을 것인가를 고민하는 발언이 되어야 한다. 따라서 토론교육은 역사의식에 관한 교육이다.

6) 실천성

실천성은 말이 삶으로 실천되는가이다. 실천성에는 횡적(가로, 수평적) 실천성과 종적(세로, 수직적) 실천성이 있다. 횡적 실천성은 다른 사람들과 함께 하는 실천, 곧 연대를 의미하며 종적 실천성은 한순간만 실천하다 마는 것이 아니라 꾸준히 실천함 곧 지속성을 의미한다.

실천이 없는 말의 공허함은 이 세상을 살아가면서 누구나 한두 번쯤은 느껴봤을 것이다. 행동이 없는 믿음이 죽은 믿음이듯이, 말만 교묘하게 잘하는 것이 진정으로 토론을 잘하는 것이 아니라 몸으로 땀을 흘리며, 자신을 던져서 온 삶을 걸 수 있는 말을 할 때 그 말은 힘이 생기고 다른 사람들과, 특히 약자들끼리 연대하는 강한 고리가 된다. 여건이 조금 나아진다고 나태하고 포기하고 물러선다면 그 또한 토론 내용의 지속적인 실천이라는 점에서 부족함이 많다고 할 수 있다.

오래전에 다른 지면을 통해서 정리한 글이지만 노란테이블의 의미를 되새겨보면 이러한 가치들이 더욱 새록새록 중요하게 떠오릅니다. 2000년 당시의 전국 중고등학생 원탁토론광장에서부터 최근 5.18재단에서 진행한 전국 고등학생 토론대회에 이르기까지 그동안 수많은 원탁 토론을 교육하고 또 대회도 운영하며 판정을 해보았습니다. 대개의 토론대회는, 특히 찬반대립의 디베이트 토론대회는 전문성과 논리성에 초점을 맞춥니다. 거기에 조금 더하면 창조성을 눈여겨 볼 수도 있습니다. 물론 상대방의 말을 경청하고 공대하는 인성은 어디나 기본이고요. 하지만 공동체성과 실천성을 평가 기준으로 삼을 수는 있어도 그걸 공정하게 객관적으로 평가하는 대회는 보지 못했습니다. 인간의 삶의 실천을 과연 누가 재단할 수 있겠습니까.

공동체성과 실천성은 사실 본인 자신이 자신의 삶의 가치와 잣대로 판단하는 것이 가장 옳을 터입니다. 저는 그 길을 처음으로 열어준 원탁 토론이 바로 노란테이블이라고 생각합니다. 한국사회의 공동체 정신을 살리고 나아가 자기 삶의 실천을 나누는 토론. 노란테이블이야말로 진정한 토론문화와 토론 운동의 샘물이 되지 않을까요? 그런 의미에서 노란테이블에 붙은 부제, 〈한국을 바꾸는 천 개의 행동〉은 매우 가슴에 와 닿는 구호이며 천 개가 아니라 만 개, 십만 개 혹은 무한의 영역으로 확산해 나갈 만한 가치가 충분한 운동이라 생각합니다.

노란테이블 연수를 마치고 세월호 유족들이 두 달 가까이 릴레이 단식 농성을 하고 있는 광화문 광장을 찾아갔습니다. 기울어가는 세월호 모형. 그리고 물 속에 가라앉는 배처럼 점점 바닥으로 가라앉는 대한민국. 선장은 누구이고 선원들은, 또 배를 탄 시민들은 과연 누구이고 지금 어디서 어떤 행동들을 해야 하는가요.

흐려가는 불빛 속에 다시, '가만히 있으라'는 누군가의 명령이 유령의 목소리처럼 들려옵니다. 가만히 있으라, 가만히. 과연 가만히 있어 온 세상 속에서 역사는 어떻게 움직여왔는가요.

백성의 배고픔을 모르는 왕족과 양반 사대부들. 일제의 식민지배와 친일파의 득세. 친일의 후예 이승만과 끔직한 반공이데올기. 다시 친일파 박정희와 유신독재의 악령. 전두환 노태우의 시민 학살. 90년대에 이르러서야 우리는 문민의 권력을 회복했고 국민의 정부와 참여 정부를 지나면서도 아직 제대로 된 국민 노릇, 참여하는 시민의식을 기르거나 가르치지 못했습니다. 세상은 여전히 국민들에게 '가만히 있으라'고 회유와 겁박을 일삼고 있지 않은가요.

'거짓된 다수결'과 '허위의 의회민주주의'가 진정한 민주주의인 양 탈을 쓰고 권력의 도구로 전락한 오늘 우리가 만들어가야 할 민주주의의 현장은, 참모습은 과연 무엇인가요?

빛은 어디에서 올까요? 잘 모르겠습니다. 과거를 성찰하고 현재를 고민하며 새로운 내일을 꿈꾸며 살아갈 뿐. 건강한 공론의 장이 갈수록 사라지고 있습니다. 역사적 사명과 시민적 정의의 희망 앞에서, 노란테이블과 화백회의는 계속되어야 합니다.

두 번째 화백회의 며칠 전에 좌계 선생님께서 전화를 하셨습니다. 노란테이블에서 마지막 약속, 실천의 다짐 부분이 매우 인상적인데 그 부분의 의의와 가치를 구체적으로 설명해보라는 질문이었습니다.

답은 이미 설명했으므로 질문의 의도를 헤아려 봅니다. 그동안의 화백회의는 교육을 위한 회의 개최보다는 실질적인 문제 해결을 위해서 열려왔습니다. 즉 화백 회의의 진행 과정을 숙지하고 민주시민으로서의 훈련 차원보다는 우리쌀 살리기 운동이나 지리산생명평화모임, 마리학교의 학교 이름 정하기, 동학시민행동모임에서 3.1절 다시 살리기 등의 실제 삶의 현장에서 행사나 활동을 위한 목적으로 시행해왔습니다. 그래서 참가자들이 화백회의의 전모를 모른다 하더라도 의장의 안내를 충실히 따르면서 배우고 익혀서 그 결과를 실제 삶에 반영했습니다.

회의 결과 도출로 주최측에서는 고천문 낭독을 위한 문구에 넣고 실제로 한반도 자주평화통일 실현을 위한 노력으로 나아가는데, 정작 수많은 의견을 내었던 임금님들의 각자 의견은 어떻게 수렴하고 행동으로 옮겨지는지가 난망합니다.

고대 화백회의가 한 번에 그치지 않고 열린 결말을 내어놓은 상태에서 다음 마을에서 릴레이로 열리는 것이 상례였다고 하니, 이건 화백회의만이 가지는 특징일지도 모르겠다 싶은데 과연 그 후속 과정은 어찌 될지, 그리고 각자의 실천 의지와 다짐은 어떻게 실현되는지 궁금합니다.

노란테이블에 툴킷이 있다면 화백회의에는 말발권이 있습니다. 툴킷이 문제발견-원인파악-해결책 상상의 과정을 거친다면 화백회의의 말발권은 제안과 질문 등을 위한 도구입니다. 단계를 고려하면 노란테이블의 툴킷이 더 체계적이라고도 할 수 있지만, 화백회의에서는 이미 문제에 대해서는 의제 설정 혹은 선정 과정에서 협의가 되고 직접적으로 원인과 그에 대한 대안, 상상력 발휘라는 점에서 더 진일보한 방안이라고 볼 수도 있습니다.

일반인들에게 낯선 말발 개념과 하세, 청문에 대한 안내만 충분히 있다면 화백 회의가 만민공동의 보편적 회의 문화로 자리잡는 일도 그리 어렵지만은 않아 보입니다.

노란테이블과 화백회의 사이에는 보이지 않는 공통점도 많지만 연원은 좀 다릅니다. 노란테이블이 서구 민주주의의 발달과정에서 하버마스의 공론장 이론에 이르기까지 자유와 평등을 중시하는 민주주의 이념과 원리를 바탕으로 발전해온 전통 위에 서 있다면 화백회의는 동양의 고대 문명과 역사, 유목민족의 생활 풍습 속에서 그 연원을 두며 흘러왔다는 점이 다릅니다. 사상과 세계관이 얼마나 크고 중요한지는 따져볼 일이지만 양자 사이의 이런 간극만 없앤다면 둘을 종합하는 새로운 고민도 나름 시도해볼 만합니다. 그 또한 화백의 정신일 것이므로.

현재까지 가장 이상적인 결합은, 예비토론으로 노란테이블을 통해서 다양한 상상과 실천 의지를 다진 뒤에 화백회의를 통해 모두가 공감하는 최선의 방안을 찾는 활동을 하는 것입니다.

마지막으로 아이들의 죽음 앞에 바치는 나희덕 시인의 시 한 편을 소개하며 마칩니다.

난파된 교실

나희덕

아이들은 수학여행 중이었다
교실에서처럼 선실에서도 가만히 앉아 있었다
가만히 있으라, 가만히 있으라,
그 말에 아이들은 시키는 대로 앉아 있었다
컨베이어벨트에서 조립을 기다리는 나사들처럼 부품들처럼
주황색 구명복을 서로 입혀주며 기다렸다
그것이 자본주의라는 공장의 유니폼이라는 것도 모르고

물로 된 감옥에서 입게 될 수의라는 것도 모르고
아이들은 끝까지 어른들의 말을 기다렸다
움직여라, 움직여라, 움직여라,
누군가 이 말이라도 해 주었더라면
몇 개의 문과 창문만 열어 주었더라면
그 교실이 거대한 무덤이 되지는 않았을 것입니다
아이들은 수학여행 중이었다
파도에 둥둥 떠다니는 이름표와 가방들,
산산조각 난 교실의 부유물들,
아이들에게는 저마다 아름다운 이름이 있었지만
배를 지키려는 자들에게는 한낱 무명의 목숨에 불과했다
침몰하는 배를 버리고 도망치는 순간까지도
몇 만 원짜리 승객이나 짐짝에 불과했다
아이들에게는 저마다 사랑하는 부모가 있었지만

싸늘한 시신을 안고 오열하는 것 말고는 아무것도 할 수 없었다

햇빛도 닿지 않는 저 깊은 바닥에 잠겨 있으면서도

끝까지 손을 풀지 않았던 아이들,

구명복의 끈을 잡고 죽음의 공포를 견뎠던 아이들,

아이들은 수학여행 중이었다

죽음을 배우기 위해 떠난 길이 되고 말았다

지금도 교실에 갇힌 아이들이 있다

책상 밑에 의자 밑에 끼어 빠져나오지 못하는 다리와

유리창을 탕,탕, 두드리는 손들,

그 유리창을 깰 도끼는 누구의 손에 들려 있는가

<노란테이블> 양식 예시

(작성자 :   )

토론 주제 : 한반도 자주 평화 통일					
토론자	통	일	이	좋	아	요
감정, 소개	이산의 슬픔	철조망	금강산	평양의 거리	판문점 선언	우리는 하나
문제발견	남남 갈등	마음 속 분단	상대를 미워함	양극화	전쟁 위협	대륙에 가기 어려움
	언급된 문제점들을 차례대로 이야기하면서 가장 심각한 문제 하나를 정합니다.					
원인	외세	식민	내부 분열	친일파	한국 전쟁	지정학적 위치
	정해진 문제의 원인에 대해서 논의하고, 원인 가운데 가장 중요한 원인을 정합니다.					
상상하기	친일 청산	국가 보안법 폐지	남북 자유 왕래	비무장 지대 해체	이산가족 자유왕래	올림픽 공동개최
	문제의 원인을 해결한 뒤의 상황에 대한 자유로운 상상력을 발휘합니다.					
이름 짓기	새롭게 펼쳐진 세상에 대한 꿈을 나누며 그 세상의 이름을 정해봅니다.					
실천과 다짐	미국과 북한에게 평화 협정 맺을 것을 요구합니다. 언론은 남남 갈등을 조장하는 기사를 쓰지 말 것을 요구합니다. 하루 한 번 통일을 기원하겠습니다. 평화를 위해 내 이웃에게 더 친절하겠습니다. 평화 통일을 위한 성금을 내겠습니다.					
노란테이블 소감	논쟁보다 해결에 초점을 두는 토론이 좋습니다. 실천과 다짐이 어려웠지만 실행을 위해 노력하겠습니다.					

다시, 토론 공부를 시작하려는 K에게

K, 인간의 심박수를 나타내는 〈120BPM〉이라는 영화 이야기로 초임 교사의 고뇌를 담은 긴 편지를 보내주어 고맙구나. 2017년 제70회 깐느 영화제에서 심사위원 대상을 받은 이 영화를 극장에서 본 적이 있어 무척 반가웠어. 내 심장 속의 숙제, 이 영화 첫 장면에 등장하는 특이한 집회와 토론 문화에 대한 정리를 못하고 해묵은 숙제처럼 남겨두고 있었는데, 초임 교사로서, 토론 수업을 앞두고 있는 네가 보내준 편지에서 이 영화를 언급하니 영화의 제목처럼 내 심장의 박동수도 조금 빠른 120BPM 정도로 뛰기 시작하는구나.

네가 고등학교 학생이던 시절, 너는 우리 학교 유일의 토론동아리인 '사과토'(사회과학공부토론동아리를 모든 친구들은 사과토라고 불렀음) 출신이었지. 교내 독서토론광장에서 최우수상도 타고 수업 시간이면 종종 날카로운 질문과 유려한 언변으로 급우들을 사로잡던 네가 어느덧 나의 후배이자 동료가 되어 '토론 수업'과 '토론 공부'를 본격적으로 고민하는 나이가 되었다니 '장강의 뒷 강물이 앞 강물을 밀고 간다'는 저 무협지의 오래된 글귀가 눈에 밟히는구나. 이제 현직보다는 퇴직 후를 고민하는 교사의 한 사람으로서 오히려 후생가외(後生可畏)라는 한자성어의 무게가 더 크게 다가오기도 한다. 삶은 현재를 살아가는 모두의 것이지만, 미래의 주역인 후배들이 더 큰 주인이기도 하니까.

　이 글의 독자들을 위해서, 너의 고민 이야기를 풀기 앞서 우선 영화 〈120BPM〉 이야기를 조금만 더 해야겠구나. 우리네 보통 사람들의 평균 심장 박동수는 90BPM에서 110BPM 정도인데 영화의 제목은 그를 조금 상회하는 〈120BPM〉. 영화 속 주인공들은 죽음의 병인 에이즈에 걸린 사람들의 모임인 '액트업 파리'의 주최자들로, 자신들의 삶에 인간적인 관심과 배려를 기울이지 않는 정부와 에이즈 치료제 개발 회사와의 힘겨운 투쟁을 벌이고 있지. 1789년의 프랑스 혁명과 1968년의 68혁명을 거친 자유의 나라 프랑스답게 영화는 시종 일관 집회를 통해 인간의 존엄과 자유를 외치는 내용으로 채워져 있고, 중간 중간에 에이즈에 걸린 사람들, 그러나 누구보다 뜨겁게 서로를 사랑하는 성소수자(특히 션과 나톤)의 사랑을 그리고 있지.
　격렬한 집회 및 시위의 장면과 어쩌면 그보다 더 뜨겁게 전개되는 토론 장면을 보면서 역시 프랑스는 언어와 표현의 자유, 성숙한 토론 문화가 세계 어디보다 돋보인다는 감탄을 금하지 못했던 당시 감상이 새삼 떠오르는구나. 그 영화를 너의 편지를 통해서 다시 만나는 인연이 조금 신기하기도, 안타깝기도 하구나. 안타까움은 그 영화를 매개로 네가 던져준 몇 가지 어려운 숙제와 같은 고민들, '토론'이라는 인간 언어 문화의 특징과 한계, 그리고 대한민국 사회에서 토론은 과연 어떤 기제로 작동하면서 인간들의 삶과 문화를 진정으로 성숙시키는지, 아니면 자본과 권력을 독점한 사람들의 횡포를 정당화하는 궤변의 칼로 기능하는지에 대해서 나름의 답을 하려니 밀려오는 거대한 현실의 벽이 눈앞에 그려지기 때문이란다. 달리 말하면, 네가 던진 '토론(DEBATE)은 우리 인간들에게, 특히 학교에서 교육을 받으면서 자라나는 학생들에게 합리성과 창의성을 가져다주는 바람직한 문화인가요?'라는 구체적인 질문과 '한국 사회에서 바람직한 토론 모델이라고 할만한 토론 프로그램에 무엇이 있나요?'라는 날카로운 질문, 그리고 '궁극적으로 인간의 인지와 언어 나아가 욕망은 한계가 있기 때문에 토론은 결국 인간의 (특히 이성적인) 불완전함을 정당화하는 논리의 가면은 아닌가요?'라는 근본적인 물음 앞에서 입이 있어도 할 말이 없는 유구무언의 가슴 시린 태도를 취할 수밖에 없음에 매우 안타까웠지.

그래도 변명, 아니 변명에 가까울지 모르나 답을 해야 한다는 의무감에 글을 시작했고, 그 해답의 실마리는 역시 〈120BPM〉으로 돌아가야 할 것 같아. 물음에 대한 정답이기보다는 너의 질문에 다른 질문을 더하거나 혹은 질문의 방식을 이렇게 바꾸어보면 어떨까 하는 제안을 하려는 거지. 그에 앞서 '선생님은 왜 토론에 관심을 갖기 시작했고, 제대로 된 토론 공부를 하려면 어떻게 해야 하나요?'라는 현실적인 질문에 답을 먼저 해도 좋을까? 있는 그대로의 사실과 경험 그리고 내 토론 공부의 작은 역사를 서술하는 일이니까 대답하기가 조금 더 수월해서 말이야.

☆ 원탁 토론은 내 토론 공부의 출발점

내가 처음 토론을 만난 건 2000년 8월이야. 서울 올림픽이 끝난 뒤 얼마 지나지 않은 1988년 처음 성북구의 동구여중에서 교직 생활에 첫발을 들여놓았는데 십여 년이 지나도록 '토론'이라는 단어를 접하지도 못하던 우물 안 개구리였지. 글쓰기와 독서 교육에만 몰두한 나머지 토론 교육에는 과문했던 나인지라 당시로서는 토론 교육의 개척자였던 김성장 선생님의 모둠토의에 대한 활동 결과 정도를 접한 게 전부였던 시절이었단다.

그러던 어느 날, '토론'이라는 단어가 내게 찾아왔어. 마치 외계 우주선이 지구 상공에 나타나 그 안에 발이 일곱 개나 달린 '헵타포드(HEPTAPOD)'들을 만난 〈컨택트〉 영화 속 주인공 루이스가 기존의 언어와 다른 헵타포드어를 만나듯 나도 그 동안 한 번도 고민하거나 생각하지 못했던 '토론'이라는 일종의 외계어를 만난 셈이지. 발단은 내가 담임을 맡고 있던 반 학생의 토론대회 참가였어. 명칭은 '원탁토론광장'이었으나 장관상이 오가는 큰 대회였으니 토론광장보다는 토론대회라는 명칭이 더 어울리겠지. 지도교사로서의 단순한 참가였으나 그것이 내 운명을, 그야말로 코페르니쿠스적 전환에 이를 정도로 바꾸어놓을 줄은 상상도 하지 못했지. 지금의 내게 토론은, '토론의 전사'라는 애칭으로 통할 정도로 내게 하나의 아이콘처럼 변했으니까.

내가 원탁토론광장에 참여한 외적 계기는 학생의 권유와 부탁이었지만 내적 동기는 따로 있었지. 첫째는 토론, 그것도 원탁 토론이라는 새로운 세계와의 만남이 궁금해서였고, 둘째는 그 행사의 주제가 '신자유주의, 세계화, 미국, 미국은 우리에게 무엇인가'라는 다소 길고도 어려운 주제였기 때문이란다. 트럼프 이후 민주주의가 추락하여 국회의사당이 공공연하게 점령당하는 오늘날과는 달리, 미국이 전 세계의 경찰을 자처하던 시절이 있었지. 당시의 미국은 제3세계국가나 약소국가들을 실체적으로 점령하고 지배하며 세계화와 신자유주의라는 이름으로 새로운 경제질서를 구축했고, 특히 국제통화기금(IMF)의 지배에서 허덕이는 우리나라의 정치와 외교, 경제, 국방 등의 영역을 좌지우지했으니 그와 같은 논제에 관심이 가지 않을 수 없었지.

'그런 난해하고 심층적인 논제로 고등학생들이 토론을 한다고?'

이런 의구심도 가슴 한쪽에는 가득 찬 채 말이지. 토론 대회는 3박4일 동안, 그것도 두 번에 걸친 총 6박 8일의 행사였으며 방식은 오로지 원탁 토론으로 참가자 전원이 돌아가면서 발언을 나누는 식이었는데, 지루할 정도로 반복에 반복을 거듭한 원탁 토론의 경험이 내게는 토론에 대한 하나의 인식과 모형을 내장하는 아주 중요한 계기가 되었지. 만약 내 인생의 토론 경험을 논리에 기반하면서 상대방을 치고 빠지는 경쟁적인 디베이트로 출발했다면 지금의 나는 어떤 토론 철학과 공부를 하고 있을까를 생각하면 참으로 다행스럽고 소중한 경험이었지. 그 행사의 참여는 단지 내게 토론에 대한 개안(開眼)만이 아니라 삶 자체를 내부자의 삶에서 외부를 향하게 만든 내 인생사의 사건이었으니까.

수많은 탈근대 철학자들이 언급하듯 외부와의 만남은 우물 안 개구리가 우물 밖 개구리로 탈바꿈하는 계기가 되었단다, 오로지 학교와 집만 시계추처럼 오가던 내 삶은 원탁토론광장을 계기로 출가 아닌 가출이 시작되었고 학교 밖에도 사람이 살고 있다는 놀라운 사실을 몸으로 겪기 시작했지. 사건은 인연으로 발전해 원탁토론광장을 주최했던 단체의 대표를 내가 2년 정도 맡는 기연이 발생하기도 하고 그 시절 만난 사람들과 원탁의 정신과 방식에 대해서 뜨겁게 토론을 하던 시기였기도 해. '학생들에게 장관상을 주어 경쟁을 부추기는 원탁토론광장이라는 이름의 토론 대회를 지속해야 하는가'가 가장 뜨거운 쟁점이었지. (당시에 이 토론대회에서 장관상을 받으면 연고대 정도는 무난하다는 소문이 무성한 시기였으니!) 결국 답을 찾지 못한 구성원들은 급기야 모임의 중단 및 해체를 선언하고 나의 1차 토론 공부는 그렇게 3년여 만에 멈추었단다.

※ 원탁토론아카데미 소개

1) 원탁토론 운동
1993년 역사문화아카데미 설립 / 토론교육 운동 준비
1996년 원탁토론 광장 개최 (초중고 / 학생 교사 학부모)
2003년 원탁토론아카데미 개칭 / 갈등조정자 역할

2) 원탁토론 인증제와 전문과정 운영
2009.04.11(토) 전국 지부장 모임
2009.05.09(토)-07.25(토) 원탁토론 전문과정 1기
2009.08.13(목)-15(토) 지방순회 답사투어

원탁토론아카데미의 전신인 역사문화아카데미 시절부터 현재의 원탁토론아카데미를 이끄는 이는 강치원 교수(전 강원대 사학과 교수, 2021 현재 호서대 특임교수)이며 그의 저서로 〈토론의 힘(강치원, 느낌이 있는 책)〉이 있다. 한국형 원탁토론의 원조이며 각종 토론 대회와 교육, 답사 토론 활동 등을 통해 한국 토론 교육 발전에 크게 기여하였다.

그나마 3년의 시간을 버티고 외적으로 큰 힘이 된 사건은 노무현 대통령의 등장이었단다. 인터넷과 노사모와 참여민주주의 등으로 기억되는

노무현 대통령의 마음 속에는 깨어있는 시민이 주인 되는 평등의 대화 문화, 즉 토론에 대한 꿈이 있었고 그 꿈은 참여 정부의 출범과 동시에 터져 나온 '토론 공화국'이라는 의제 속에 담겨 있었지. 대다수의 사람들은 '참여 정부'라는 말에만 귀를 기울이며 새로운 패러다임의 신선함을 기대했지만 당시 막 토론 공부에 입문한 나는 '토론 공화국'이라는 말을 훨씬 더 크고 의미 있게 받아들였지. '아 드디어 우리나라도 토론에 기반한 성숙한 나라가 되겠구나' 하는 거창한 꿈에 부풀며 말이야. 하지만 그 꿈이 깨어지기까지는 채 반년이 걸리지 않았어. 기득권을 가진 세력들은 고졸 출신 약한 대통령의 진짜 민주주의에 대한 의지를 가만두지 않았으니까. 그 상징적 사건이 바로 '대통령과 평검사들과의 대화'란다. 대화와 토론의 어중간한 형식으로 진행된 이 사건은 대통령의 철학과 의지에 반감을 갖고 덤빈 평검사들의 승리로 막을 내렸지. '이쯤 되면 막 가자는 거지요'와 '검사스럽다'는 두 개의 치욕스런 유명어만 남긴 채 진정한 토론 공화국의 꿈은 모래성처럼 허물어졌단다. 건설도 하기 전에 추락은 가속화되었고 분열에 혼돈을 거듭하며 참여 정부의 민주 정신과 정책 역량은 국민들에게 심판을 받았지. 정부도, 대통령도, 대다수의 국민도 아직 자기 역사와 인생의 주인이 되기에는 매우 부족한 시절이었지.

토론 공화국의 몰락과 함께 토론에 대한 나의 열정도 매우 급박하게 시들어갔지. 이 세상은 과학자들이 말하는 프랙탈 구조여서인지 어느 한 곳에 작은 꽃이 피면 온 세상이 봄이 오고 오동잎이 떨어지면 온 천하에 가을이 오듯 말이지. 여하튼 3년의 열정 뒤에 3년의 공백기가 지속되고 역설적으로 토론은 전국민까지는 아니지만 입시생과 학부모들을 거대한 공포에 몰아넣은 '논술'의 탄생과 함께 다시 부활하기 시작했지.

어느 날 갑자기, 봉준호 감독의 영화 제목 〈괴물〉처럼 한강의 괴물로 나타난 대학입시 논술은 갑자기 대한민국에 독서와 토론의 열풍을 불러왔단다. 진정한 인문 정신과 삶에 기반한 글쓰기가 아니라 경쟁을 심화하고 논리만 발달시키는 더 독한 입시 체제라는 비판도 많았지만, 4지 선다형의 학력고사나 거기서 조금 진화한 5지 선다형의 수능 체제에 적응시키는 객관식 고르기의 무비판적 학습보다는 주체적인 사고와 비판적인 판단력을 기르는 데 도움이 된다는 점은 부정할 수 없겠지. 하지만 정답이 어느 정도 정해져 있다는 한계는 명확하고 평가의 공정성 시비가 끝없이 벌어져 논란이 가중되다가 지금은 상당 부분 축소되고 안정화되면서 정착은 되었지. 아쉽게도 프랑스의 바칼로레아처럼 정말 깊이 있고 철학적인 주제에 대한 자기의 공부 성과를 토론하고 기록하는 문화로까지는 발전하지 못했는데 그건 우리나라의 자본주의와 경쟁 시스템 안에서는 너무 당연한 귀결인 듯하여 씁쓸하기만 하구나. 우리에게도 1987 민주주의 항쟁과 2016년 촛불혁명이 있었지만 프랑스의 1789대혁명과 68혁명에는 못 미치는지 아직도 많은 성찰과 노력을 필요로 하고있지.

전국적으로 토론 교육에 일찍 눈을 뜬 사람이 적던 상황인지라 논술의 열풍과 힘입어 토론 전문가의 위상이 약간 높아져 갔지. 연수원을 비롯한 학교 현장에서 토론 교육에 대한 수요가 급증하면서 내 삶도 조금은 바빠졌단다. 학생들을 위한 읽기 자료도 만들고 비록 원탁 토론이라는 한정된 방식이기는 하지만 초보적인 수준의 토론 교육을 여기저기에서 보급해야 하던 시절이었으니 말이야.

그렇게 토론 공부를 다시 시작하던 터에 공부의 벗들을 몇 명 만난 인연이 내 토론 공부의 2단계가 되었어. 다른 학교에서 근무하지만 나와 비슷한 관심 속에서 새로운 토론 방법들을 모색하던 분들인데 각자 나름의 개성과 장점들을 가지고 계셔서 토론에 관한 많은 아이디어를 얻었지. 지금 돌아봐도 '토론의 4대 천왕'이라고 하기에는 너무 거창하지만 적어도 토론 교육의 '4고(考) 뭉치' 정도는 되었지.

원탁 토론에 특화된 나와 아주 쉽고 재미난 소통에 치중하는 참여형 토론에 특화된 분, 처음부터 세다 토론과 같이 강력한 디베이트로 토론 공부를 출발하신 분, 그리고 냉철하고 치밀한 논리와 따스한 감성으로 토론 교육의 방향성을 돌아보게 해주던 분 이렇게 넷이 만나 토론 공부팀을 꾸렸으니 가히 드림팀이라 할 만했지.

☆ 토론 공부를 처음 시작하려면 '참여형 토론'부터 시작하라!

K, 내게 토론 공부의 첫 단추를 묻기도 했지.

나는 원탁 토론과의 인연으로 토론의 세계에 입문했지만 내가 권장하는 입문 과정은 '참여형 토론'이란다. 세상 어디에도 참여형 토론이라는 공식 명칭은 없지만 내가 처음 접했던 재미나고 즐거운 토론 기법들을 통칭해서 참여형 토론이라는 이름을 써 왔기에 여기서는 그렇게 불러볼까 해. 이와 비슷한 토론 방식을 어떤 이는 '어울림 토론'이라고도 부르고 또 다른 이는 협력적 토론이라고도 부르기도 하지.

참여형 토론의 원조는 고상준이다. 책으로는 〈새로운 민주시민교육방법(송창석, 백산서당)〉이 그 시초이며 〈강의를 풍요롭게 하는 방법(김성학, 새로운 디자인)〉이 뒤를 잇는다. 독일을 비롯한 서유럽의 민주시민교육 방법론을 한국 사회에 소개한 분들이며 토론이 딱딱하고 어려우며 무섭다는 고정 관념을 깨뜨리고 누구나 쉽게 현장에 도입할 수 있는 다양한 대화법을 개척한 선구자들이다.

그 뒤로 강원토론교육연구회에서 〈이야기가 꽃피는 교실 토론(최고봉 외, 난비)〉을 펴냈고 〈어울림 토론 잠자는 교실을 깨우다(이순오, 초록비책공방)〉 등이 협력과 대화를 중시하는 참여형 토론 취지를 잘 살려 방법과 사례를 소개하고 있다.

번개(스팟), '브레인 라이팅', '세 단어로 말하기', '신호등 토론' '피라미드 토론', 'PMI 토론', '모서리 토론', '포토 스탠딩', '두 마음 토론', '만장일치 토론', '협상토론' 등 종류도 다양하고 많다. 정문성 교수님이 계속해서 증보판을 내온 〈토의 토론 수업 방법 84(정문성, 교육과학사)〉에도 어항 토론, 만다라트 토론 등 아주 다양한 토론 기법들이 소개되어 있다.

나는 이 참여형 토론 교육을 선거관리위원회에서 개최한 교사 연수에서 처음 만났어. 지금은 유명을 달리하신 고상준 선생님께서 얼마나 따뜻하고 깊이 있게 강의를 하시던지, 노자의 부드러움을 온몸으로 녹여낸 토론 기법이랄까. 브레인 라이팅으로 시작해서 강의에 임하는 자세와 참가자들을 자연스럽게 대화의 마당으로 녹여내는 내공이 장난이 아니셨지. 흔히 생각하는 토론의 논쟁성이 참여형 토론에서는 거의 없지만, 토론 교육을 고민하는 교사라면 누구나 시작하는 첫 고민, '토론에 흥미를 보이지 않고 딴짓을 하거나 관심 없는 아이들을 어떻게 토론에 참여시키나요?'라는 질문에 가장 풍요로운 대안과 정답을 가진 토론이 바로 이 참여형 토론이 아닐까 싶어.

K, 혹시 영화 〈프리덤 라이터스〉를 보았는지? 살인사건과 폭력, 마약으로 인해 학생들이 상처 받고 고통받는 열악한 지역의 학교에 부임한 선생님이 아이들과 독서와 대화와 토론을 통해 삶을 바꾸어나가는 감동적인 스토리가 담긴 영화지. 수업 따위에는 전혀 관심 없는 아이들을 수업에 녹여들게 하기 위해 선생님이 고안해낸 참여형 기법은 바로 '라인 게임' 이야. 선생님의 발언 취지에 맞는 사람은 차례대로 선생님이 그어놓은 선 앞으로 나왔다가 다시 들어가기를 반복하는 활동인데 그 선생님은 이 활동을 아이들의 상처 치유에 활용하기도 하지. 여기서 라인 앞에 나오는 친구들에게 주장에 대한 의견을 말하고 자리에 선 친구들에게 반박의 역할을 맡기면 자연스럽게 토론으로 발전시킬 수 있는데 그러고 보면 이 라인 게임도 참여형 토론의 아주 유용한 모델 가운데 하나라고 할 수 있단다.

'참여형 토론'에 몸을 담가본 경험자들은 하나 같이 시간 가는 줄 몰랐다고들 하지. 그만큼 몰입도가 높고 흥미 만점의 토론이라 할 수 있으니 너의 첫 토론 공부도 여기서 시작하면 좋지 않을까 싶어.

☆ 참여형 토론과 극과 극의 진성토론 '디베이트'에 도전하라!

참여형 토론도 진짜 토론이라 할 수 있나? 앞서 소개한 정문선 교수님은 아마 대부분의 참여형 토론은 토론이라는 범주보다는 토의에 가깝다고 평가하실 것 같아. 학자들에 따라 토론의 정의와 개념, 범주와 영역을 나누는 기준과 관점이 조금씩 다르기 때문이지. 내가 이글에서 '토론'이라고 통칭하는 것은 흔히 토론 교육이라고 말할 때의 토론은 토의와 토론을 포괄한다는 의미에서 토의, 토론, 회의, 협상 등을 모두 아우르는 말이란다. 학술적 의미에서는 당연히 토의와 토론은 하나가 아니며 협상 등은 토론 외적인 요소로 다루기도 해. 그러나 우리가 학교에서의 토론 교육은 논리적이고 생산적인 대화법으로서의 토론이라는 의미로 앞서 말한 모두를 통칭하는 걸로 받아들이면 좋겠어. 그래서 이번에는 좁은 의미의 토론, 흔히 찬반 토론 혹은 대립 토론으로 부르는 디베이트(DEBATE)에 대해서 이야기를 해볼까 싶어.

나름 토론의 전문가를 자처하는 나도 '디베이트'라는 말 앞에서는 만감이 교차한단다. 어디서부터 이야기를 풀어야 할지도 막막하고 디베이트를 적극 권장해야 할지, 경계하라고 말해야 할지 그도 수월하지 않아서 말이야.

우선 내가 디베이트를 만난 책 소개부터 한 권 하자면 〈토론을 알면 수업이 바뀐다(신광재, 오세호 외, 창비)〉라는 책이야. 앞서 나온 몇 가지 토론 책의 장점들을 흡수하면서 디베이트와 디베이트 수업의 단계들을 친절하게 정리한 책이지.

그 전에 〈교실 토론의 방법(김주환, 우리 학교)〉이라는 책이 교사들에게 토론 교육의 이론과 방법을 알려주는 지침 구실을 했는데 전혀 다른 결의 토론 교재가 나온 셈이랄까. 2011년 당시만 해도 우리나라에 디베이트의 본격적인 개념이나 수업 적용을 소개한 책은 아직 없었는데 창비에서 나온 책이 그 신호탄 역할을 한 셈이지.

우리나라 토론 교육 가운데 디베이트의 보급과 확장에 기여한 사람 중에 빼놓을 수 없는 사람은 케빈 리란다. 세다와 의회식 토론 정도가 한국 교육계에 잔잔히 퍼져나가고 있을 때, 미국에서 공부하고 언론 사업을 하던 케빈 리는 퍼블릭 포럼 디베이트라는, 당시 한국 사회에는 낯선 디베이트 토론 방법을 수입해와 본격적인 교육 활동을 시작했지. 한겨레 문화 센터에서의 특강을 시작으로 '투게더 디베이트'를 만들어서 후진을 육성하고 전국의 교육청과 연수원 등과 교유하면서 전국적으로 디베이트의 보급을 주도한 사람이지.

　퍼블릭 포럼 디베이트를 소개하는 책들도 출간하고 조직을 갖추면서 홍보 활동과 교육 활동을 활발히 하니 그 영향력이 지대해서 전국 곳곳에 디베이트 열풍을 불러일으키기도 했단다. 다만 아쉬운 점은 디베이트 교육이 아이들의 논리력과 창의성을 키우는 측면도 있지만 한편으로 경쟁을 촉발하고 돈을 버는 목적의 사업이 되다 보니 아이들의 인성 교육에는 역행한다는 비판과 반발의 목소리가 곳곳에서 터져나오기도 했지.

　원탁 토론으로 한국 사회 토론 교육의 뿌리를 내렸던 강치원 교수님이나 퍼블릭 포럼 디베이트로 우리나라 교육 현장에 디베이트의 가지를 널리 뻗쳤던 케빈 리의 경우 현장 교사가 아니다 보니 초중등 교육 현장에서 선생님들이 민감하고 섬세하게 부딪치고 경험하는 아이들의 미묘한 감정이나 정서 발달에 토론이나 토론 교육이 어떻게 기능하는지에 대해서는 조금 둔감하다는 것이 내 판단이야.

　앞서 영상에서 소개한 박보영 선생님은 초등학교 대립 토론 교육을 한평생 몸으로 실천해오신 훌륭하신 분이지. 현장 출신이라서 오로지 대립

토론 교육의 효용성을 교육적 가치 실현에만 목적을 두고 활동해 오셨으며 정년 퇴직 이후에도 대립 토론을 (이 분은 디베이트라는 용어보다 한국적 표현으로 대립 토론을 강조하신다!) 통한 학생 교육에 매진하고 계셔.

디베이트를 주축으로 하면서 한국의 토론 교육 발달에 크게 기여한 선생님들 모임이 있어. 한국 토론교육연구회와 경기중등토론교육연구회가 바로 그것이지. 한토론은 전국조직이고 경기중등토론교육연구회는 경기도 선생님들이 주축인데 그 핵심 교사들이 많이 겹치다 보니 서로 어우러져서 활동들을 많이 해왔지. 과문한 터라 우리나라 토론 교육의 현장을 다 알지 못하지만 내가 아는 한, 경기토론교육연구회의 성과는 눈부시고 아마도 가장 많은 자료와 연구 성과를 축적하고 공유하고 있지 않나 싶어.

특히 해마다 겨울이면 열리는 전국 토론교육 페스티벌은 한해 동안 연구한 선생님들의 성과를 총화해서 발표하는 학술, 사례 발표의 자리인데 이미 여섯 해를 넘기면서 토론 교육의 큰 마당으로 자리를 잡아가고 있지. 가장 바람직한 모델이고 앞으로도 우리나라 토론 교육의 메카 역할을 하기를 기대하고 있지.

나는 개인적으로 디베이트의 효용성을 부정하지는 않지만 경계심을 늦추지 않는 편이야. 토론이 갖는 삶과의 연관성, 상대방에 대한 배려와 경청과 포용, 임시적이긴 하지만 상대를 적으로 여길 수밖에 없는 구조적인 한계, 대회마다 나타나는 공격적인 성향과 결과에 대한 판정의 잡음 등 우리가 서구의 합리성을 충분히 습득하지 못해서인지 디베이트 교육은 늘 아슬아슬한 측면이 있단다. 오죽하면 내 스스로 다짐하기를 디베이트는 소인의 토론, 원탁 토론은 군자의 토론이라고 할까. 공자가 말하기를 소인은 동이불화(同而不和)하고 군자는 화이부동(和而不同)이라고 했지. 동이불화는 동일자의 논리로 상대방을 공격하고 포획하되 화합하지 못하고 화이부동은 모두 같을 필요는 없지만 조화를 이루는 경지라고나 할 수 있지. 디베이트 전문가들은 어불성설이라고 반박할지 모르지만 아직 디베이트 경험이 일천한 나로서는 그렇게 여기고 있단다. 물론 디베이트 연구와 활동을 하시는 분들이 소인배라는 뜻은 전혀 아니고,

그럼에도 디베이트를 공부하지 않고 토론 공부를 했다고 말할 수는 없겠지. 그래서 한 번은 반드시 디베이트의 개요서와 입론 작성, 토론자로서의 역할, 판정, 수업 운영 등을 해보고 자신의 토론 스타일과 어느 정도 맞는지 확인해보렴.

내가 디베이트 토론방식에 최대의 점수를 주는 측면은 나의 주장과 다른 입장에 서봄으로써 상대방의 입장을 몸으로 경험할 수 있다는 180도의 진실 찾기와 이기려는 자기 욕망과의 치열한 싸움을 통해서 자신을 다시 성찰하는 메타 사고적 기능 혹은 마음을 배울 좋은 기회라는 점이지. 물론 누구나, 언제나 그 성숙의 지혜를 깨달을 수 있는 것은 아니어서 항상 토론의 철학적 바탕이 병행하기를 강조한단다. 너도 언젠가 디베이트의 거대한 산에 도전한다면 위에서 언급한 몇 가지 조언을 잊지 않기를 바란다.

디베이트 이야기가 나온 김에 디베이트와 반대의 자리에서 토론 수업을 고민하는 귀한 목소리들을 소개할게. 바로 철학적 탐구공동체인데, 서

구의 근대적인 자아 개념과 이분법적 사고를 비판하면서 창조적이고 협동적인 인성을 지닌 학생을 키워내기 위해 애쓰는 모임이지. 이 책의 주제인 화백회의와도 일맥상통하고 앞으로 우리 나라 학생들의 바람직한 사고력 향상에 크게 기여하리라 본단다.

그밖에 우리학교 출판사에서 나온 토론 학교 시리즈나 배광호 선생님이 쓴 토론 수업 34가지도 풍부한 자료를 바탕으로 토론 교육의 좋은 지침이 되리라 생각해.

〈디베이트 입문편, 디베이트 심화편(케빈 리, 한겨레 에듀)〉 등
〈글로벌 인재 대립토론으로 키운다(박보영, 교육과학사), 토론은 게임이다(박보영, 아이스쿨)〉 등
〈토론을 알면 수업이 보인다(신광재 외 창비)〉.

〈생각을 키우는 토론 수업 레시피(김혜숙 외, 교육과학사)〉
〈지혜로운 생각을 키우는 철학수업 레시피(김혜숙 외, 교육과학사)〉
〈중고교 선생님을 위한 토론 수업 34가지(배광호, 뜨인돌)〉
〈토론의 전사3(유동걸, 한결하늘)〉

〈토론학교 시리즈(우리학교)〉는 철학, 문학, 과학, 윤리 등 다양한 분야의 주제를 다루는데, 여러 필자들이 전문성을 갖추어 집필을 했다. 워낙 다수의 책들이 있어 관심 있는 독자들이 직접 찾아보길 권한다.

아, 그리고 위에서 언급한 어떤 책보다 훌륭한 영화 한 편을 소개하고 싶어. 바로 그 유명한 토론 영화 〈위대한 토론자들〉이야. 〈더 그레이트 디베이터스(The Great Debaters, 오프라 윈프리 제작, 덴젤 워싱턴 주연)〉로 널리 알려져 있지.

줄거리를 간단히 소개하자면 이렇단다. 1930년 미국 남부지방의 와일리라는 흑인 대학에 지도교수 톨슨이 있어. 그는 토론 동아리를 운영하지. 영화 초반 그가 토론 동아리 학생들을 모집하면서 학생들에게 던진 유명한 정의가 있단다.

"토론은 피가 튀기는 경기(blood sports)다"

살벌하지^^. 토론은 지성의 게임이지 피를 튀기며 싸울 정도는 아닌데 이 교수의 철학은 그래. 인간으로서의 존엄과 자유를 잃은 국적 없는 인종 흑인들에게 토론은 자기들의 정의와 평등을 실현시켜줄 너무 소중한 무기니까.

진보적 사회주의자이자 노동운동가인 톨슨 교수는 학생들을 훈련시켜 백인 대학생들과 토론 경쟁에 나서게 하지. 온갖 차별을 받지만 인간다움과 이성의 고결함을 잃지 않으려는 와일리 대학 학생들은 백인들과 첫 번째 토론 경험을 통해 성장하고 인종차별집단인 KKK단에 의해 흑인들이 불살라지는 것을 목도하면서 좌절과 충격에 빠지기도 하지만 '시민불복종은 정의를 향한 싸움의 도덕적 무기인가'라는 논제로 하버드 학생들을 물리치고 토론의 원정신을 살려내는 감동적인 영화지.

이 영화는 억압과 차별의 시대 상황과, 정의와 평등 구현을 향한 주인공들의 분투와 노력, 토론 특히 디베이트 가운데 원형에 가까운 고전식 토론 모형을 바탕으로 찬반토론의 기초를 배울 수 있는 명작 중에 명작이지.

혹시 이 영화를 만날 기회가 온다면 영화 초반의 오디션 장면과 흑백 대결 장면은 몇 번이고 돌려보면서 디베이트 형식과 논리, 정신, 질문 기법 등을 배워 보렴. 하루 속히 우리에게도 이런 좋은 영화가 만들어지기를 손꼽아 기다리는데 과연 그런 날이 올지 아득하기만 하다.

☆ 토론 공부, 이론이 필요할까?

디베이트 이야기를 하고 나니 목이 마르네. 잠시 쉬어가는 의미에서 토론의 가치와 본질, 역사를 다룬 책들도 잠시 소개하고 싶어진다.

앞서 구체적인 영역에서 소개한 책 외에 내가 토론의 개념을 접하고 흥미를 가졌던 책들이야.

2000년대 중반, 숙명여대 의사소통센터에서 나온 〈세상을 바꾸는 발표와 토론(최시한 외, 숙명여대출판부)〉, 그 센터에서 연구자로 계시던 이정옥 교수님의 단독 저서 〈토론의 전략(이정옥, 문학과 지성사), 그리고 경희대에서 토론 연구를 해오신 허경호 교수님의 〈정책 토론의 방법(허경호, 커뮤니케이션북스)〉, 〈토론 : 비판적 사고를 활용한 토론 분석과 응용(한상철, 커뮤니케이션북스)〉 등이 토론 이론서로서 토론 연구의 선구자 역할을 했지.
〈토론의 전사1, 2(유동걸, 한결하늘)〉 이 두 권의 책은 토론 공부의 고전으로 자리잡았다. 어떤 블로그에서는 토론의 바이블이라는 과찬까지 했는데 그 정도는 아니지만, 적어도 토론의 바탕이 되는 마음과 철학, 방법 등이 상세하게 녹아든 명저다.

그 밖에도 토론과 소통 전문가들이 쓴 토론 이론서들이 적지 않은데, 이런 책들의 단점은 재미가 적다는 점이란다. 아무래도 교수님들의 관심 방향이 직접적인 수업 사례나 방법보다는 원리와 원칙, 개념 등에 집중되어 있다 보니 전문 연구자나 전공자들이 아니라면 구태여 시간을 내어 읽기에는 다소 딱딱하고 건조하지. 그렇다고 이해를 못할 정도의 어려운 책이라거나 의미상 불필요하다는 건 아냐. 토론의 원칙들을 더 깊이 파헤쳐보고 싶다면 한 번쯤은 도전(!) 해볼만한 책이라는 거지.

토론의 원론을 위한 공부로 이런 이론서들보다 내가 더 적극 권장하고 추천하는 자료는 영상자료야. 2008년 한국방송공사(KBS)에서 〈토론의 달인 세상을 이끌다〉라는 제목으로 50분짜리 토론 특집 방송을 했는데, 거의 고전적인 가치를 지니는 좋은 영상이지. 지금은 유튜브에서도 쉽게 찾아볼 수 있으니 시간을 내서 꼭 한 번, 아니 세 번 이상은 보기를 바란다.

처음 10분 정도를 할애한 오바마 이야기. '왜 오바마는 흑인 최초로 미국에서 대통령이 될 수 있었나'를 분석하면서 오바마의 탁월한 연설과 토론 능력을 꼽지. 그가 지닌 탁월한 논리성과 비언어적 표현 능력, 스토리텔링을 사용해서 상대방이 원하는 바를 집어내는 힘, 그리고 논리를 넘어선 감성과 진정성, 마지막으로 타인을 공격해서 분리하기보다 포용하고 통합하는 비전 제시 등이 오바마의 강점이라는 걸 보여주고 있어. 지금은 퇴임 후의 활동에 매진하는 중인데 초기 오바마에 관련 저작과 함께 보면 배울 점이 배가 되겠지. 오바마 이야기 이외에 토론으로 성장하는 민사고 학생들 이야기와 의회식으로 진행되는 세계고등학생 토론대회 소식도 흥미를 끌지. 우리나라 토론 교육에 기여한 연세대 김주환 교수님과 연세대학교 토론동아리(YDT) 학생들의 토론 교육 소감 등도 아주 유용한 정보를 준다. 거기에 디베이트의 본류 중에 하나인 세다토론에 대한 간단한 소개와 한평생 대립 토론 교육의 길을 걸어오신 광양초 박보영 교장선생님의 사례는 진한 감동을 준다.

더 심층적으로 하나 하나를 다룬 토론 관련 다큐나 교육 영상이 나오기를 손꼽아 기다렸지만 안타깝게도 그 이상의 자료를 발견하지는 못했어.

하지만 이런 일당백의 자료가 있기에 누군가에게 토론의 힘이나 가치, 본질, 방법 등을 공유할 때마다 이 자료를 소개한단다.

☆ 비경쟁 토론 : 월드 카페, 노란테이블,
소크라틱 세미나 그리고 그림책 토론까지

K, 참여형에서 디베이트, 원탁 토론과, 토론 이론과 토론 수업까지 이야기를 했구나. 이 정도면 숨가쁘게 벅찬 호흡으로 토론에 대한 많은 이야기를 풀어냈다고 생각했는데 아직도 미완의 과제가 남아 있어 마무리를 머뭇거리게 하는구나. 바로 앞서 말한 토론의 결합 혹은 응용을 통한 재구성 요소들이란다. 기존의 토론 교육 변방에 있었지만 어느새 많은 사람들 머릿속에 들어와 토론의 새로운 영역을 맹렬히 개척하는 중이지. 이 범주에 속하는 다양한 토론들을 한 단어로 범주화한다면 그 키워드는 비경쟁 토론이 아닐까 싶어.

디베이트에서 언급했지만, 토론의 개념과 정의, 본질과 현상에는 경쟁적인 요소가 담겨 있는데 거기에서 경쟁의 요소를 걸러낸 방식이랄까. 마치 고기에서 기름기를 빼고 알찬 살만 남겨둔 것처럼 말이지.

후아니타 브라운이 쓴 〈월드 카페〉도 우리나라 토론 교육의 한 지침이 되었지. 책보다는 유튜브에 너무 잘 소개되어 있어 한 번 검색해보렴.

https://www.youtube.com/watch?v=JWExFMjFeaU

여유, 경청, 나눔, 대화, 배려, 도구 등의 토론 원리가 잘 녹여든 좋은 소통 방법이라 삭막한 토론에 지쳤다면 가끔 시도해볼 의미 있는 비경쟁 토론 방법이란다.

노란테이블은 좀 독특한 이름이지?

세월호 참사 이후, 한국 사회의 시민들이 자신들이 겪는 문제를 스스로 찾아내고 대안을 모색하며 실천적인 노력을 기울여보자는 취지에서 시민운동단체인 '희망제작소'가 개발한 한국형 원탁토론 응용 토론 모델이지.

문제 카드-원인 카드-상상 카드라는 3단계 카드 사용이 핵심이며 퍼실리테이터가 참가자 전원을 배려하면서 논쟁 아닌 집단 지성의 마당으로 이끌어가는 매우 좋은 방식이야. 소개된 책은 거의 없어 내가 쓴 〈질문이 있는 교실〉에 한 장을 할애해서 길게 정리해 놓았으니 읽어보길 바란다.

참가자들이 모여서 많은 질문들을 쏟아내고 답 없는 질문들에 대해서 모였다 흩어졌다를 반복하면서 대화를 나누는 소크라틱 세미나도 매우 흥미롭고 좋은 토론 기법이지.

산파술의 대가인 소크라테스의 정신을 살리자는 취지로 개발된 이 토론은, 큰 원 속에 작은 원을 만들어 토론하는 어항 토론과 비슷한 면도 있는데, 일단 3인 한 모둠으로 토론을 해서 대표를 안쪽의 작은 원에 참여시키고 나머지 두 명은 바깥 원에 자리한 채 안쪽 원 사람들이 대화를 주고받는 과정을 경청하다가 의사 발언의 의지가 생기면 안팎 원의 위치를 바꿔가면서 토론에 참여하는 방식이라 매우 흥미롭지.

그리고 내 주 관심사는 아니지만 최근에 독서 토론의 한 분야로 그림책 토론이 활성화되고 있단다. 그림책은 비단 토론에만 활용되는 교재는 아니지만, 최근 그림책의 내용이나 형식, 깊이 등이 진화하면서 그림책 공부하는 모임이 많이 늘었어. 그러다 보니 그림책만을 주요 소재로 해서 토론을 소개하는 책들이 생겨났는데 〈토론의 전사 7권〉과 〈말랑말랑 그림책 토론〉 등이 그 선구라 할 수 있지.

독서 토론을 언급한 책들은 너무 많아서 일일이 열거하기가 힘들구나. 내 개인의 인연으로는 토론의 전사 4, 8, 9권을 집필한 정한섭 선생님을 소개하고 싶어, 만권 독서의 엄청난 내공을 지닌 정한섭 선생님은 중학생들에게 고전을 읽히기 위해 디베이트 기법을 결합시켰고 무엇보다도 책 속에서 논제를 추출하는 과정을 자세히 설명하는 것이 이 책의 최대 미덕이란다.

〈월드 카페(후아니타 브라운, 북 플래너)〉
〈질문이 있는 교실(유동걸, 한결하늘)〉, 노란테이블 소개
〈토론의 전사 7 그림책, 청소년을 만나다(박혜미, 조상희, 한결하늘)〉
〈말랑말랑 그림책 독서 토론(강원토론교육연구회, 단비)〉
〈토론의 전사4, 8, 9(정한섭, 한결하늘)〉

☆ 토론 공부 한 걸음 더, 〈하브루타〉와 〈질문이 있는 교실〉

어느 날 한국 사회에 '하브루타'라는 낯선 단어들이 떠돌기 시작했다. 유대인의 밥상머리 교육을 상징하는 말이란다, 우리말로는 짝을 뜻하는데, 유대인 교육의 전도사 한 분이 우리나라 사람들에게 일상에서 토

론 교육 방법론으로 하브루타를 전파하면서 한때 작은 열풍을 일으켰지.

토론 교육의 한 꼭지로 하브루타를 소개하려는 건 여러 가지 시사점이 있기 때문이지. 케빈 리의 디베이트에서도 약간 그런 점이 느껴지지만 우리는 너무 외래, 특히 서양 문화에 주눅들어 있거나 서양문화를 선망하는 심리에 길들여진 게 아닌가 싶어,

개화기에서부터 비롯된 우리의 전근대성, 식민성은 반성의 여지가 많지. 일제 강점기를 거치면서 식민성은 심화되고 친일 청산을 못한 채 독립운동가는 폄하되고 친일권력의 후예들이 지금도 큰 소리 떵떵치는 현실이니 말이야. 게다가 한국전쟁을 겪고 근대화의 시기를 거치다가 국제통화기금의 지배를 받는 과정을 겪어오면서 미국에 의한 정치적, 경제적, 군사적 의존도는 극에 달했지. 21세기에 들어와 우리도 자존심을 세우고 독립적인 목소리를 내보려고 하지만 영어조기교육 열풍이 보여주듯 우리의 외세 의존은 그 끝을 모르고 확장하는 중이지.

하브루타는 두 사람이 짝을 이루어 묻고 대답하는 아주 좋은 교육 방법이자 철학이야. 하브루타의 가치와 의미를 폄훼할 생각은 전혀 없고, 다만 유대인들이 만든 거니까, 우리에게는 이런 전통이 없으니까, 하브루타가 무슨 토론의 신이라도 되는 양 떠받드는 풍조는 경계해야 한다는 뜻이지.

하브루타 이야기가 나와서 앞서 소개한 두 영상과 더불어 내가 개인적으로 토론 교육의 3대 영상이라고 일컫는 나머지 하나도 소개하고 싶어. 교육방송(EBS)에서 나온 '우리는 왜 대학에 가는가' 시리즈가 있는데 그 중의 5부 작품인 〈말문을 터라〉라는 영상이야.

이 영상의 출발점도 바로 오바마.

오바마가 G20 정상회담 폐막 기자회견에서 한국 기자들에게 질문권을 주는데 아무도 질문을 못해서 중국 기자가 질문을 하는, 우리로서는 매우 창피한 이야기로 영상은 시작되지. 중국 기자는 영어를 잘하는데 한국 기자들은 영어도 못하는 벙어리인가? 한국 기자들도 분명히 영어를 잘할 거고, 심지어 오바마가 통역도 해주겠다고 하는데도 한국 기자들은 마치 꿀이라도 잔뜩 먹은 벙어리처럼 주눅 들어 앉아 있더라고.

그 영상을 함께 본 교육방송 기자들도 자기네 역시 그 상황에서는 질문을 못했을 거라며, 우리나라 사람들에게는 질문 자체가 너무 어렵다고 고백을 하지.

왜, 언제부터 우리는 질문하는 법을 잊었을까? 아니 질문을 잘하던 시절은 있었을까? 다양하고 심층적인 원인을 찾을 수 있겠지만, 교육 분야에 한정해 봐도 지금의 학교 교육이 질문 능력을 상실한 무비판적 학생을 길러낸다는 데 이견을 제시할 사람은 많지 않을 거야. 학생들을 자살로 내모는 치열하고 지독한 입시 경쟁, 자기 생각을 말하고 쓰는 교육과는 거리가 먼 객관식 시험 체제와 서열 매기기. 자기 고유의 삶에 바탕한 생각과 언어와 질문을 잊은 학원식 학습 체제 등 그 현실과 폐해는 책 한 권으로 모자랄 지경인 걸 누구보다 그 고난의 경쟁 터널을 힘겹게 빠져나온 네가 더 잘 알겠지.

〈말문을 터라〉는 우리나라 대학과 외국의 대학을 비교하면서 우리나라 학생들은 질문을 하라고 해도 입을 다물고, 외국의 학생들은 교수의 말보다 자신들의 토론과 문답을 즐기는 교육 현장을 대조적으로 비추고 있지. 또 초등학교 때는 나불나불 정말 말이 많던 학생들이 중학교에 들어가면서 입을 다물고 가만히 있는 현실도 조명하지. 학생들이 학교에서 선생님들께 가장 많이 들었던 말이 뭘까? 너도 짐작이 가니? 바로 '조용히 해'야. '집중, 주목, 정신 차려, 여기 봐' 등 교사가 지식과 언어의 권력으로 학생을 통제하는 현장. 바로 우리가 세월호 참사를 통해 뼈아프게 겪었던 그 '가만히 있으라'가 중고등학교 현장에서 일상이 되어 버린 거지. 그러니 '궁금한 게' 안 생긴다고 항변하는 학생의 솔직한 말 앞에서 웃음은 나오지만 슬픔이 먼저 다가오는 현실을 돌아보게 된단다.

해결책도 나름 제시하지. 객관식 고르기 시험 대신 자기 생각을 말하고 쓰는 평가 방식으로의 전환을 촉구한다든지, 혼자서 달달 외기보다 친구들과 말하면서 공부할 때 효용이 높다는 내용이 그래. 그리고 그중에 하나로 하브루타를 소개하고 있어.

지금은 하브루타 열풍이 잦아들어 언제 그런 바람이 불었나 싶구나. 하지만 하부르타는 우리가 한 번쯤은 고민하고 통과해야 할 토론 모형 중의 하나이고 유대인들에게도 그 치열함과 참신한 문화들은 제대로 배워야겠지.

하부르타와 더불어 짝으로 다가오는 화두가 내게는 질문이란다. 토론의 궁극적인 목적? 혹은 토론 정신의 으뜸이 뭐냐고 묻는다면 나는 주저없이 질문과 민주주의라고 말을 하지. 질문의 중요성과 가치는 이루 말할 수 없을 정도고 동서고금의 현인들은 모두 질문의 대가였다는 점은 K가 누구보다도 잘 알겠지. 그 가운데서도 사람들 사이를 오가며 '나는 내가 아무것도 모른다는 사실 외에 아는 것이 없다'며 '너 자신을 알라'고 설파한 소크라테스가 대표적인 인물이겠지. 정답에 복종하기보다 새로운 질문을 던지는 선구자는 외로운 법이어서 예수도 소크라테스도 비참한 죽음을 맞았지만 본인들은 행복했을지도 몰라. 후대의 만인으로부터 존경받고 조롱받고 이용당하고 팔려온 예수는 그렇다 치고 소크라테스조차 나훈아의 '테스형' 주인공으로 부활하여 우리에게 깨어있는 자의 원형으로 거듭나는 중이니까.

K가 토론 공부의 끝이 보이는 터널 어디쯤에서 아니, 그 전의 어느 골목 모퉁이에서 하루라도 빨리 '질문'과 만나기를 바란다. 질문은 토론의 어머니이고 지금은 질문의 미래일지도 모르겠어. 앞으로의 후학들은 그랬으면 좋겠어. '나는 생각한다 고로 존재한다'가 아니고 '나는 질문한다 고로 존재한다'고.

> 하브루타 입문서로 〈부모라면 유대인처럼 하부르타로 교육하라(전성수, 위즈덤하우스)〉, 〈자녀교육 혁명 하부르투(전성수, 두란노서원)〉 등이 있다.
> 질문 교육 책 가운데는 졸저 〈질문이 있는 교실(유동걸, 한결하늘)〉, 〈질문이 있는 교실 실천편(강양희 외, 한결하늘)〉을 적극 추천한다.
> 〈질문이 살아 있는 수업(김현섭, 수업디자인연구소)〉 사이토 다카시의 〈질문의 힘(루비 막스)〉, 도론시 리즈의 〈7가지 질문의 힘(더난)〉도 권장도서이다. 결이 다른 시집이지만 파블로 네루다의 시집 〈질문의 책(문학동네)〉도 신비 가득찬 세계에 대한 무수한 질문들로 이루어져 있다.

☆ 토론불기(討論不器)와 화백회의

앞서 언급한 케빈 리가 쓴, 〈이것이 디베이트 형식의 표준이다(케빈 리, 이지스에듀)〉라는 책이 있더구나. '디베이트를 꾸준히 사업화해 온 케빈

리 입장에서는 한국 사회에 디베이트의 정전을 만들고 싶었나 보다' 하는 욕망이 읽혀지는 제목이야. 나? 나는 물론 표준이라는 말을 끔찍이 싫어하지. 지금은 철학자 들뢰즈가 말한 '정신적 유목(Psychic Nomadism)'으로서의 지성 탐사를 해야 하는 시대가 아니니. 알록달록 무지개 색채의 다양성이 얼마나 소중하게 꽃 피는 세상인데 철모르는 표준이라니. 나는 표준이 없는 세상을 꿈꾸는 한 사람으로서 토론의 표준화에 저항하는 다른 목소리, 토론불기의 정신과 화백회의에 대한 소개를 마지막으로 내 토론 공부의 작은 역사에 마침표를 찍으려고 해.

내가 쓴 〈토론의 전사 3권〉 서두에 드라마 〈성균관 스캔들〉의 한 장면을 길게 소개한 적이 있단다.

성균관에 새로 부임해온 정약용에게 학생들이 첫 수업 시간부터 대놓고 성적 처리 기준을 묻자 정약용은 준비해간 요강 단지를 내놓고는 정성껏 촌지를 내라는 대목이 나오지. 시대가 어느 때인데 촌스럽게 촌지라니! 하지만 학생들은 울며 겨자 먹기로 반지며 돈꾸러미들을 바치고 정약용은 그 물건들을 항아리 안에 넣고 마술을 하지. 붉고 푸른 형형색색의 천을 꺼내거나, 불꽃을 피워 올린다든지 사과를 꺼내 유생들에게 던져주기도 하면서 수업 분위기를 한껏 고조시킨단다. 흥이 한참 올랐을 때 유생 하나가 반발을 하지. 왜 선생님은 귀중한 논어 교육 시간에 서역의 잡기로 시간을 탕진하냐고 질타하는데 정약용도 준비된 반론을 한단다.

자리에서 일어나 요강 단지를 세차게 깨뜨리고는 논어의 그 유명한 말 군자불기(君子不器)를 외치지.

앞서 군자는 화이부동(和而不同)이라 했는데 여기서는 군자는 불기(不

器)라나.

불기, 그릇이 아니라는 말이지. 왜? 그릇은 한정된 틀과 모양이 있어 그 사고나 조직, 틀에 갇히기 십상인데 군자라면 그럼 못쓴다는 뜻이랄까. 서역의 잡기에서 배울 게 없다는 고약한 편견을 버리고 정약용이 서학을 배웠다고 고전을 싫어하리라는 무지몽매함에서 벗어나라고 넌지시 충고를 하지. 그러면서 성균관 유생으로서의 책임을 다하라고 말이야.

멋지지 않니, K? 적어도 학생과 맞짱을 뜨면서 토론하려면 이 정도는 되어야 하는데 말이지.

중요한건 정약용의 군자불기 정신을 토론에 대입해보자는 말이지. 토론이 뭐냐? 토론에 그릇이 있느냐? 그릇이 없으면 허렁허렁하고 그릇에 갇히면 숨을 못 쉬고. 과연 뭐라고 대답할까? 마치 불가 선승의 화두 같은 질문 앞에 나의 대답은 토론불기였단다. 토론은 그 자체가 불기라는 그릇이기에 틀이 있는 것도 없는 것도 아니다.

논리야 모순이지만, 손가락이 아닌 달을 보자면 이해가 될까? 자유자재의 형식을 지니되 틀에 얽매이고 갇히지 마라! 이러니 하물며 표준에랴!

그 불기야말로 표준의 해체이고 반역이며 승화이고 초월이라 생각해. 물론 처음 토론을 공부할 때는 물지게를 지고 장작을 패는 심정으로 표준을 공부하는 단계도 필요하겠지. 하지만 뗏목을 타고 물을 건너면 그 뗏목을 지고 갈 필요가 없듯이 토론 공부를 하고 나면 손오공이 근두운을 타고 다니듯 토론의 구름을 타고 언어의 바다 위를 자유자재로 날아다니는 날이 왔으면 좋겠구나.

그런 의미에서 〈토론의 전사 10권〉, 바로 이 책에서 길게 소개한 화백회의야말로 토론불기의 상징이자 대표적인 사례라 할 수 있지.

화백회의는 책 한 권을 할애해 길게 소개했으니 여기서는 더 말할 필요가 없겠지?

굳이 토론의 그릇 안에 담자면 토론이지만 토론의 격식과 한계를 벗어나면서 나날이 진화하고 변형생성하는 토론 없는 토론, 토론 아닌 토론 그게 화백회의의 매력이고 장점이니까. 그래서 누구나 할 수 있으면서 아무나 할 수 없다는 말이 화백회의에는 너무 적절한 표현이 아닐까 싶어. 그건 주체의 측면이나 내용, 형식의 측면 모두에게 해당하는 말이지. 모쪼록 K 세대들이 토론을 배우고 익히고 비판적으로 넘어서면서 화백회의의 정신을 숙독하고 화백회의의 내면을 심화하며 외연을 확장하는 날이 속히 오기를 기대해 본다.

다시 K의 첫 질문으로 돌아가보자.

'토론(DEBATE)은 우리 인간들에게, 특히 학교에서 교육을 받으면서 자라나는 학생들에게 합리성과 창의성을 가져다주는 바람직한 문화인가요?'라는 구체적인 질문과 '한국 사회에서 바람직한 토론 모델이라고 할 만한 토론 프로그램에 무엇이 있나요?'라는 날카로운 질문 그리고 '궁극적으로 인간의 인지와 언어 나아가 욕망은 한계가 있기 때문에 토론은 결국 인간의 (특히 이성적인) 불완전함을 정당화하는 논리의 가면은 아닌가요?', 이 세 가지였지.

이 어렵디 어려운 세 가지 질문에 대해서 어느 정도는 답하지 않았을까? 다양한 토론의 철학과 방법을 소개하면서 틈틈이 새겨넣었으니까. 다만 한국 사회의 바람직한 토론 모델을 적시하지 못한 점, 그리고 인간 이성의 불완전함을 가리는 가면이 아니냐는 항변에 대해 나 역시 아직 그 너머를 찾아가는 길이고 최근에 화백회의를 만나서 모색 중이라는 솔직하면서 비겁한 대답으로 갈음할까 싶어,

이 글을 읽으면서 K의 심장 박동수가 조금 빨라지기를 기대했는데 기대에 부응했는지 모르겠구나. 이 글을 쓰는 내내 영화 초반부 '액트업 파리' 친구들의 토론 원칙과 회의 장면이 떠올랐어.

"발제 주제에 제약은 없습니다.
손을 들고 말해야 합니다.
차례가 올 때까지 기다리세요.
말이 길어지면 중재자가 이런 신호를 보냅니다. (손등을 위로 하고 손을 들어 목 가까이에 댄다)
같은 의미로 박수도 치지 않아요.
동의를 표할 때는 핑거 스냅으로 소리를 내요.
발제자의 소리도 잘 들릴 뿐더러 토론 시간도 단축됩니다.
마지막으로 당신이 이해해야 할 부분이 있습니다.
액트업에 들어오는 한 당신이 에이즈(후천성면역결핍증) 환자든 아니든 대중매체가 당신을 감염인으로 간주하는 걸 받아들여야 합니다."
이렇게 간결하고 아름다운 토론 규칙을 나는 본 적이 없단다. 누구나 자

유롭게, 서로를 최대한 존중하는 마음과 형식, 그리고 최악의 자리에서 정의와 자유의 용기와 열정을 포기 않는 마음까지. 앞에서 언급한 수많은 토론의 이론과 실천들이 이 간결한 원칙만큼에라도 다가가면 좋겠다는 마음을 지울 수 없었단다.

그리고 나 또한 마지막으로 잊을 수 없는 션과 나톤의 심장 소리.

토론이 우리를 이렇게 설레게 하지는 않겠지만 삶과 죽음의 경계에서 사랑의 마음을 잃지 않고 기꺼이, 비참하게 죽음의 길을 걸어간 젊은 영혼들을 추모했지.

토론에게도 얼굴과 마음이 있다면 나도 이랬으면 좋겠어. 저 국적 없고 영혼 없는 가짜 언어들이 법과 언론의 명함과 가면으로 폭력을 정당화면서 생명을 억압하는 이 시대에 토론이, 화백회의가 민주주의의 촛불 혁명을 살리는 작은 불씨가 되어 뭇 사람들의 심장을 울리는 양철북이 되기를 바라는 마음, K도 오래도록 간직하길 바라며 선생님이 좋아하는 시 한편으로 글을 마칠게.

　　　　　가자, 그 복숭아 나무 곁으로

　　너무도 여러 겹의 마음을 가진
　　그 복숭아 나무 곁으로
　　나는 왠지 가까이 가고 싶지 않았습니다
　　흰 꽃과 분홍 꽃을 나란히 피우고 서 있는 그 나무는 아마

사람이 앉지 못할 그늘을 가졌을 거라고
멀리로 멀리로만 지나쳤을 뿐입니다
흰 꽃과 분홍 꽃 사이에 수천의 빛깔이 있다는 것을
나는 그 나무를 보고 멀리서 알았습니다
눈부셔 눈부셔서 알았습니다
피우고 싶은 꽃빛이 너무 많은 그 나무는
그래서 외로웠을 것이지만 외로운 줄도 몰랐을 것입니다
그 여러 겹의 마음을 읽는 데 참 오래 걸렸습니다

흩어진 꽃잎들 어디 먼 데 닿았을 무렵
조금은 심심한 얼굴을 하고 있는 그 복숭아나무 그늘에서
저녁이 오는 소리 가만히 들었습니다
흰 실과 검은 실을 더 알아볼 수 없을 때까지

(나희덕, 그 복숭아나무 곁으로, 『문학과 사회』1999년 가을호)